タネから楽しむ山野草

東京山草会

農文協

高嶺の花をタネから育てる

美しい山野草をわが家で咲かせたら…愛好者なら誰しもの願望でしょう。しかし、近年は野生植物の絶滅危惧が社会問題になっており、山野草栽培ブームによる山採りが自然を荒らす要因にもなっています。

山野草栽培はタネから育てるのが本道なのです。育てにくい高山植物も、タネからわが子のように育てると意外によく育ってくれます。

コマクサ：高山の岩礫地に生える／136ページ参照

ミヤマオダマキ：岩礫地に生える／132ページ参照

国内稀少野生動植物種（通称・国内稀少種）

コウノトリ、イリオモテヤマネコなどをはじめ62種が国内稀少種に指定されています（平成14年9月1日現在）。このうち植物は11種ですが、6種は特定種にも指定されています。したがって植物で真の国内稀少種はヤドリコケモモ（ツツジ科）、チョウセンキバナアツモリソウ（ラン科）、オキナワセッコク（同科）、コゴメキノエラン（同科）、クニガミトンボソウ（同科）の5種になります。

コゴメキノエラン/201ページ参照
実生から開花した株
（下）無菌発芽ビンの中で開花しているコゴメキノエラン

オキナワセッコク/236ページ参照
南西諸島の樹幹に着生。茎の長さは1m以上になる
（下）オキナワセッコクの無菌発芽ビン

ヤドリコケモモ/224ページ参照
（左）ヤドリコケモモの実生苗

種の保存法

特定国内稀少種（通称・特定種）

国内稀少種のうち商業ベースで増殖できる種が特定種に指定されています。アマミデンダ（シダ・オシダ科）、ホテイアツモリ（ラン科）、レブンアツモリソウ（同科）、アツモリソウ（同科）、ハナシノブ（ハナシノブ科）、キタダケソウ（キンポウゲ科）の6種。

クニガミトンボソウ /236 ページ参照
南西諸島の谷川沿いに極稀産する

アツモリソウ
/236 ページ参照
ラン科。草原に生える。実生増殖株も流通している

ホテイアツモリ /236 ページ参照
ラン科、寒冷地の草原に生える。実生増殖可能

チョウセンキバナアツモリソウ
/236 ページ参照
秋田県の一部に極稀産する。俗称デワノアツモリ

レブンアツモリソウ /236 ページ参照
ラン科。礼文島固有種、実生増殖株が流通

ハナシノブ
/182 ページ参照
ハナシノブ科。九州の草原に生える。実生容易
（上）タネ

レッドデータブック

絶滅危惧ＩＡ類
【Critically Endangered】

ごく近い将来における絶滅の危険性が極めて高い種。国内稀少種および特定種は、すべてＩＡ類です。

オナガカンアオイ /72 ページ参照
ウマノスズクサ科。宮崎県固有種で林内に生える

ホウオウシャジン /84 ページ参照
キキョウ科。山梨県固有種。岩壁に吊り下がる

メアカンキンバイ /187 ページ参照
バラ科。北海道の高山帯の砂礫地に生える

レブンソウ /198 ページ参照
マメ科。北海道固有種で草地に生える

リシリゲンゲ /200 ページ参照
マメ科。利尻島や夕張岳に自生する

カイコバイモ /211 ページ参照
ユリ科。東京、山梨、静岡に稀産

カンカケイニラ /221 ページ参照
小豆島・寒霞渓に自生する

ジンリョウユリ /234 ページ参照
ササユリの変種で小型

アマミエビネ /236 ページ参照
ラン科。奄美大島の固有種で
林内に生える

カンラン /236 ページ参照
暖地の林内に生える東洋蘭の
1種

レッドデータブック

絶滅危惧ＩＢ類

【Endangered】

ＩＡ類ほどではないが近い将来における絶滅の危険性が高い種。いずれはＩＢ類からＩＡ類にカテゴリーが変更される種も多いと推定されます。

ナンブイヌナズナ /65 ページ参照
アブラナ科。北海道と東北の高山岩場に生える

チシマキンレイカ /79 ページ参照
オミナエシ科。高山の礫地に生える

エヒメアヤメ /66 ページ参照
アヤメ科。九州・中国・四国の山地に生える

エゾウスユキソウ /99 ページ参照
キク科。北海道の岩場や草原に生える

アポイアズマギク・白花
/113 ページ参照
キク科。北海道アポイ岳の固有種

シコクカッコソウ /146 ページ参照
サクラソウ科。四国の明るい林床に生える
（右）左は短柱花、右は長柱花

エンビセンノウ /176 ページ参照
ナデシコ科。日本東北部の山地に生える
（右）タネ

タジマタムラソウ /159 ページ参照
中国地方のやや乾いた半日陰に生える

アサマフウロ /191 ページ参照
フウロソウ科。高原の湿った草原に生える

ベニバナヤマシャクヤク /195 ページ参照
ボタン科。樹林下や湿った草原に生える

エゾオヤマノエンドウ /200 ページ参照
マメ科。北海道の高山草原に生える

ナガバノイシモチソウ /205 ページ参照
モウセンゴケ科。湿地に生える一年草
（左）タネ

チャボシライトソウ /227 ページ参照
ユリ科。暖地の山林に生える

キバナノセッコク /236 ページ参照
ラン科。日本南西部の樹幹に着生

ヒメトケンラン /236 ページ参照
ラン科。日本南西部の湿った林内に生える

レッドデータブック

絶滅危惧Ⅱ類

【Vulnerable】

絶滅の危険が増大している種。これより危険性の少ない種が準絶滅危惧種〔Near Threatened〕です。

キキョウ /82ページ参照
キキョウ科。日本各地の草地に生える

オキナグサ /120ページ参照
キンポウゲ科。日本各地の明るい草原に生える

ナカガワノギク /105ページ参照
徳島県那賀川の川岸に生える

セツブンソウ
/124ページ参照
キンポウゲ科。落葉樹林下に生える
（右）タネ

フクジュソウ /126 ページ参照
キンポウゲ科。日本各地の樹林下に生える

トウテイラン /142 ページ参照
ゴマノハグサ科。日本海側の海岸に生える

サクラソウ /148 ページ参照
サクラソウ科。湿気の多い草原に生える

コイワザクラ /151 ページ参照
サクラソウ科。深山の岩場に生える

ミチノクコザクラ /151 ページ参照
サクラソウ科。青森県・岩木山の固有種

ユキモチソウ /152 ページ参照
サトイモ科。近畿以西の林内に生える

オオビランジ /178 ページ参照
ナデシコ科。本州中部の明るい場所に生える

シラタマホシクサ /192 ページ参照
ホシクサ科。本州中部の湿地に生える一年草

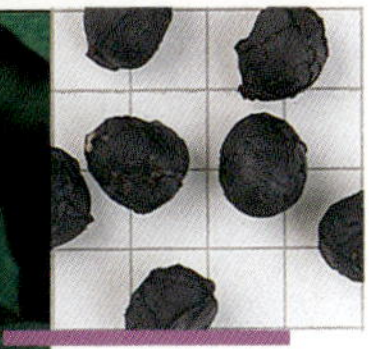

ヤマシャクヤク /194 ページ参照
ボタン科。日本各地の落葉樹林下に生える
（右）タネ

ナガバノモウセンゴケ /202 ページ参照
モウセンゴケ科。寒地の湿地に生える

ホソバナコバイモ /210 ページ参照
ユリ科。中国・九州の落葉樹林下に生える

イズモコバイモ /211 ページ参照
ユリ科。島根県の落葉樹林下に生える

キイジョウロウホトトギス
/219 ページ参照
ユリ科。紀伊半島の湿った
崖地に垂れ下がる

ミノコバイモ /210 ページ参照
ユリ科。落葉樹林下や林縁に生える

レッドデータブック

絶滅の危険性は大きくないが…

現時点では絶滅の危険性が大きいとはいえないが、いつまでも安全との保証はありません。

タイリンアオイ /73 ページ参照
山中の木陰に生える

エゾイヌナズナ /64 ページ参照
海岸の岩場に生える
（右）タネ

オトコエシ /79 ページ参照
低地の草原に生える

ヒメシャジン /85 ページ参照
亜高山帯に生える

ミヤマシャジン /85 ページ参照
ヒメシャジンの変種

サワギキョウ /90 ページ参照
山間の湿地に生える
（右）タネ

シマホタルブクロ
/93 ページ参照
山地に生える

ヤマホタルブクロ /93 ページ参照
山地に生える

チシマギキョウ /94 ページ参照
高山の岩礫地に生える

ウサギギク /96 ページ参照
高山の湿った草原に生える

アキノキリンソウ /100 ページ参照
日当たりの良い山地に生える

エーデルワイス /99 ページ参照
外国産の種

アシズリノジギク /102 ページ参照
海岸近くの崖に生える

ミヤマアズマギク /112 ページ参照
乾いた草原に生える

カラマツソウ /119 ページ参照
山地に生える

オオミスミソウ
/128 ページ参照
林床に生える
（左）タネ

ケスハマソウ /128
ページ参照
林床に生える

スハマソウ /128 ページ参照
林床に生える

コマクサ・白花 /136 ページ参照
高山の礫地に生える

イワブクロ /140 ページ参照
高山の砂礫地に生える

ハマトラノオ /144 ページ参照
海岸の崖地に生える

ヒメウラシマソウ /157 ページ参照
山中の木陰に生える

フシグロセンノウ /177 ページ参照
山地の林縁に生える（右）タネ

タカネビランジ /179 ページ参照
高山に生える

ナンバンギセル /184 ページ参照
草地に生える

ミヤマキンバイ
/187 ページ参照
日当たりの良い高山に生える
（下）タネ

チシマフウロ・白花
/191 ページ参照
高山の草原に生える

ヒメフウロ /191 ページ参照
石灰岩地に生える
（左）タネ

オオバナエンレイソウ /222
ページ参照
山林に生える

コウメバチソウ /206 ページ参照
高山の湿地に生える

ヤマラッキョウ /221 ページ参照
湿った草原や湿地に生える

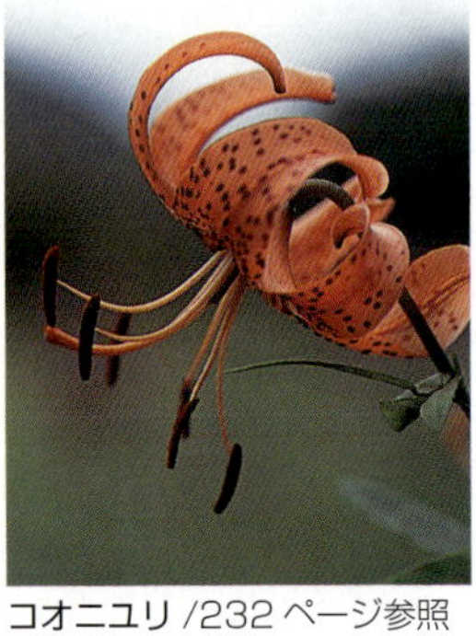

コオニユリ /232 ページ参照
日当たりの良い草原に生える

トウヤクリンドウ
/247 ページ参照
高山の岩礫地に生える
（左）タネ

はじめに

東京山草会会長　安藤速雄

東京山草会ラン·ユリ部会がまとめた『ふやして楽しむ野生ラン』（農文協）は大きな反響を呼び、増刷を重ねて今日に至っております。野生ランをふやして楽しむということについて、いかに関心が高いかを思い知らされました。

野生ランを含めて、山野草を育てて楽しむ風潮は年々高まり、今日それは大衆園芸文化となっております。山野草を育てるということは、本質的には、その中に自然を感得し、自然と共生することであり、自然疎外の進む現代社会にあって、その大衆化はいわば歴史的必然ともいえましょう。しかし反面、山草需要の増大は園芸採集による自生地荒廃という社会的問題を引き起こすことにもなりました。この二律背反を克服すべく、東京山草会は十数年前から実生増殖運動に強力に取り組んできました。本書にも紹介した種子交換委員会、展示規制などは、そのプロジェクトの一例です。今日ではそれらが着実に成果をあげ、会内ではほぼ日常的に望むタネや実生苗が手に入るまでになってきました。展示品に山採りが並ぶということもなくなりました。さらに種子交換の輪は、会の枠を超えて全日本山草会連絡会加盟の各山草会に広がり、実生増殖技術の情報交流も連絡会レベルで行なわれるところまできております。「山採りによらない。ふやして楽しむ山草文化」の波は、全国運動へとその高まりを見せております。

今回、東京山草会が実生増殖技術を本書で公開することにしたのは、連絡会に未加盟の団体や、個人愛好家の皆さんにも広く情報を提供して、この運動が一層徹底することを願ってに他なりません。

本書は東京山草会のベテラン、気鋭が、それぞれ得意な領域を分担執筆しました。生長暦や作業手順を豊富な図や写真を使って具体的に表現しました。とりあげた種は、科別に代表的なものに絞りましたが、それだけに中味の濃いグレードの高いものになったと確信します。他種へも応用で十分対応できるものと思います。『ふやして楽しむ野生ラン』と併せ、広く活用されることを願ってやみません。

山野草愛好家は本来自然志向派です。自生地が荒廃し種が絶滅に追い込まれることに、誰よりも耐えがたい感性の持ち主でなければならないはずです。ひとりでも多くの人が、そのために立ち上がっていただくことを心より念じております。

目次　タネから楽しむ山野草

PART1 基礎編

PART2 実際編

タネ撮影●苗村茂明　写真協力●西口紀雄 / 玉川素行　レイアウト● OFFICE G&L/ 條 克己

PART 1

基礎編

なぜ山野草をタネからふやす必要があるのか

美しい高嶺の花をわが家で咲かせたいのは、山野草を愛好する者なら誰しもの願望だと思います。しかし、植物個体を根こそぎ持ち帰るような自然を破壊する行為は、倫理的に許されるものではありません。

「山野草からタネを採ってふやす方法」は、自生地の保全を願う観点に合致する望ましいやり方ですが、もうひとつ大切なのは、目的意識的な科学的根拠があることです。

一面に咲き乱れる山野草を見ると、自然は遺伝子的に同じものばかりの（ホモ）集団のように見えます。しかし、同じ顔をした人が2人といないように、微視的にみると、自然は遺伝子的に異なった個体の（ヘテロ）集団なのです。

実際に自然では、無数の異なった遺伝子が共存していて、環境条件の推移によって、あるものは存続し、あるものは淘汰されます。また、突然変異によって、新しい遺伝子も参入してきます。つまり自然の植物集団の遺伝子構成はヘテロであり、流動的な多様性を保って、環境条件の変化に適応しています。

いったい自然の植物には多様性が生み出されたり維持されたりする機構があるのでしょうか。同じ株の花の雌しべに人工授粉しても、受精が成立しないことを自家不和合性といいます。近年、自家不和合性の分子機構が詳しく調べられた結果、多くの科の植物がそれぞれ多様で独自の分子機構で自家受精を回避し、多様性を維持していることが明らかになってきました。自家不和合性は、被子植物の71科250属以上に広く分布しているといわれています。前述してきた自家不和合性や淘汰されない遺伝子の存在など以外にも、私たちの知らない「自然の植物を多様性にしている要因」がまだほかにあるのかもしれません。

高嶺の花のタネを、下界でまいて育て、タネを実らせることができれば、まったく違った下界の環境でも育つ遺伝子構成をもった植物を淘汰選別できるわけで、これを長年にわたって代々繰り返して得たタネは大変貴重なものであることはいうまでもありません。

一般に、挿し芽や根伏せ、株分けなどクローン化によって植物をふやす方法は、遺伝子の出入りがないので変化を求めることはできません。つまり、タネを採ってふやす実生の方法だけが高嶺の花を淘汰選別の過程を経て、下界の気候や環境に順化させることができる方法なのです。

（松代 愛三）

基礎編 2

人工授粉のしかた

花が咲けばタネが実るのはあたり前のことですが、栽培条件では必ず実るとは限りません。野生の状態と環境が違いすぎるためです。

ここではタネを得るための方法としての人工授粉について、具体例をあげながら説明します。

株にタネをつける力があるか

タネを実らせるというのは植物にとって大ごとです。種類によっては、数年分の蓄積をほぼ使い切ってタネを成熟させるものもあるほどです。すなわち、タネを得ようと思ったら、対象となる植物に十分な栄養の蓄積がなくてはなりません。

しかし、長年にわたって培われてきた「山野草の栽培」は、いかに植物を小さく、草丈低く、盆栽的に作るかということに終始していましたので、植物に十分栄養を与えるなどもってのほか、水もぎりぎりまで控え「引き締めて」作るのが「良い作」とされてきました。

これでは植物はやせ細り、生きてゆくので精一杯。タネを作るどころではありません。タネを実らせるためには、植物が十分に大きくなり、栄養の蓄積ができることが第一条件になります。

私は良好な栄養条件の元、各植物の特性が十分発揮された状態を良しとするのであまり問題はありませんが、草盆栽として「持ち込む」「締める」栽培をしている方は、特に丈夫で締め作りをしても変わりなく生長してくれる植物を除いて、タネ採り用の株を用意することをおすすめします。

株が小さい場合や栽培条件が悪くて体力を消耗しがちな場合などは、いくら気を配ってもタネは実りません。植物が個体の維持がやっとで、タネの成熟に必要なだけの栄養をまわすゆとりがないためです。

人工授粉の相手はありますか

人工授粉とは、例えるならばトランプのカードをシャッフルするようなものです。カードの１枚１枚に意味があるように、ひとつひとつ意味のある遺伝子の連なりが乗った染色体が、組み替えをすることによって遺伝的な多様性を増してゆく作業なのです。

この時、自分がもっている遺伝子だけでは変化はまず出ませんが、異なった遺伝子をもっている相手と人工授粉すれば容易に多様性を得ることができます。そのため、植物の多くは自分以外の相手と受粉するための手段を発達させました。

そのひとつが自家不和合性です。自

家不和合性の植物は、1個体ではほとんどタネが実りません。遺伝的に異なる別の株が必要です。そして、多くの花が美しい植物は自家不和合性です。多くのタネを得るためには、遺伝的に異なる複数の株が手元にあることが必要です。

花の各器官

花はどのような組織から成り立っている器官なのでしょうか？

花は基本的に、外側から苞、萼《がく》、花弁、雄しべ、雌しべの順に各組織が並んでいます。

苞は基本的には若い蕾を保護するための器官です。蕾が若いうちのみ機能し、蕾が十分に大きくなるころにはしおれてなくなっているのが普通です。しかし、サトイモ科の仏炎苞のように大きく発達して色がつき、花弁の代わりを果たすものも珍しくありません。キク科植物に見られる総苞も苞の1種です。

萼と花弁は雄しべと雌しべを保護するための器官です。一般的に萼よりも花弁のほうが美しい色や形をしており、萼よりも特殊化が進んでいます。しかし、単子葉植物に多く見られるように萼と花弁の区別がつきにくい、またはつかない場合があり、そのような場合は花被片と呼ばれます。ときには花弁はまったく退化して、萼だけになることも珍しくはありません。カンアオイやウマノスズクサの仲間では、形態が特殊化して変わった形をしていますし、キンポウゲ科の多くの植物では鮮やかな色になって花弁の代わりをつとめています。

雄しべは、植物の雄側の生殖器官です。花の中央付近から伸びるのは花糸で、その先端には雄の生殖細胞である花粉が詰まった葯がついています。雄しべは一般に雌しべより数が多く、外側に位置しています。

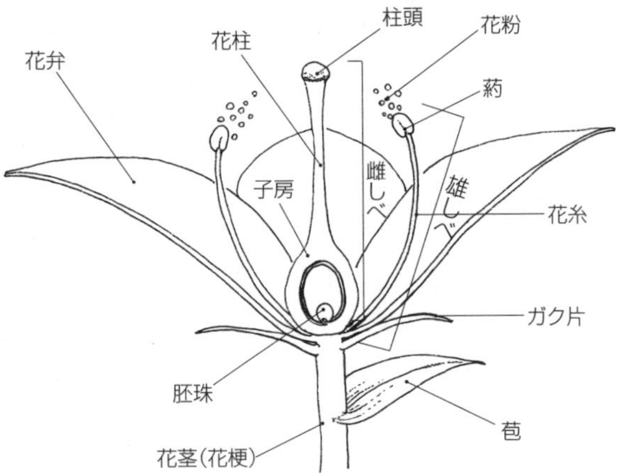

基本的な花のつくり

雌しべは、植物の雌側の生殖器官です。花の中央に位置し、一番下に子房があり、その中にはタネに育つ雌の生殖細胞である胚珠があります。子房から伸びる花柱の先端には柱頭があって、ここで花粉を受け止めます。

受粉とは雄しべの花粉をいかに雌しべの柱頭に運ぶか、という点に終始します。

人工授粉の実際

多くの場合、それぞれ異なる個体の花粉をお互いの柱頭につけてやれば人工授粉は終了、あとは結果を待つだけです。しかし、タネがつきにくかったり、他の種と交雑しやすいといった理由で特別な手立てが必要なものがあります。

●交雑しやすい植物

—野生キクの仲間—

野生キクは栽培が容易で、美しい花をつけるので多くの人に愛されます。分布を見ると種ごとに異なった地域に住み分けていて、分布が重なることはあまりありません。広域分布種は生育立地や開花期がそれぞれ異なっていて、混生することはまれです。

そのためか栽培条件では容易に他の種と交雑してしまい、純粋種のタネを得ることが困難です。このような植物の場合、「袋掛け」が非常に有効な手段です。古いストッキングや不織布の薄手の布（ラッピング用の包装紙として販売されている）などを利用して小さな袋を作り、まだ蕾のうちにかぶせ

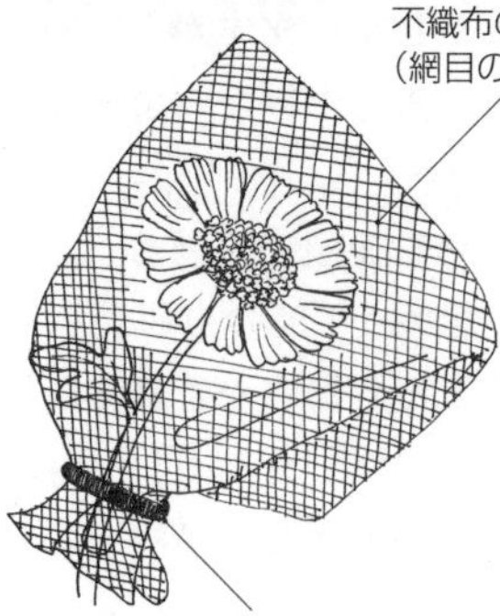

袋掛けをする

て外部から虫が入り込まないように口を閉じておきます。花が咲いて、花粉が吹いたら袋を外し、他の花の雌しべにつけます。人工授粉が完了したら、先ほどと同じように袋を掛けて口を閉じておきます。

野生キクの場合、何度か人工授粉して受粉率を高めておきます。総じてキク科の植物は稔性の低いものですが、何度か根気よく人工授粉を重ねることで完熟したタネを得るチャンスがふえます。

●花粉がなかなかつかない植物

［ユリ科の植物］　ホトトギスやコバイモの仲間などユリ科植物のなかには、もともと花粉の数が少なくて１度人工授粉しただけではタネが実らないものがあります。こうした植物では、十分な肥培によってタネをつけるだけの体力を植物にもたせることも重要ですが、「根気よく何度も人工授粉する」以上に有効な手段がほかにありません。

花に水がかかるとせっかくつけた花

粉が流されてしまいますから、雨よけをして、花に水をかけないよう灌水に注意します。

●特殊な花をもつ植物の場合

［ラン科の植物］一部の虫媒花の花では花を構成する各器官が特殊化して、普通に雄しべを雌しべにくっつける…ということができない植物があります。ラン科がその代表的な植物群で、雄しべと雌しべが一体化した蕊《ずい》柱という器官を作り、花粉は粘性をもち花粉塊という塊になっています。

ラン科植物では、楊枝を使って花粉塊を取り出し、別の花の柱頭に押しつけ、うまくくっついたらとりあえず人工授粉は成功です。タネが実るか実らないかは、株の体力や植物の性質によります。

一般に咲き始め花の花粉は受精能力が高いのですが、まだ雌しべは受粉できる体勢にありません。花がある程度咲き進んできて、やっと雌しべが受粉できるようになるころには、花粉の受精能力は落ちてきています。ですから、ある程度の数を栽培していないと他花受粉の必要なランは健全なタネが得られません。

幸いなことに、ラン科植物の多くは自家受粉である程度健全なタネが得やすいものです。1株しか持ち合わせがなくても咲き始めの花の花粉塊を、ある程度咲き進んだ花の柱頭に運んでやれば、多くの種で実用上問題ない量のタネが得られます。

しばしば柱頭が粘らず、花粉塊がつきにくいことがあります。大多数は植物に体力がないために「受けつけ拒否」をしているのですが、夜だけ、あるいは昼だけ柱頭が粘るものがあります。前者はガなど夜行性の昆虫がポリネータ（媒介動物）となっているもの、後者はハチなど昼行性の昆虫がポリネータとなっているもので見られます。時間を変えて人工授粉し直すか、つばで

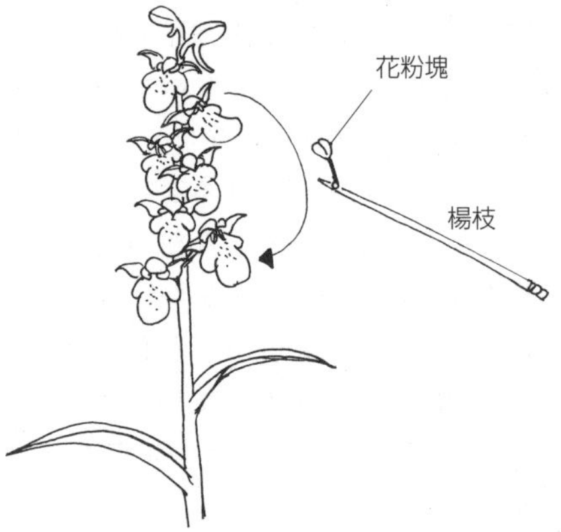

若い花の花粉をつける

花粉塊
左／エビネ　右／ウチョウラン

湿らせてくっつけておきます。

注意すべき点は、種類によって花の作りが違うので、よくわからない場合は、ひとつ犠牲にして分解し、構造をよく理解することです。

●雄しべと雌しべの熟する時期が異なっている植物の場合

多くの植物に見られることですが、雄しべと雌しべのどちらかが先に熟して自家受粉を防ぐようにする仕組みがあります。このような植物では、例えば雄しべが先に熟する植物では、いち早く葯が開き花粉を出し終え、雌しべが熟れて柱頭が機能するころには、雄しべはすっかりしなびて機能を失っています。

このような植物では、機能している雄しべから花粉を採り、機能している柱頭につけます。このような植物の場合、自家不和合性が強いのが一般的なので、遺伝的に異なる別株を用意しておきましょう。

●雌雄異花・雌雄異株の植物の場合

自家受粉を防ぐ仕組みが徹底してくると、雄花・雌花の区別が出てきたり、雄木・雌木の別がある植物が見られるようになります。

植物の性表現は動物と比べて極めて多様です。おまけによくわかっていないことが多く、ある植物がどのような性表現をもっているのかは不明な点が多いのです。おまけに見かけ上は両性花なのに、雄しべあるいは雌しべが機能しない機能的な単性花をもつものがあり、こういったものは何年か観察して確かめなければなりません。このようなことがわかってきたのは比較的近年のことで、チャルメルソウの仲間やアザミの仲間で知られています。

基本的には雄花の花粉を雌花につけてやるだけでよく、特別注意する点はありません。区別をつけるまでが大変なのです。

●１株しかない場合

大変珍しい植物で、１株しかなく、人工授粉用の別株を用意するなど無理だ、という場合が少なからずあります。しかも、自家受精しづらい。

そんな場合は少ない可能性に賭けて、何度でもしつこく人工授粉するしかありません。株が多ければ多いほどタネを得る可能性は上がるので、なるべく株をふやして咲いた花は残らず人工授粉するなど、稔性を良くするという方法はすべて試してみましょう。

たまに実って少数ながら発芽率のあるタネが得られる場合があります。あきらめないで、根気よく続けることが重要です。

●閉鎖花について

スミレの仲間やセンボンヤリ、オニバスでは、蕾のままで自家受粉してタネを作る閉鎖花と呼ばれる花をつける種があります。

閉鎖花では、親と同形質の植物が生まれるタネを大量に作ります。閉鎖花から採れるタネは質が良く、発芽率も高いものです。

（辻　幸治）

基礎編 3

なぜタネから芽が出るのか

セツブンソウやサクラソウなど春に咲く花のタネも、ホトトギス、ダイモンジソウなど晩秋に結実するものも、採りまきが最も安全確実であり（永井千尋／京都山草会)、またコマクサのような難発芽のタネも採りまきに限る（村田悠治／北海道山草趣味の会）といわれています。つまり、いずれのタネも採りまきが望まれるわけですが、30℃以上の夏の期間が長い地域では、幼苗の管理が難しいので、しかたなくタネまきの時期をずらすなどの工夫が必要になります。

特にコマクサのタネは結実が早く、乾燥が進むと深い休眠に入り、発芽が困難になります。一般に水分や温度などの環境条件が発芽に適していても発芽しない状態を休眠状態と呼びますが、休眠状態の形成や維持には、アブシジン酸（植物ホルモンの１種）など発芽抑制物質の蓄積がその原因だと考えられています。したがって、一定の成熟後は休眠が深くなりすぎない間に、新鮮なタネを採りまきするのが発芽には最も良い、という前述の指摘は理にかなっています。

発芽の誘導

発芽に適した水分と温度条件が与えられると、アブシジン酸と拮抗的に働くジベレリンの産生が促され、ジベレリン応答（シグナル伝達）系が機能して、発芽が誘導されます。光発芽種子では、発芽抑制的に働くフィトクロムに光が当たると、その構造が変化して、これがジベレリンの産生を促すように働いて発芽が誘導されます。

このように、内生のジベレリンが休眠の打破や発芽の誘導に積極的な役割を果たしていることはまぎれもない事実だと思われますので、市販のジベレリンを 100 ～ 1000ppm の濃度に水で薄め、タネに外から与えて、発芽の効果をあげようという試みがなされています（秋本靖匡／東京山草会)。

私も試みてみましたが、確かに効果があるもの、はっきりしないものもあり、また、効果が強すぎてひょろひょろと苗が徒長し、その後、光に当たっても緑化せず、枯死する（Clematis tangutica）場合がありました。

ジベレリンは、前述したようにタネの発芽を開始させる点火剤のように作用しますが、そのほかにも非常に多面的な生理作用があり、濃度によっては生理作用が、見かけ上、逆になったりします。また、ほかの植物ホルモンとの間にも相互に複雑なネットワークがあります。したがって、使用する場合は植物種によってそれぞれ慎重な配慮

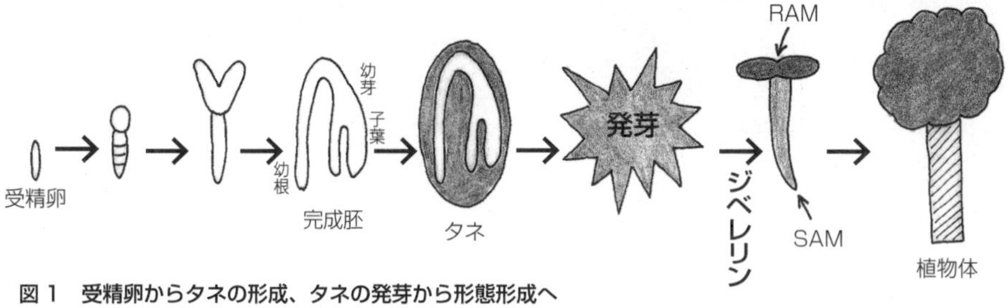

図１　受精卵からタネの形成、タネの発芽から形態形成へ

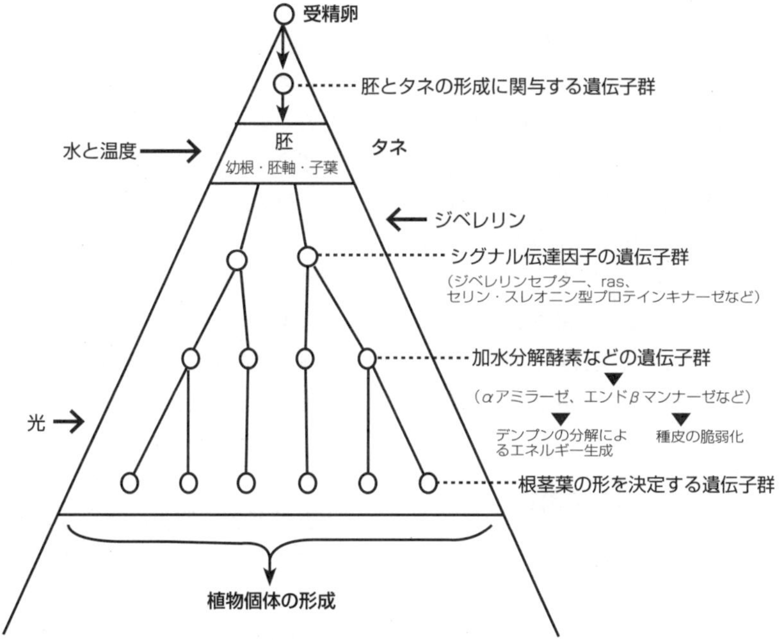

図２　タネの発芽から植物個体形成への遺伝子のカスケード

が必要です。

発芽のプロセス

植物の生活環の始まりは受精で、受精卵から完成胚に分化する過程を模式的に図示しました。完成胚で植物の基本的な体制が構築され、幼芽（シュートともいう茎と葉の原器）と幼根（根の原器）が分化してひと休みします。これがタネです。

次に起こるのは発芽ですが、発芽とは子葉の間の頂端分裂組織（shoot

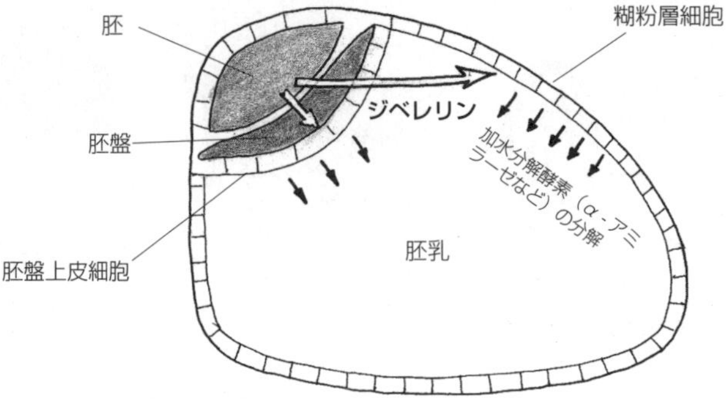

図３　タネの構造と発芽の過程

apical meristem, ＳＡＭと略称）と幼根の先端にある根端分裂組織（root apical meristem, ＲＡＭと略称）のスイッチがオンになり、幼芽と幼根でそれぞれ分裂が盛んになり、伸長を始めることです。このひと休みというのが微妙で、採りまきでほとんど休まない場合もあれば、深い休眠を経る場合もあります。しかし､生長点(meristem)は基本的には絶えず分裂を続ける細胞集団です。

ジベレリンの働き

最後にジベレリンが発芽の過程で、α-アミラーゼ遺伝子の発現を誘導する過程について紹介しましょう。

タネの中にある胚からジベレリンが産生された場合、胚盤に接して存在する胚乳を囲む糊粉層細胞や胚盤上皮細胞に働きかけて、まず細胞表面のジベレリン・レセプター（受容体，未解明）に結合します。その結果、ジベレリン応答系が機能してα-アミラーゼ遺伝子の転写を活性化させ、α-アミラーゼの生合成に導くという事実がいろいろな角度からほぼ明らかにされました。

こうして合成されたα-アミラーゼは、胚乳に含まれるデンプンを加水分解して、分解生成物のブドウ糖が胚の生長のために役立つことになります。

α-アミラーゼは最もよく研究された典型例ですが、発芽に際して種皮を脆弱化に導くエンドβ-マンナーゼや、胚乳の中に含まれるタンパク質を分解するプロテアーゼなど、多くの加水分解酵素も同様な経過をたどって、それぞれが発芽のために役立っていると考えられます。

このように、発芽はいったんスイッチがオンになれば、その植物のゲノム（DNA 群）に書き込まれた設計図に従って、シンフォニーのように次々と展開していく過程です。

（松代 愛三）

基礎編 4

タネの採り方と保存

タネの採取は楽しいものです。これからの発芽のことを考えるだけでも、夢が膨らみます。しかしながら保管ができていないばかりに、せっかく採取したタネがすべてだめになってしまう例があとをたちません。

ここではタネの採取と保管について紹介します。

タネの採取

果実が熟する寸前が最善の採取時期です。保管とも関わってきますので、これだけ取り出して述べるのは困難なものです。いくつか例をあげて紹介します。

1- 果実が熟したかどうか
わかりづらく、散りやすいもの

例：コバイモの仲間、雪割草（ミスミソウ）の仲間

いずれも人工授粉後、受精して果実が膨らんできたらストッキングや不織布で作った袋を掛けて、タネがいつの間にか散ってしまうのを防ぎます。

2 - 果実がサク果のもので、
タネが散りやすいもの

例：ユリ属、ヒガンバナ科、ナデシコ科、サクラソウ科、スミレ科など

果実が完熟する直前、果実が裂ける少し前に丸ごと採取し乾燥させます。果実が裂けてきたらタネを取り出して保存します。

3- 液果、バラ状果のものなど

例:ノイバラ、ノブドウ、ガマズミ、マユミ、サワフタギ、ヒヨドリジョウゴ、テンナンショウの仲間など

果実が完熟してから採取し、なるべく早く果肉を丁寧に取り去って保管します。完熟直前に採ってもかまいませんが、果肉がはがれにくく面倒です。

4- ドングリやツバキなど大型のタネ

例：ツバキ、ドングリの類

地上に落ちているタネは乾燥のためすでに死んでいる可能性があるので、完熟直前の果実を採るか、木を揺らして新しく落ちてきたものを拾います。

5- 水中で実を結ぶもの

例：ミズアオイ、オニバスなど

完熟直前の果実を採取し、乾燥しないように持ち運び、タネを取り出します。できれば水中に沈めておきます。

タネの保存

タネは植物の種類によって保管のしかたが異なります。なかには保管できないタネもあります。種類ごとに適切な処置をとって、効率良くタネをまきましょう。

①保管のできないタネ

植物の種類によっては極端に寿命が短かったり、休眠する性質がないため

に保管のできないものがあります。そのような植物は採取後、直ちに播種床にまいてしまわなければなりません。

良い例にヒガンバナ科のタネがあります。薄い紙のようなタネをつけるものは乾燥しても平気なので問題ありませんが、南アフリカ産の種類やヒガンバナ属のタネは、乾燥に弱いか、休眠しないですぐに発芽してくるので長期間の保管ができません。

ミスミソウ、イカリソウなどのタネは、未熟の状態で散布され、夏の間に徐々に熟して秋に成熟し、翌春発芽します。後熟と呼ばれる仕組みをもつこれらの植物のタネは、乾燥に弱く、夏に常温で管理することが必要です。

初夏に入るころ、これらの植物のタネを採取できます。しかし、まだこれらの植物のタネは胚が完成しておらず、内部では活動しています。秋になって胚が完成しだい発芽が始まるわけです。この間、低温条件に置くと胚の発達が遅れ、発芽が不ぞろいになる可能性があります。

これらの植物のタネは、長期保存は最初からあきらめましょう。採取後、直ちにタネをまくのが一番です。輸送したり、播種床が準備できていないなどの理由で短期間保管する場合は、湿らせた川砂、ピートモス、バーミキュライト、ミズゴケなどで包んでポリエチレン製のチャック付き小袋に入れて保管します。袋に入れる前に殺菌消毒すると保管中に腐敗することを防ぐことができます。

同様に扱うものに、カタクリ、フクジュソウ、セツブンソウ、コバイモなど春植物に多く見られます。

②乾燥に弱いタネ

各地から寄せられるタネで最も残念なのが、乾燥させてはならないタネを乾燥させて送ってこられることです。乾燥に弱いタネは、干されるだけで死んでしまうか、発芽率の低下や、発芽が不ぞろいになるといった現象が見られます。

ドングリやツバキ、トチノキの硬い殻に守られた大型のタネは、大型動物による蹄耕（歩いたときに踏みつけることで地表が掻き乱されること）、またはリスなどの動物によって埋められることを前提に発達してきたタネと考えられています。殻が厚く硬いのは、踏まれてもつぶれないためです。大きいのは芽生えを大きくして競争に勝つためです。乾燥に耐える特性は持ち合わせていません。

これらのタネを保管する際は、湿らせた川砂、ピートモス、バーミキュライト、ミズゴケなどで包んでポリエチレンのチャック付き小袋に入れて保管します。袋に入れる前に虫に食われているものを取り除き、きれいに水洗いしておきます。

ツリフネソウやミズアオイなどの湿地帯、あるいは水生植物のタネで水分を多く含むものは、全生活環をとおして乾燥に出あうことがありません。こうした植物のタネは乾燥にあうだけで死んでしまいます。

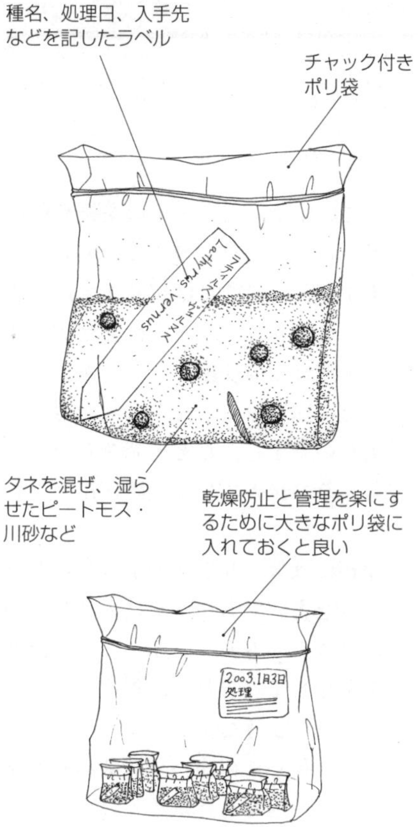

乾燥させてはいけないタネの保存

こうした植物のタネは、十分に湿らせた川砂、ピートモス、バーミキュライト、ミズゴケなどで包んでポリエチレンのチャック付き小袋に入れて保管します。

水中でタネが熟するミズアオイやオニバスは、これでも死ぬ恐れが高いので、小瓶に水を入れ、その中に沈めて保管します。田んぼの泥に入れてポリエチレンのチャック付き小袋に入れてもよいでしょう。

③乾燥して保存のできるタネ

植物のタネのなかには、乾燥に耐え容易に保存のきくものがあります。こうした植物の果実は、熟すにつれ乾燥して成熟します。これらのタネはそのまま紙袋などに入れて保管できます。保管中は冷暗所に置きます。

タネの寿命は植物によってまちまちですが、一般家庭で可能な方法では、年数が経つにつれて発芽率が低下するので、なるべく早くまいてしまいます。

④液果、バラ状果のものなど

この種の果実をつけるものは、近年、小品盆栽として人気のある種類が多く含まれます。これらの保管にはタネをまくための前処理を兼ねた作業が必要です。

まずきれいに果肉を取り除きます。可能な限り取り除きましょう。果肉には発芽を抑制する物質が含まれおり、さらには保管中にカビの発生源にもなります。

果肉を取り除いたタネは、乾燥させると発芽率が下がるものが多いので、湿らせた川砂、ピートモス、バーミキュライト、ミズゴケなどで包んでチャック付きのポリエチレン小袋に入れて保管します。袋に入れる前に殺菌消毒すると保管中に腐敗することを防ぐことができます。

（辻 幸治）

基礎編5

タネまきの要点

ひとくちにタネまきの要点といっても、山野草のタネの形状は千差万別ですし、開花時期、タネの熟す時期もまちまちですから「これが王道だ!」とはなかなかいえません。山野草の個々の種類のタネまきについては、各項を参照してください。ここではタネにまつわる四方山話を交えながら、最大公約数的な話を進めていきます。

人はいつのころから、何のためにタネをまくようになったのでしょうか。最初はおそらく「食」を満たすためであり、観賞ということではなかったと思います。いわゆる「花よりだんご」で、思いあたるのは、日本の場合はやはり稲作でしょう。稲作の起源はいろいろと取りざたされますが、紀元前3、4世紀の中国の戦国時代に、大陸を追われた民が日本に持ち込んだとされる説があります。人のタネまきの歴史は、穀物や果樹が始まりだったといえるでしょう。そうした「食」のための植物がより多くの実りを求めて選別、改良され、「食」に対する欲求が満たされるようになると、いよいよ観賞用の植物の出番となるわけです。

① タネまきの時期について

多くのタネは環境の急激な変化から自分を守り、種の繁栄を試みる能力はもっていますから、タネの交換や種苗業者から入手したものをまいても発芽しますが、一般的には採りまきが理想です。自然界では、タネは熟せば自然と親を離れて飛び出します。あまり早いうちに採取しても発芽するか否かは覚束ないですし、たとえ発芽したとしても、その後の生長に支障が出たりします。

なかにはスミレなどのようにまだ若いタネをまいても、すぐに発芽して順調に育つものもあります。こうした性質を利用して、まれには促成栽培することもあるようです。

逆に、何らかの事情で発芽の時期を失すると、何年も休眠することになったりします。何千年も経て発芽した大賀ハスは、その極端な例でしょう。

タネの中には、採取後のちょっとした保管状態の不具合から数日で発芽能力を失ってしまうものもあります。そうかと思うと、保管しておいたタネをまいて3、4年も経ってから発芽する場合もあります。

以上のように、多くのタネはある程度の保存が効くものの、自然のサイクルから外れると思ったように発芽してくれない場合も多いので、親株に実るタネが熟したころを見計らって採りまきすることをおすすめします。

② 用土について

タネの大きさに応じて、何種類かの粗さの用土を使い分けたほうがよいでしょう。「小（粒）は大（粒）を兼ねる」といえるのかもしれません。あまりにも細かいタネを目の粗い用土にまいても、下手をすると、用土のすき間からまき床の奥深く潜り込んでしまうことがあります。それでも丈夫なものは芽を伸ばして発芽しますが、試しに掘り上げてみるとモヤシのようになってしまっていて、以後の生長の前途多難を思わせます。

一般的に山野草を育てる用土は「水はけ水もちの良い用土」という言われ方をしますが、タネまきについても同様です。山野草をこれから育ててみようと思われる方は、「水はけ水もちの良い用土」と聞いただけで「山野草栽培とは不可解なものだ」と思われたことはないでしょうか。要は「水が滞留せず常時適度な湿度を保つ用土」ということなのです。

そうした用土は、「タネまき専用」と称してすでに何種類かの用土が混合されたものや、ピートを固めて水で戻すと膨張して用土となるものなどが市販されています。最初はこのような用土を入手してまいてみると失敗も少ないでしょう。慣れてきたら自分で何種類かの用土を混ぜて作ってください。できれば親株と同じ用土にまいてやりたいからです。移植の際などに突然用土まで変わると、植物体にはかなりのストレスを与えます。

「でも親株の用土は目が粗いし…」と思われる方は、親株の用土をフルイでふるった際に、目をすり抜けた極小粒の用土を取っておいて使うとよいでしょう。ただし、パウダー状のミジンは取り除きます。これは滞留水の原因にもなりかねませんし、盆栽の世界では水で練って使うこともあるようですが、山野草栽培の世界では、まず使うことはありません。

ミジンを取り除くのに目の細かいフルイがなければ、ホームセンターの調理器具売り場で裏ゴシ器の目の粗いものを探して、フルイ代わりに使うとよいでしょう。そうすれば、親株の用土と同じ性質の極小粒の用土にまけるわけです。

また、発芽したての芽が親株よりも抵抗力がないのは当然ですので、清潔な新しい用土にまいてください。

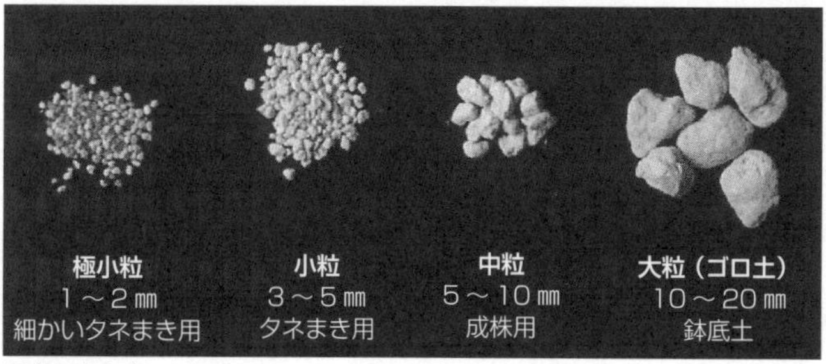

用土の大きさ

③ タネの処置とまき方

●果肉のあるタネ

果肉のあるタネは、一般には果肉をきれいに除去してからまきます。子どものころには「あれは熟して地に落ちたときに、苗の肥料になるものだ」などと思っていましたが、少し違うようです。卑近な例をあげれば、カキを食べるときに包丁を入れるとタネまで切れてしまうことがあります。この時、発芽初期の栄養になる胚乳がしっかりあることに気がついた経験は誰しもあるのではないでしょうか。大きく甘い果実は、発芽には必要ないわけです。逆に果肉には発芽抑制物質と呼ばれる成分が含まれていて、そのままでは発芽しないことが多いようです。

それでは「果実」は誰のためにあるのでしょうか？また、赤や黄色や紫など目立つ色彩の果実が多いのはなぜなのでしょうか？ 採集により生計を立てていた太古の人は、色がきれいで目立つ果実を簡単に見つけたでしょう。そして食欲をそそられる色に誘われて口に入れてみると、これが「甘い！」。一方、熟す前の果実は派手な色彩でもなく、甘くもありません。そのような実は目立たない上、経験上から口にもしません。

ここで薄々感づくのは、私たちは植物たちが子孫を繁栄させるための「タネまき」という壮大な計略に乗ってしまったのではないか、ということです。もちろん、その片棒を担ぐのはやぶさかではありませんし、大いに計略に乗って果実を享受させてもらっている側面もあります。

そんな植物の不思議を考え始めたのは、果実の前段階である「花」についての著述に接したときでした。ちなみに、鮮やかな色彩と甘い蜜は何のためにあるのでしょうか？ また、花の構造についての１例をあげると、サクラソウなどは訪れる昆虫に合わせて花の構造ができているのではないかとさえ思われる節があります。マルハナバチがそれで、サクラソウが受粉するにはちょうどよい長い口をもっています。これは言わずもがな、交配のための仕組み以外のなにものでもないでしょう。そうしてみると「花」にしろ「果実」にしろ、ちゃんと意志があるように思えてなりません。

「果実」は人や鳥に食してもらって、タネを遠くまで運ぶために植物が考えた知恵なのでしょう。

●綿毛のあるタネ

綿毛のあるタネは、なるべく綿毛を除去してまきます。タンポポやテッセン、チングルマなど風に乗るタネは、毛の無いほうが処理がしやすく、そのままま くと多少乾燥した際に再び旅に出てしまわないとも限りません。また、綿毛の大きなものをまとめてまこうとしても、ほかのタネの綿毛がじゃましてタネが地に着かないということもあります。そもそも、風に吹かれれば、まとまって着地することはないはずですから…。

厚まきは避けて慎重に

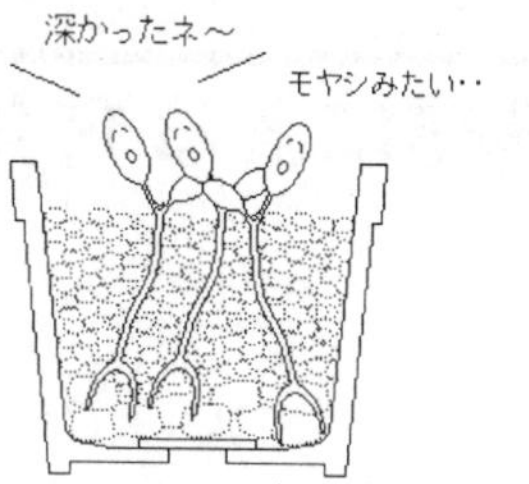

粗い用土に細かいタネをまくと潜る

播種床は棚の「上」、受け皿の「中」、屋根の「下」

●厚まきは避ける

小さなタネは厚まきになりがちで、発芽しても密集しているばかりで処置に困ることになります。ある程度生長してしまうと、移植しようにも根が絡まって分けられなかったりします。このようなときは、しかたがないのでまとめて移植したりしますが、この時、前述の親株の同じ用土を使っていると、用土をふるわずに移植ができ、環境の急変を避けられます。

なお、細かいタネを効率良くまくには、2つ折りにした紙片にタネを乗せ、微妙な振動を与えながら慎重にまくようにします。

④ まき床の置き場と水やり

播種したあとのまき床は、雨よけの意味で、屋根のある作場に置いておくのがよいでしょう。強い雨に当たってタネがまき床から飛び出してしまわないとも限りません。

同じことが水やりにもいえます。特に細かいタネなどは、あまり強く灌水すると、まき床から飛び出したり、せっかく均等にまいたタネが片寄せされてしまいます。大事なタネなどは上からの灌水ではなく、腰水にして発芽まで管理するのがよいでしょう。

気候が大きく違う外国産のタネなどは、それ相当のテクニックが必要になる場合がありますが、特にフレームなどで保護してやる必要はありません。タネは自然の季節の変化を読み取って発芽の準備をして、一番適した時期に発芽するわけですから、人工的な手当ては行なわないほうがよいでしょう。ただし、タネの入手が採りまきの時期以外の場合には、低温湿潤処理（41ページ参照）などの手当てが必要になる場合があります。

⑤ 病虫害

清潔な用土を使用している限りは、あまり病気の心配をする必要はないでしょう。タネ自身に付着している果肉の残りなどからカビが発生することが想定されるくらいです。あまり神経質になる必要はありません。定期的に殺菌剤などを使っているのであれば、ついでに散布しておきます。

害虫については、発芽後は親株と同じ扱いでかまいません。

（森谷 利一）

基礎編 6

物理的、化学的処理による発芽の促進

●通常、タネは休眠している

まけばすぐに発芽するという野生植物のタネは、ほとんどありません。発芽に適した気温で水分が適度にあっても簡単には発芽しません。通常は休眠しています。その理由は、例えば高山植物のタネが秋の適温時に発芽してしまうと、すぐに冬なって、霜によって根が浮き上がったり、地面の表面が凍結して根が短いため水分を吸うことができなくなったりして、枯れてしまいます。そのため、タネのまま厳冬を過ごし、安全になる翌春から発芽したものだけが生き残ります。つまり、高山植物のタネは寒さがある程度以上の期間続くと発芽準備が完了するように仕組まれています。寒さといっても、雪の下ですから0℃前後です。平地の植物でも大部分のタネは、しばらくの間寒さにあわないと発芽せず、日本では梅の花が咲くころから桜の花が咲くころに発芽します。

また、発芽条件に適合しても、一斉に発芽するのではなく、ぼつぼつと発芽します。全部発芽してしまうと、ばば時ならぬ低温があれば全滅してしまうからです。これも野生で生き延びてきた種の特性です。

山野草の播種は、凍る寒さが1カ月以上続くころまでに終えるのがよい、と言われているのはこのためです。現在では、冷蔵庫を使って、湿った状態で寒さにあわせる（低温湿潤処理）ことができます。

しかし、低温湿潤処理だけでは発芽しないタネを作る植物があります。

①種皮が水分を通しにくいタネ、②発芽抑制物質を含むタネ、③胚が成熟する前にタネが地上に落ちてしまう植物で、胚が熟すために湿った状態で夏を越すことが必要なタネ、④タネの発根には暖かいことが必要で、次に発芽のために寒さが必要なタネ、⑤最初地中で球根を作り、次に寒さにあって発芽するタネ、⑥寒－暖－寒の順にさらされてから発芽するタネ、などがあります。いずれも、その植物の繁殖戦略です。

③に属する植物には、フクジュソウ、セツブンソウ、ミスミソウなどキンポウゲ科の早春に開花する多くの植物、タツタソウ、コマクサ、ヤマシャクヤクなどがあります。いずれも採種後の乾燥に弱いことが特徴です。採種後、冷蔵庫に保管する前に、湿った状態で20℃以上の夏期状態に2～4週間置くことで、胚が成熟して発芽準備が完了します。冷蔵庫保管する場合には、カビ対策として殺菌剤で濡らしたキッチンタオルなどでくるんでから、ポリエ

チレン製の袋などに入れて乾かないようにします。

採種後すぐに冷蔵庫に保管して、翌春播種すると、播種後の夏に胚が成熟し、発芽はその次の春になります。

④に属する植物には、ユリ属の一部の種、シャクヤクの一部の種、ジンチョウゲ類、があり、⑤にはユリ属の一部の種、⑥にはクリスマスローズがあげられます。

❶ 種皮に傷をつける

種皮が硬く不透水性で水を通さないために、適温、適湿になったとしても簡単には発芽しないタネがあり、硬実（種子）といいます。種皮が何らかの影響で破れると発芽するため、多くの場合、数年以上にわたってぽつぽつと発芽します。

植物の種類によってタネの全部が硬実であるもの（アサガオなど）と透水性の普通のタネの中に何割かの割合で硬実が混合するもの（レンゲ、シロツメクサなど）があります。硬実は長寿で、例えばハスのタネは極端な硬実で寿命が1000年以上あります。低温で保存された硬実なら、古いタネでも発芽率が良好です。

硬実種…マメ科（小粒のタネの多くの種）ヒルガオ科、フウロソウ科、アオイ科、カンナ科、アカザ科、ナス科の植物の多くが硬実をつけます。

また、スミレ属のタネのように完熟したり乾燥したりすると、種皮が硬くなり、水分を通しにくくなるものがあります。さらにタネ全部でなく、何割かが硬実である種も多数あります。

種皮が硬いタネは、以下のようにして、種皮に傷をつけて胚や胚乳へ水分が早く届くようにしてまけば、多くの場合発芽が速くなります。

①**種皮を、少しナイフやヤスリで削る（剥皮《はくひ》処理）**…切り込みを入れるだけでも十分です。タネの胚を傷つけないために、端の部分に種皮だけを破る程度に行ないます。大きなタネに有効です。

②**砂ズリする**…砂ズリとは、角のある砂で種皮に傷をつける方法です。砂とタネを混合して袋などに入れ、袋ごともむ方法が楽です。小さなタネでは、タネと砂を茶碗のようなものに入れて、小さなスリコギなどで軽く擦る方法があります。

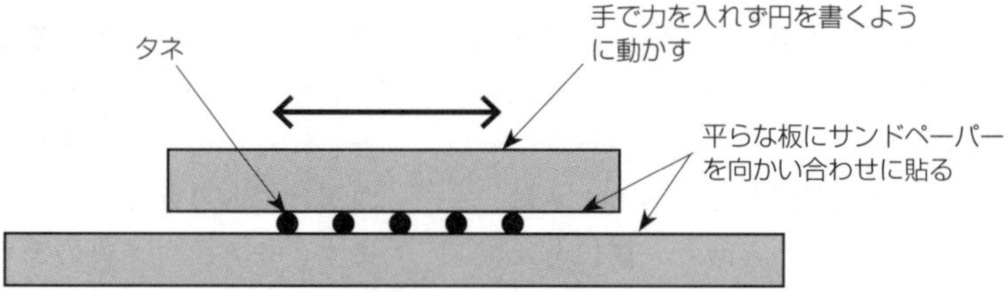

図1 サンドペーパーはタネの大きさによって100～600番とする
こする時間は1～2分程度。拡大鏡で見て種皮に傷がついていればよい

③サンドペーパーの間に挟んで擦る方法…つぶれやすいタネの場合、押しつけずにサンドペーパーを横方向へ動かすようにします（図1を参照）。

④針で1回突き刺す方法…胚を傷つけない場所に種皮を破る程度に軽く針を刺します。まずタネを1つ切断して内部を見てから行なえば安心ですが、中心からはずれた場所を適当に刺せば、ほぼ大丈夫です。

その他、50～70℃のお湯に数分間漬ける、濃硫酸・過マンガン酸カリウム液・プラズマにさらす、などの処理で種皮に傷をつける方法が知られ、多量のタネを処理するために研究されていますが、趣味向きではありません。

2 発芽抑制物質を除去する

果実の果皮・果肉・種皮には発芽抑制物質が含まれているものが多いので、果皮、果肉はしっかり除去してまきます。除去しないと、例えばテンナンショー類の場合、大部分のタネの発芽が1年遅れます。自然状態では、テンナンショー類の赤いタネは小鳥がついばみ、砂嚢で発芽抑制物質を含む果皮、果肉が除去され、種皮に傷がつけられ、さらに種皮中の発芽抑制物質も水分が多く温度が高い状態で溶解除去され、糞という肥料つきで地上に散布されます。

綿毛や果皮が固着しているタネは、水でふやかしてから砂と一緒にもんで取り除けば、砂ズリの効果も得られます。種皮なのか果皮なのか、はっきり

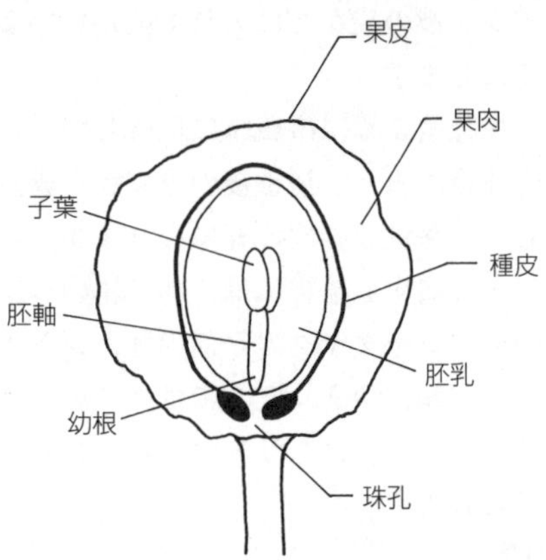

図2　果実の構造の例

しないときは、タネをはいでみればわかります。種皮が最後の皮です。

種皮にも発芽抑制物質がありそうな場合には、まく前に、30～40℃程度のぬるま湯に1～3時間浸漬するか、水に1～3日間浸漬して、発芽抑制物質を溶解してからまきます。

この場合、タネが窒息死しないように酸素が多い水であることが必要で、1日2回は新しい水に替えます。また、まくまでタネが乾燥しないように注意します。種皮が硬い場合には、種皮に傷をつけてから浸漬処理を行ないます。ただし、寒さに1カ月程度当てる時期に播種する場合は、この浸漬処理をしなくてもかまいません。

アヤメ科のタネは発芽抑制物質を除去しにくいので、水を替えながら数日間漬けて取り除くとよいと言われています。一方、マメ科のタネは水に浸漬しておくと、死んでしまうものが多いと言われています。

③ 低温湿潤処理する

高山植物のタネおよび平地の植物のタネでも秋まきが必要とされているものは、湿った状態で低温下にある期間以上置かれることで発芽準備が完了します。その期間は、種ごとに異なります。戸外でなく、冷蔵庫で0～5℃の低温に置くことで代用できます。

一番単純な方法は、播種して湿らせた実生鉢をポリエチレンの袋に入れ、15～20℃程度の場所に3日間置いてから、次に少し凍る程度から5℃までにした冷蔵庫に少なくとも3週間入れておき、その後に取り出して明るい場所に置く方法です。明るい場所に置かないと、この処理の効果はかなり低下します。そのため播種する際、覆土はごく薄くします。

別の方法として、タネを実生用土（タネの倍から数倍の量）と混ぜ、湿らせてからポリエチレンの袋に入れて、冷蔵庫で保管してもかまいません。ただし、ポリエチレンの袋には空気が残っているようにすること、用土は決して乾燥していたり、逆にびしょびしょに湿らせないようにすることが肝心です。

3週間後以降に取り出して、用土を入れた実生鉢の上にのせ、広げて軽く水やりすれば播種完了です。

●発芽を確認してから播種する方法

1月中旬までに播種できなかった場合や春まき可能種（低温にあてなくても発芽する種）でも、気温が発芽適温を超えている時期に播種する場合には、以下に述べる方法で低温湿潤処理して、発根・発芽したことを確認してから鉢にまいています（図3参照）。

1- タネは必要なら発芽抑制物質を除去したり、種皮に傷をつけるといった処理をします。

2- キッチンタオルを6～8㎝角に切り、4つに折り畳んで、水で湿らします（図3 A）。

3- その上にタネを置きます。間隔は鉢

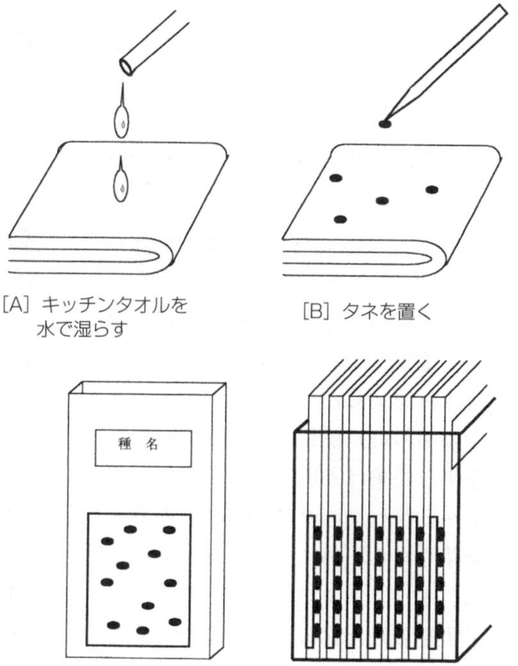

[A] キッチンタオルを水で湿らす

[B] タネを置く

[C] 透明なポリエチレン袋に入れ、種名などを記入する

[D] 容器に入れ、冷蔵庫の0～4℃の場所に置く

図3　低温湿潤処理の例（発芽を確認してから播種する方法）

にまく程度とします。小さなタネの場合、水で濡らした楊枝の先にタネをつけて、目的の場所に着地させます（図3B)。

4- キッチンタオルを入れることができる大きさの透明なポリエチレンやポリプロピレンの袋に、タネを置いたキッチンタオルをピンセットなどでつまんで入れます。タネの位置が大き崩れないように、また外側からタネの状態が見やすいように注意して入れます。

5- 袋に種名、入れた日付などを記入します（図3C)。

6- 容器に立てて置きます。すべてのタネを同様にします（図3D)。

7　終わったら、4℃以下であることを確認した冷蔵庫に入れます（冷凍庫はだめ)。

8- 1週間に1度は取り出して、タネが膨らんでいるか、発根・発芽しているか、拡大鏡で見ます。水が蒸発してキッチンタオルが乾き気味なら、袋の底に水がたまらない程度に水を足します。また、好光性のタネの場合は確認するために出したあと、室内の明るい日陰に半日程度置いています（効果は不明)。

9- 1～5割程度のタネが発根したり、発芽したら、鉢にまきます。まき方は、キッチンタオルを袋から出して用土を入れた鉢の上に吊るし、水をスポイトでタネにかけ、タネを用土の上に順番に落としていきます。キッチンタオルに根が入って落ちないタネは、そのままキッチンタオルを用土の上に置きます。タネが袋の中に残った場合は、水を入れて流し出します。

10- 必要なら覆土して、ラベルに必要事項を記入して鉢に刺し、播種は終わりです。あとは普通に播種した場合と同様に管理します。

キッチンタオルでなくても、吸い取り紙のように厚手で水をたくさん含むことができ、濡れても丈夫な、薬品などが含まれていない紙なら使用できます。タネの様子を見るために拡大鏡を2枚重ねにして利用しています。

この方法は種々の利点があるので、いつでも使いたいと思っています。

④ ジベレリン処理

ジベレリンは植物ホルモンの1種で、多くの生理作用を示します。発芽促進作用については、「なぜタネから芽が出るのか」の項を参照してください。ジベレリンを外部から与えても内生のジベレリンと同様に発芽促進効果が得られることがわかり、現在では難発芽のタネだけでなく、乾燥させてしまって発芽しにくくなったタネ、古いタネなどの発芽促進にも広く使用されています。また、時期はずれに発芽させたい場合にも使用されています。

[花き類（難発芽種子）に対する一般的な方法]

①ジベレリンを濃度100ppm(0.01%)程度の水溶液にする。

②この液にタネを12～16時間浸漬す

る。

③大きなタネの場合は、取り出して乾かして、播種する。

小さなタネの場合には、水溶液と一緒に播種鉢に流し出してまく。

この方法は、花き以外にもいろいろな植物の発芽促進に効果があることが知られているので、山野草のタネでも適用することができるのではと思われます。

濃度 100ppm の水溶液 100 ml の作り方…市販のジベレリン粉末 50 ㎎入りのスチロール管外壁に粉末をだいたい 5 等分する目盛りを記し、その 1 目盛り（10 ㎎）分を水溶液を作る容器に移し、20ml 程度のぬるま湯で溶かし、完全に溶けたら、全量が 100ml になるまで水を追加すれば、100ppm 水溶液ができ上がります。作ったら、冷蔵庫に保管し 1 ～ 2 日の間に使用してください。

[わたしの方法]

①ジベレリン水溶液の濃度は、100 ～ 200ppm。

②図 3 の低温湿潤処理の方法と同じようにします。違うのは水の代わりにジベレリン水溶液でキッチンタオルを湿らす点です。0 ～ 4℃の冷蔵庫内に 1 ～ 5 週間程度保管（乾燥しないように注意する）。ただし、 3 日おきに確認して、発芽が始まっていたら、その時に「低温湿潤処理する」に述べた方法でまきます。

• ジベレリンの濃度を 200ppm 以上にすると、多くの場合、発芽しやすくなりますが、一方で茎が細くひょろひょろと伸びて枯死しやすくなります。ただし、1000ppm になるまで、ひょろひょろと伸びることがない種もあります。

• ジベレリンには、発芽作用、茎伸長作用、開花促進作用などがありますが、発芽をスタートさせることだけに使用したいと考えました。ジベレリンには発根作用はあまりないようです。

• 低温湿潤処理と併用することで、休眠の打破が完全になり、また発根と発芽のバランスがよくなると考えています。

• まいた後も気温が高過ぎる場合にはしばらくは西日を避けるなど、できるだけ鉢内の温度が上がらないようにしています。

• 冷蔵庫に入れておいても、カビが生えることがあります。殺菌剤としてベンレートを使用したことがあります。塩素酸ソーダ、過酸化水でも殺菌ができると記載されていることがありますが、テストしていません。タネを素手で触ると、皮脂などが付着してカビ発生の原因になると思われます。別のテストのとき、冷蔵庫に入れた容器の内壁に指紋通りにカビが生えた経験があります。

少ない経験のうちで効果があったのは、リンドウ、シクラメン、サクラソウ、キンポウゲ、ユリの各属の一部の種です。また、スミレにも高濃度で効果があると聞いたことがあります。

ペンシルバニア州立大学の Norman

Deno名誉教授は、2500種以上の植物のタネの発芽テストを、タネの貯蔵条件、発芽条件を変えて行なっています。同時にジベレリンの発芽効果も多数テストしていて、山野草類では、以下の属の少なくとも1種には効果があったと報告しています。

アマ（Linum）
イチリンソウ（Anemone）
イワウチワ（Shortia）
エンレイソウ（Trillium）
オダマキ（Aquilegia）
オトギリソウ（Hypericum）、
カラマツソウ（Thalictrum）
キジムシロ（Potentilla）
キンポウゲ（Ranunclus）
サクラソウ（Primula）
スミレ（Viola）
センニンソウ（Clematis）
ツリガネニンジン（Adenophora）
ヒエンソウ（Delphinium）
ホタルブクロ（Campanula）
ネギ（Allium）
ボタン（Paeonia）
ミムルス（Mimulus）
ユキノシタ（Saxifraga）
ユリ（Lilium）
リュウキンカ（Caltha）
リンドウ（Gentiana）
レウィシア（Lewisia）

Norman C.Deno：'Seed Germination Theory and Practice'（私費出版）1993年より

わたしの方法は、Norman Deno氏の方法と誠文堂新光社発行の『栽培と育種 - リンドウ』に記載されていた方法をもとに改良を加えたものです。

以下に後者の記事の要旨を紹介します。

1- リンドウの種の寿命は、採種したタネを自然状態で放任すると長いものでもほぼ1年、短いものは半年。
2- しかし、低温（0℃前後）乾燥（乾燥剤と一緒）状態で貯蔵すれば、2～3年は実生に十分な発芽率を維持できる。
3- リンドウのタネには休眠があり、採種後乾燥したままの状態で播種してもほとんど発芽しない。播種する場合は必ず湿った状態で低温（0℃で1カ月程度）にあわせるか、あるいはジベレリン50ppm液に3日以上浸積する。また、これらの併用処理（ジベレリン50ppm液に浸積したまま冷蔵1カ月）を行なうとさらに効果が高くなる。ジベレリン処理だけでは、発芽するが根が活動しない。そのため生育が途中で止まり、やがては枯死する。
4- 播種後、発芽適温におけば平均日数7～20日で発芽する。
5- このようにして一度休眠を打破したタネは、その後乾燥貯蔵しておけば発芽率は低下しない

●ジベレリン処理の問題点、原因の推定、対応案

ジベレリンは、タネの中にデンプンがある場合には分解酵素アミラーゼを作り、発芽促進作用を発揮します。しかし、効果がある濃度、時間が、種によってかなり違います。

その原因には、①種皮の透水性の程度、②発芽抑制物質の有無、が関係しているはずです。しかし、この点に関してあまり検討されていないようです。

以下に述べる方法によれば、アマチュアでもジベレリン処理の指針を得る

ことができると思います。山野草栽培が対象としている多数の野生種を調べるのは、専門家の仕事というよりアマチュアの仕事であると考えます。

①デンプンの有無と種皮の透水性は次のようにして、簡単に見当をつけることができます

1- 比較のためのタネを割って、ヨードーデンプン反応でデンプンの有無、ある場合のその位置を調べます（タネ内部のデンプン存在の場所をヨードーデンプン反応で調べる方法は、中学または高校の生物の参考書に載っています。また、インターネットでも調べることができました)。

2- 割らないタネをヨードーデンプン反応を見るための液に浸漬します。その液の浸透性は水と同程度と考えられるので、所定の時間の後、タネを取り出し、表面を水洗してからタネを割り、ヨードーデンプン反応がどこに、どの程度発生しているかを1の場合と対比して調べます。1と同じ場所が反応していれば、その浸漬時間で全体に浸透したといえます。また反応が一部だけであれば、そこまで浸透したといえます。このようにしてジベレリンがタネの内部に浸透する時間を求めます。

②発芽抑制物質の影響は果肉、果皮の剥離除去、水洗による除去で、影響がない状態にすることができます。

③別のタネに2で求めた時間のジベレリン処理を行なった後、タネを割って、デンプンの存在場所をヨードーデンプン反応で調べます。

2の結果と比較して、デンプンが減っていれば、ジベレリンが作用した結果であると考えることができます。それと、発芽の有無を対照します（高校の生物の参考書に、発芽の際に内生ジベレリンによって生成したαアミラーゼがデンプンを分解する様子を、ヨードーデンプン反応で調べる方法が載っています)。

④さらに、種皮に傷をつけて透水性としてから、ジベレリンの発芽テストを行なうことも有効です。（ジベレリンの発芽効果が、タンパク質や脂質を分解する酵素の発生を促す場合もあり得ますが、簡単なテスト法を思いつきません）

●ジベレリンの他の用途

タネが死んでいるのに播種して発芽を待つのは、徒労です。高濃度のジベレリン処理で発芽テストして、生きているタネであることを確認してから、通常の方法で播種することができます。高濃度のジベレリンを使用して発芽させたものは、ひょろひょろで、枯死します。しかし、タネが生きていたことは確認できます。

一方、発芽しなかったからといってタネが死んでいると断言することはせきません。しかし、生きていると判明したタネとは別扱いすることができます。

（秋本 靖匡）

基礎編7

発芽苗の育て方の基本

① 実生の楽しみ

実生苗を育てるとき、最初に理解しておかなければならないのは、実生苗はＤＮＡ構成が多様で個々の苗はそれぞれ異なった幅広い形質をもっていることです。この点、ＤＮＡ構成がクローンの栄養繁殖（株分け、挿し芽・葉挿し、ムカゴ増殖など）の苗とは違います。

野生植物は大きく変わる自然環境の変化に適応して、種を生き残らせるために種としての多様性を保持しています。例えば、発芽の時期でも同じ培養条件を与えても、播種した年に発芽するもの、翌年さらに翌々年に発芽するものもあります。草丈も低いもの高いもの、花色でもアントシアン系（赤紫系）の花では白花や中間色の花が現われます。

開花の時期、耐暑性、耐寒性、耐乾性などにもバラツキがあります。野生ではこのバラツキの幅の中で、発芽しても遭遇する環境条件によって淘汰され、相当数の発芽苗が成株になる前に枯死してしまいます(苗の低生存率)。

人工的に保護を与えられる発芽苗の栽培では、生長過程を注意深く観察して保護を与えることで、苗の生存率を野生の数倍から十数倍に向上させることができます。特に野生環境では劣性形質として淘汰に弱いが、観賞的には高評価される形質は人工的な保護でしか残せません。実生栽培でしか味わえない醍醐味です。

② 一般的な山草の育て方

山草を平地で栽培する場合、作場と自生地の環境が異なるので、自生地の環境を念頭において、可能な限り自生地の環境に合わせるように栽培するのが普通です。例えば､温度条件の場合、100 m高度が上がると平均0.6℃温度は下がります。低山帯（海抜500～600 m）の自生種の場合は、里山の植物としてそれほど栽培上気を遣う必要はなく、夏期の遮光と通風の確保、必要な場合だけ光線不足・光合成量不足を施肥によって糖分（黒砂糖液など）を補う程度で十分自生地と同じ生長を実現できます。山地帯（～1500 m)、さらに亜高山帯（～2500 m）の自生種については、この程度の施策では補いきれず、冷風扇・冷室などの本格的な温度引き下げ装置・手段に頼ることになります。

昨今はエアコンの普及でエアコン付き居室が普通になってきてます。そこでエアコン付きの部屋にワーディアンケースを持ち込んで愛培植物を育て楽しむやり方が急増しています。

2003年の東京ラン展では、人間向きのエアコン室の条件を前提に、植物に望ましくない条件を改善する、例えば湿度調整装置・植物培養光源などを装備したワーディアンケースが、手ごろな価格で売り出されていました。オプションですが、光線不足・光合成量不足を補うために炭酸ガスボンベ（濃度自動調節装置付き）付きのものも出品されていました。広さも１～２坪で使いやすい大きさです。

メカトロニクスの急速な発達で、自生地と条件の異なる平地での山草栽培は、発達してきた施設を利用することで年々容易になってきています。

人間はひとつの目標を達成してもそれに飽き足らず、すぐ次の目標を設定して努力します。山草の栽培でも同じです。山草を自生地と環境条件の違う平地で栽培することに成功すると、次は山草を自生地の姿・風情で、例えば楚々たる姿態で山草らしく育てようとします。これが現在の山草の育て方の根底にあります。

山草は高度の高い、本来生物の生存に適していない相対的に厳しい環境条件下（短い生長期間、貧栄養土、風衝・乾燥地、強い紫外線など）で、これらのストレスに耐えて生存しています。山草を人間が手を加えて自生地より恵まれた条件で育てると、本来もっている潜在生長力を発揮し、例えば丈も葉も花も大きく育ち、開花も一時期に一斉ではなくバラバラになります。

そこで、山草の平地栽培に目処をつけると、大部分の山草愛好家は直ちに山草に種々のストレスを加えて生長を抑え、自生地の姿態に近づけようと工夫を重ねます。例えば、わざわざ貧栄養の用土構成にし、灌水を控え、フル日照にし、継続して送風・接触刺激などを与え、温度変化を激しくして一斉に開花を促すなど…。山草の生存ギリギリの線まで各種のストレスを与えて、いわば山草のもつ潜在生長力を極限まで抑える育て方を、工夫を重ね開発してきました。ある人はこのような山草の育て方を、発芽苗にそのまま適用して好結果が得られず、やはり山草栽培は難しいと嘆いています。

人間や動物と同じで、発芽苗は栄養分の小さい貯蔵能力が端的に示しているように、成体に比較すると環境変化に対する適応力は大きく劣っています。例えば、低温度下の強風のような乾燥環境に対して、発芽苗も気孔を閉じて体内水分の蒸散を抑えますが、根の吸水力に合わせて生長を続けている苗にとっては限度があり、根の吸水力にまで抑えることができず、体内水分を次第に失い、葉や茎はしおれ、ついには枯死することになります。

発芽苗を育てる場合には、人の乳幼児を育てるのと同様に、成体を栽培するスパルタ方式ではなく、きめ細かく観察をして、過剰なストレスを受けている場合には取り除いたり緩和したりして、ストレスを苗の狭い生存許容範囲内に抑えてやることが必要となります。言い換えればストレスをできるだけ除いて、苗の潜在生長力をフルに発揮させる、普通に行なわれている山草の育て方とは正反対のやり方・考え方が必要となります。

③コミュニティー・ポットの活用

実生の場合でも、野生環境と同じように発芽した苗を播種床でそのままにして育て、発芽の遅れた苗や、生長の遅い苗は淘汰させてしまい、残った苗だけを植え出すやり方で育てている山草愛好家を時折見かけます。これでは自生地での発芽苗の生存率よりも低くなってしまい、せっかく人工的に手をかけて発芽・増殖させる意味がありません。

そこで発芽した苗を、できるだけ途中で枯死させないで成体にまで育て上げる工夫が必要になります。このためにとられる方法のひとつがコミュニティー・ポット（共同培養床／鉢）の活用、移植です。

コミュニティー・ポットへの植え出しは、フラスコ培養、組織培養などの精密増殖では、すでに一般化している方法です。大きさの違う苗を相互干渉をできるだけ避けて、日照や給肥条件をできるだけそろえて栽培するために、同じ培養床にはできるだけ同じ大きさの苗を植え込む、植え出し後の灌水・施肥などの管理を個別鉢管理でなく、まとめて行なえるように苗の大きさによって植え込む本数を変える方法です。

この場合の基準は、同じ大きさの培養床には同程度の根量（吸肥・吸水力）となるように株を植え込むことです。

このコミュニティー・ポットへの移植によって、遅れて発芽した苗も、先行発芽した苗の葉陰になって十分な日照を得られなくなったり、先行苗の根がすでに吸収しつくした貧栄養の土壌から栄養を苦労して吸収しなければならないなどの生長に不利な制約条件を大幅に回避できるようになります。これによって生長も、生存率も大幅に改善できます。

移植の時期は、早いほど良いのですが、一応根のかたまる本葉２～３枚に、苗の半数くらいが生長した時期に行なうと成績が良いようです。もちろん、この時期でも双葉を出したばかりで、まだ本葉を展開するに至らない苗もあります。このような双葉だけの発芽苗は同じ床／鉢に植え込んで、本葉の展開を始めている苗以上に遮光条件などに気を配って、丁寧に栽培してやる必要があります。

苗の生長力をフルに発揮させるために、これらの培養床別の用土に要求される特徴は、次のとおりです。

【それぞれの培養床に要求される用土特性】

播種床…発芽に必要な水分を含む保水性のある用土。土壌酸度が上りやすいのであらかじめｐＨは中性に調整しておく。保水性を補うために土壌表面を粉状のミズゴケでマルチングする方法も使われます。

共同培養床（コミュニティー・ポット／鉢）…播種の時期、発芽の時期によって用土構成、

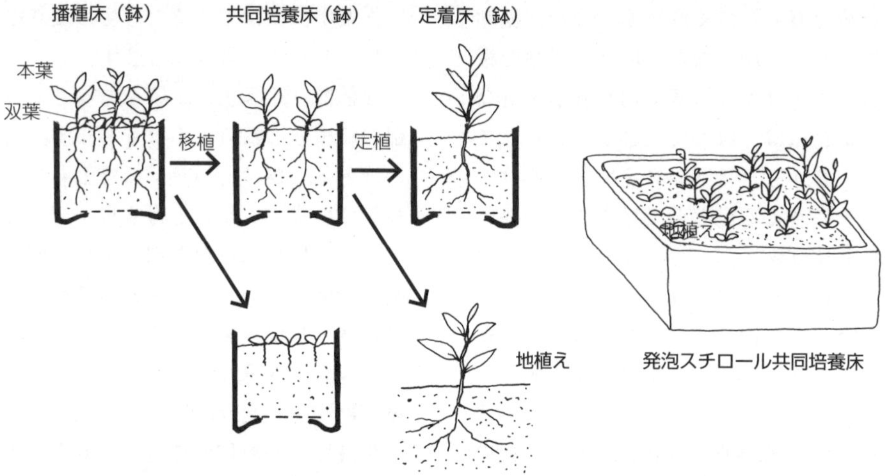

特に保水性は調整が必要になります。　発芽苗の生長期間は植物の最も急速に生長する時期で、この1～1.5カ月の期間に課されるストレスによって生長に大きく差がつきます。特に渇水ストレスに陥らせないよう保水性の水準には特に注意します。これによって苗の潜在生長力をフルに発揮させることができます。

最終定着床／鉢…栽培者によって用土構成は大きく変わるのが普通です。山草らしい姿態とするために、栽培者がコントロールできるストレス許容範囲ぎりぎりの用土構成とするのが普通です。

多くの栽培者が陥る誤りは、コミュニティー・ポットの用土構成を播種床と定着床の中間とする育て方をとることです。生長の早い植物の場合は、人の場合のように時間経過で徐々に適応させる必要はなく、成体になると飛躍的に増加する環境馴化力を一挙に使う育て方ができます。

④ 発芽苗を育てるその他の注意

●発芽苗も植物を育てる場合の一般原則である根を中心に

根の生長・伸長に焦点を当てて育てるようにします。古い諺「良い葉は良い根から、良い根は良い土壌から」は、発芽苗にとっても真理です。特に用土構成とともに注意を払わなければならないのは、安定した根圏環境を作ってやることです。

土壌条件の中で保水性、保肥性、空隙率などと並んで、根の生長を大きく左右する要因に土壌温度の安定性があります。安定性を増すためには土壌の容量をふやす、輻射・熱伝導を抑えるなどの工夫が必要です。この点で断熱性に優れた発泡スチロールは培養床／鉢の素材として優れています。

温度の安定性を保つために土壌の容量を増すと、含有水分の分布は不均一となります。発泡スチロールは、この負荷を減らしてくれます。また、乾燥ストレスをかけながら成体の生命を維持するギリギリの線で山草栽培を行なう場合には、好んで長鉢が用いられます。しかし、ストレスをできるだけかけずに育てる発芽苗では、この必要はありません。

このためにコミュニティー・ポット材として発泡スチロールの浅い廃ケースを、底に排水穴をあけて使用すると好結果が得られます。この場合、容器のいずれの場所でも容積当たりの根の量をできるだけ一定になるように、大きく育った苗と小さい苗の植える密度を変えてやります。このような浅い培養床の場合、根は横に伸長するので施肥効果も均一となり、定着床移植の場合も、根のからまりをほぐしやすくする副産物もあります。栽培容器として発泡スチロールはもっと活用されるとよいと思います。

●移植にあたって

苗は深植えしないようにします。移植時や栽培中の地際部の傷口からの病原菌の感染を防ぐため、ミズゴケ、バーミキュライトなどのやわらかい資材でマルチングし、土壌の跳ね返りを防ぐのもよい方法です。

●移植作業の注意

移植作業は雨の日、夕方、強風の日は避けたほうがよいでしょう。ただし、温室・ハウス内などで作業・移植後の養生ができる場合は天候を選びません。土壌温度の低下、根の乾燥などの悪影響を避けるためです。

作業中、根はできるだけ切ったり傷つけたりしないようにします。

移植前、床（鉢）の土壌を乾燥させ、根の絡まりは根気よくほぐします。苗の地上部と根は、バランスをとって生長しています。やむを得ず根を切ってしまった場合は、地上部（葉）も同じ割合で切ってバランスをとってやると移植後の株傷みを防げます。成体の移植の場合と同様です。

●有機質肥料を元肥に

生長期に肥料切れを起こさせないように、緩効性の栄養分（有機質発酵肥料）を元肥として与えます。また、保肥性を与えるために腐葉土（腐植）を10%程度用土に加えます。有機質肥料は元来、生物の身体を作っていた動植物由来の肥料で、植物の栄養に適しています。同時に根圏微生物の栄養にもなり、増殖した微生物の働きでさらに分解され緩効的に苗に吸収されます。

●移植直後の注意

丁寧に移植しても根は多少傷つき、移植直後は土壌粒子との密着親和性も低下し根の吸水力は落ちています。

移植後、十分な灌水を与えた後、数日間は空中湿度を維持して根の負荷を減らしてやります。土壌の乾き具合で根の吸水力の回復を見ながら徐々に灌水を強化して行きます。根が活着するまでは日照、温湿度などに注意を払います。

●活着後は風通しの良い日当たりに

根の活着・回復を確認しだい、直ちに移植苗は風通しの良い場所に移し、できるだけ太陽光線に当ててやります。乾燥気味にすることで根の伸長を促し、十分な太陽光線を与えて葉の光合成量を最大にしてフルに生長させます。

●夜間に土壌中に滞留水が残らないよう午前中に灌水

成株の栽培と同様、できれば土壌が輻射熱で急激な温度上昇をしないように、夏期は8時までに行なうようにします。

●植物の生長適温は15～25℃

自生地環境によって差はありますが、植物の生長適温は15～25℃、夜間は20℃以下に抑えるとエネルギー消費に伴う糖分不足、蓄積栄養分の消耗を抑えて生長は促進されます。施設・設備をフルに利用して生長を助長させます。

⑤ 苗の定植

発芽苗のもっている潜在生長力をフルに発揮させて培養すると、苗は山草とは思えないほど短期間で成体に生長します。コミュニティー・ポット移植後、一般的に数週間で、底の排水口にまで根は伸長します。排水口から根がはみ出したら定植の時期です。

この段階にまで生長した成体は、環境変化に対する抵抗力、順応力を十分もっており、栄養分も十分体内に貯蔵しています。発芽当年の成体は、その植物の生存期間の中で、最高の生長力をもっています。数年間一定の環境に生活した成体を、今までの環境とは異なった環境で育てる馴化の困難さは、山草愛好家であれば誰でもいやというほど体験しています。

その主な理由は、その個体が生存余力を十分にもっていない、環境適応に成功するまでのストレスを受ける期間生命を維持するに十分な余力をもっていないことです。もうひとつの理由は、植物がどのようなストレスを受けているかを十分認識して、その植物が耐えられる範囲内に、ストレスをタイムリーに緩和させてやっていないためです。

これまで述べたように、発芽当年の植物は生存期間を通じて最も高い生理活性をもっています。その生理活性をフルに発揮させて育てあげた定植苗は、定植時点で相当の新しい環境ストレスに耐えて生き抜く余力(貯蔵栄養)をもっています。そこで、通常の山草らしい姿態に育てるための、相当過酷なストレスにも余裕をもって適応できます。もちろん、定植時期によっては新しい環境からのストレスが適応力を上回って、成体を弱らせることもあります。

このような場合には、注意深く観察していてタイムリーに栽培施設を活用したり、栄養分を補給したりしてストレスを一時的に緩和して、大きく成体を消耗させ弱らせてしまう前に対策をとることが必要です。栽培における予防施策が重要であることは、発芽苗でも変わりません。

(原野谷 朋司)

基礎編8

種子業者一覧

タネを扱う業者はたくさんあるのですが、日本産の野草や高山植物のタネを精力的に扱うところは「吉岡園芸」のみです。これはタネから育てたほうが効率が良いことに気付いた欧米の愛好家と、いつまで経っても「採っては枯らす」泥棒園芸を続けた国の愛好家との歴史の違いなので仕方がありません。

せっせとタネをまく高山植物愛好家の存在は、欧米では小規模ながら、園芸業界に新しい事業を成立せしめたといえるでしょう。結果として、かの国々に世界的な名品が集まるのも当然です。

新しい、または珍しい植物を育てたいと願う人のために、数は少ないながらも特色のあるタネの取扱い業者をま

■業者名／住所／通用する言語／ウェブサイト／（メールアドレス）／主な取扱い品目

●吉岡園芸・種子銀行
〒391-0301　長野県茅野市北山滝見平126号
日本語
http://www.lcv.ne.jp/~tanebank/
日本産の野草・高山植物、海外の珍しい高山植物の種子

●トンプソン&モーガン（Thompson & Morgan）
Poplar Lane,Ipswich,Suffolk,United Kingdom,IP83BU
英語、日本語版カタログあり
http://seeds.thompson-morgan.com/uk　(ccare@thompson-morgan.com)
宿根草一般、高山植物、一年草、熱帯植物、野菜など

●ジェリット（Jelitto）
Am Toggraben 3,D-29690 Schwarmstedt,Germany
ドイツ語（日本語でも対応してくれる）
http://www.jelitto.com　(info@jelitto.com)
宿根草一般、高山植物、一年草

●シルバーヒルシード（Silverhill Seeds）
P.O. Box 53108, Kenilworth, 7745, Cape Town, South Africa
英語
http://www.silverhillseeds.co.za/　(info@silverhillseeds.co.za)
アフリカ産球根類、多肉植物、宿根草、樹木

●ロッキーマウンテン・レア・プランツ（Rocky Mountain Rare Plants）
1706 Deerpath Road,Franktown, CO 80116-9462,USA
英語
http://www.rmrp.com/index.html　(staff@rmrp.com)
ロッキー山脈の高山植物一般

とめてみました。あれこれ取り寄せているうちに、本当に珍しい、貴重な植物のタネを現地から採集してくるプラントハンターの存在にも気がつく日がくるでしょう。

通貨は国や地域によって違うのでカード払いが楽ですが、国際郵便為替なども使えます。それぞれ業者によって対応が違うので確認してください。

到着した品物はすぐにチェック！品違いなどがないか確認し、問題があれば連絡して何らかの対応を取ってもらいましょう。そのためにも注文書は必ずコピーをとって手元に置きます。

タネの発芽率などについては、発芽試験をして保証しているところもあれば、精製だけして送ってくるところもあります。そのへんはピンキリです。個人や家族経営の場合が大多数なのであまり大したことはできないのが普通ですから、過剰な期待はもたないように。私の経験では、適切に処理すれば実用上問題なく発芽するものがほとんどです。1袋に入っているタネの数はまちまちなので、わからない場合は問い合わせましょう。貴重な植物のタネほど少なく、数粒しか入っていないことも珍しくありません。（辻 幸治）

■業者名／住所／通用する言語／ウェブサイト／（メールアドレス）／主な取扱い品目

●ニュージーランド・ツリー・シード（New Zealand Tree Seeds）
P. O. Box 435 ,Rangiora,New Zealand 8254
英語
http://www.nzseeds.co.nz/ （sales@nzseeds.co.nz）
ニュージーランドの潅木、低木、高木

●シークレット・シード（Secret Seeds）
Turnpike Cottage,Salcombe Regis,Sidmouth,Devon EX10 0PB,UK
英語
http://www.secretseeds.com/ （seeds@secretseeds.com）
ヨーロッパの野草、宿根草、熱帯植物、樹木

●ウェスタン・ネイティブ・シード（Western Native Seed）
P.O. Box 188, Coaldale, CO 81222
英語
http://www.westernnativeseed.com/（info@westernnativeseed.com）
ペンステモン、宿根草、高山植物、オーナメンタル・グラス、樹木

●パシフィック・リム・ネイティブ・プラント・ナーセリー（Pacific Rim Native Plant Nursery）
44305 Old Orchard Road,Chilliwack, BC V2E 1A9,CANADA
英語
http://www.hillkeep.ca/ （plants@hillkeep.ca）
高山植物、宿根草、樹木、シダ類

●タイルバーン・ナーセリー（Tile Barn Nursery）
Standen Street,Iden Green,Benenden,Kent,TN17 4LB,United Kingdom
英語
http://www.tilebarn-cyclamen.co.uk/ （sales@tilebarn-cyclamen.co.uk）
シクラメン原種、耐寒性小型球根類

基礎編 9

実生以外のふやし方

植物を増殖させる方法としては、大きく分類してタネからの繁殖(実生)と栄養繁殖に二分されます。山野草についてもこの実生と栄養繁殖に分類できますが、一般には実生してふやすのが最良の方法といえます。そのため本書では日本の山野草の実生について多くのページをさいています。

しかしながら、いろいろな山野草、特に高山植物のタネをまいてみると、何度まいても発芽しないものや、発芽しにくいものがあります。熱帯夜が続く都市部ではタネが実らない植物も多数あります。そのため実生以外の繁殖方法(栄養繁殖)について学ぶことも必要です。

まず、栄養繁殖の主なものを次に示します。

①株分け
②挿し木、挿し芽、根伏せ
③取り木
④接ぎ木
⑤ラン科のバルブ吹き、矢伏せ、
　高芽取り
⑥ユリ科の鱗片挿し、木子、ムカゴ

これらのうち山野草の増殖に利用されるのは主に株分け、挿し木･挿し芽･根伏せ、ラン科のバルブ吹き、ユリ科の鱗片挿しでしょう。

山野草の種類によって繁殖方法はいろいろなので、その種に合った方法を学ぶのがよいでしょう。

株分け

山野草の多くは多年草で、普通に栽培していると株が大きくなり、鉢いっぱいに根がまわります。このような場合、植え替え時に株を分けて、新しい用土に植え替えます。春咲き種は花後または秋の彼岸ころに、夏から秋咲き種は春の彼岸ころに行なうのが一般的です。

アズマギク、ミヤマアズマギク、ウサギギク、ウスユキソウ、ノギクの仲間、ヒメシャガ、ナズナの仲間などは、花後にすぐ株分けします。用土は全部新しくします。株分けのときに根がほとんど取れてしまったものでも、挿せば根がつきます。

イカリソウ、タツタソウ、シダなど株状になる種類は、手やカッターなどで切り分けます。この時、あまり小分けにしないで大きく分けたほうがよいでしょう。

ハナゼキショウ、チシマゼキショウ、ヒメイワショウブ、チャボゼキショウなどは、株分けすると2年ほどで良い株ができます。株分けのとき、根がほとんど取れてしまったものでも、またすぐに根がつきます。

株分け（例／ヒメシャクナゲ）

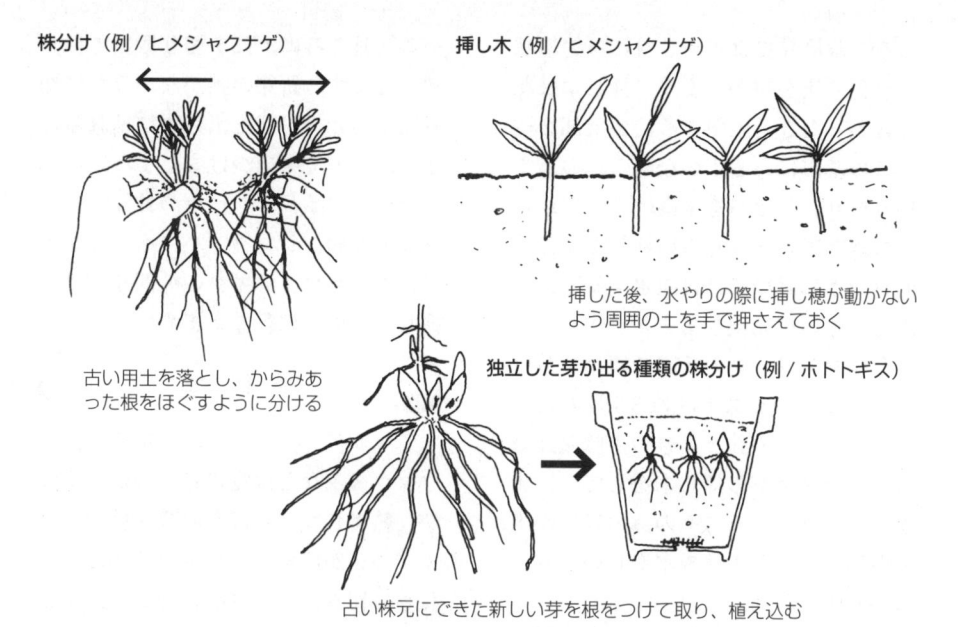

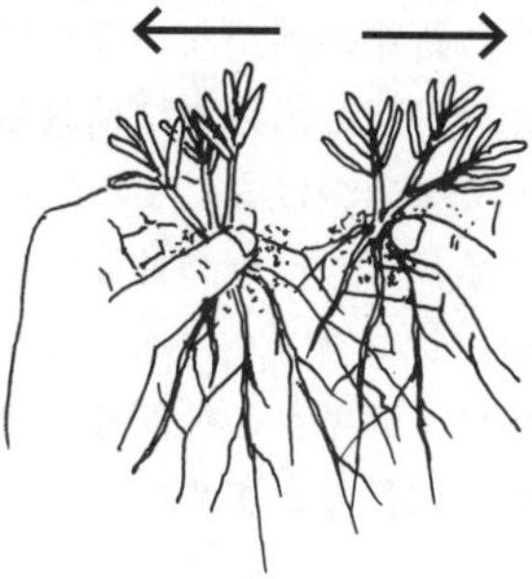

古い用土を落とし、からみあった根をほぐすように分ける

挿し木（例／ヒメシャクナゲ）

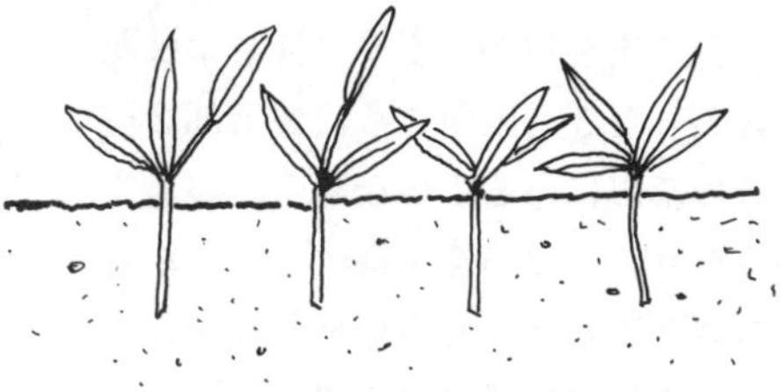

挿した後、水やりの際に挿し穂が動かないよう周囲の土を手で押さえておく

独立した芽が出る種類の株分け（例／ホトトギス）

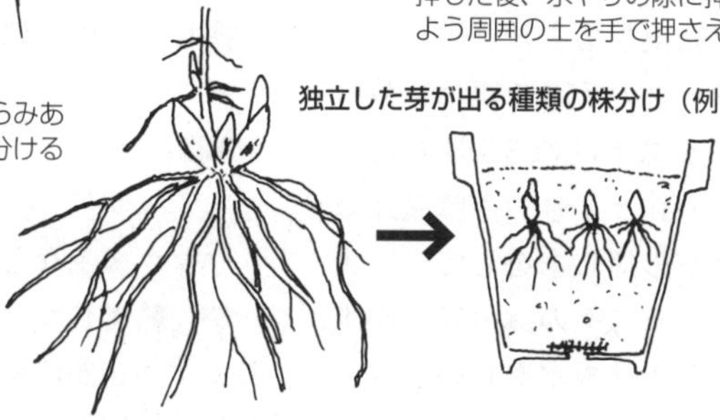

古い株元にできた新しい芽を根をつけて取り、植え込む

ホトトギス、チゴユリ、サワギキョウなど独立した芽が出る種類は、古くなった黒ずんだ根を取り除き、白い新しい芽を取り出し、これを分けて植え付けます。

雪割草（オオミスミソウの仲間）は9月中旬以降が植え替えの適期といわれていますが、東京や横浜などの暖地では8月中の植え替え、および株分けが、その後の生育が良いようです。株分けの際に根が少ない株は、根元をミズゴケで包んで植え込みます。

葉や茎や根が数年生き続けて株立ちになるランも株分けができます。アツモリソウは10芽以上の大株になると突然枯れることがよくあるので、大株にならないように3～4芽を目安に株分けします。株分けの適期は早春か花後がよいでしょう。

エビネ類は通常、1年に1個バルブがふえます。葉は3年ほどで枯れてしまいますが、バルブの寿命は約10年にもなります。エビネ類の株分けは、このバックバルブを2、3個つけてハサミやナイフで切り分けます。

挿し木

挿し木はツツジ科やバラ科のものが代表的なものです。挿し床としては、3～4号程度の駄温鉢やプラスチック鉢を使用する場合が多いようです。用土は清潔で栄養分がないものであれば特にこだわることはありません。鹿沼土や赤玉土の小粒を単用や混合で用います。もちろん、ミズゴケ単用でもかまいません。

ヒメシャクナゲは高層湿原に自生する小灌木ですが、自生地では7～8月ころ、栽培品では4～5月ころ釣鐘状の桃色の花を咲かせます。挿し木は花の終わった5月上旬ころ、地上部2～3cmの基部にある小さな膨らみの上で切り取り、しばらく水揚げをしてからミズゴケ床に2cmくらい挿します。直射日光下に置いて毎日灌水すると、1カ月くらいで発根します。

私はマンションの7階で植物を栽培しています。テスト的に3.5号の白いプラスチックの鉢と4号の半駄温鉢でヒメシャクナゲの挿し木をしていますが、白いプラスチックの鉢のほうが半駄温鉢よりも若干発根率が良いような気がします。

ムラサキツリガネツツジ、コメツツジは、6月になり梅雨入りしたら新芽を7～8cmにカットし、1時間ほど水揚げして小粒の鹿沼土に挿します。あとは半日陰のところに置き、灌水を続けると1カ月くらいで発根します。

乾燥するマンションの高層階では、ペットボトルを半分に切り、下半分に用土を入れて挿します。その上に上半分のペットボトルをかぶせ日陰に置くと、湿度が確保できることからほぼ100%発根します。

コケモモ、ツルコケモモなども簡単に挿し木ができます。

挿し芽

山野草の多くは草本のため、挿し芽ということになります。アサギリソウ、チシマアサギリソウ、キタダケモモギ、ハハコヨモギなどは根元の新芽が出始める5月ころに上部を切り取って挿し穂とします。新芽の動かないうちに切り取ると元株が芽を出さずに枯れることがあるので気をつけましょう。

ナデシコ類、センノウの仲間、ビランジの仲間、シコタンハコベ、リンドウ、キキョウ、ノギクの仲間などは、挿し芽が簡単に行なえます。

茎伏せ

シュスラン、ベニシュスラン、ミヤマウズラなどは夏に花を咲かせますが、結実しなければその茎が枯れ込みます。花が終わったら茎を5cmほどの長さに切り、ミズゴケに挿しておくと根がつきます。

ムカデラン、カヤランなどは、切り離すと新芽を出し、そのあとから根がつきます。

葉挿し

イワタバコ科の植物は葉挿しができます。イワタバコは5月から7月までの間でしたら可能です。葉脈の切り口から新芽が出て発根するので、葉を切るときは必ず主脈をつけることが必要です。

鹿沼土の小粒に十分水を含ませて、ナイフで4～5cmに切った葉を1～2cmの深さに挿します。

イワギリソウも葉挿しができますが、イワタバコに比べるとややつきにくいようです。葉柄をつけて葉を切り取り、葉柄部分を挿します。

挿し芽（例／コハマギク）

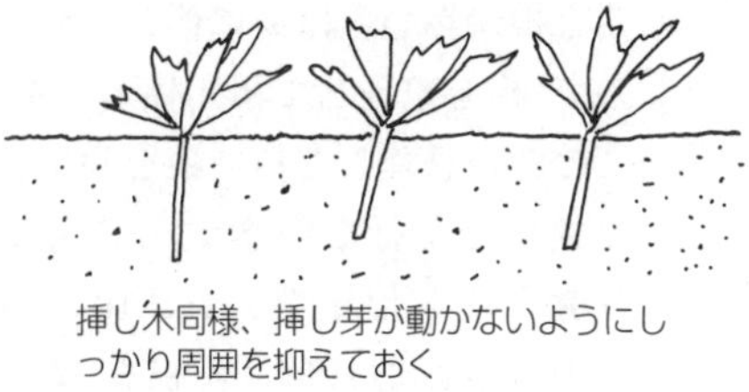
挿し木同様、挿し芽が動かないようにしっかり周囲を抑えておく

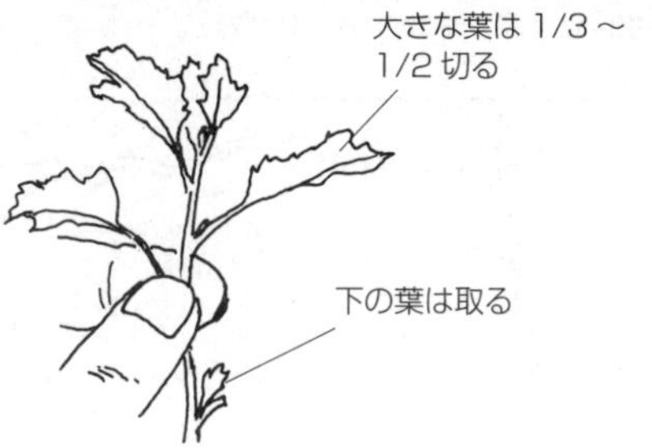
大きな葉は 1/3 ～ 1/2 切る
下の葉は取る

茎伏せ（例／ミヤマウズラ）

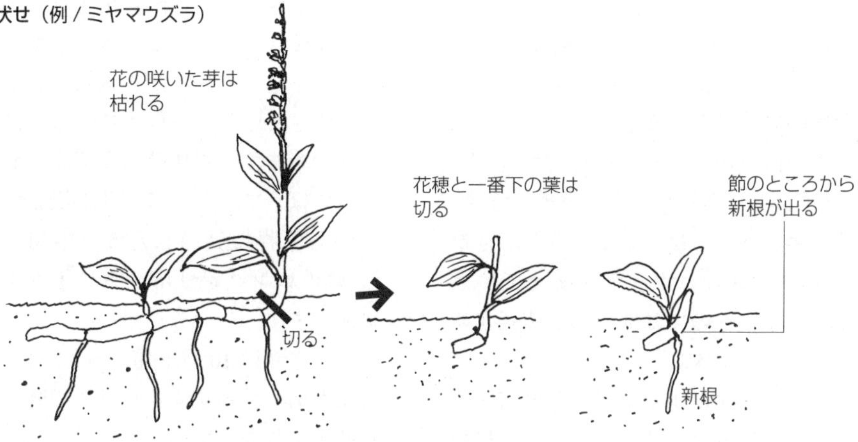
花の咲いた芽は枯れる
切る
花穂と一番下の葉は切る
節のところから新根が出る
新根

葉挿し（例／イワタバコ）

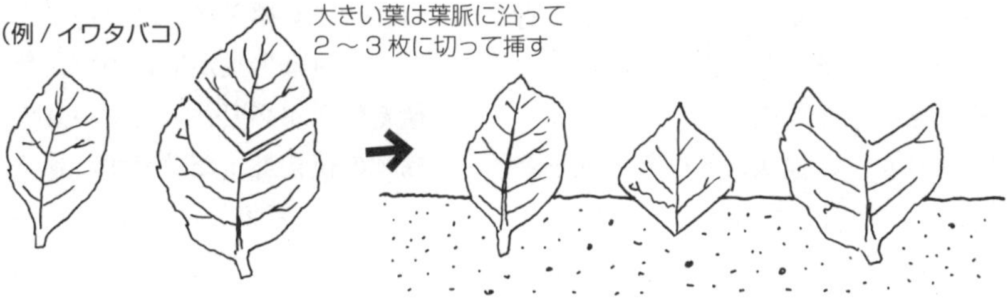
大きい葉は葉脈に沿って２～３枚に切って挿す

根伏せ

カッコソウやシコクカッコソウは、植え替え時期（2月上旬から下旬）に整理した根を利用して根伏せを行ないます。普通は太い白い根を3～5㎝ほどの長さに切り分けますが、細根でもかまいません。山草用土にミズゴケを2割混ぜ込んだ配合用土を3.5号プラ鉢に入れ、切った根を10本ほど横に置き、配合用土を1㎝ほどかぶせ、たっぷりと灌水します。

順調ならば4月上旬には芽が出始めますし、遅くとも5月中旬までには葉

根伏せ（例/シコクカッコソウ）

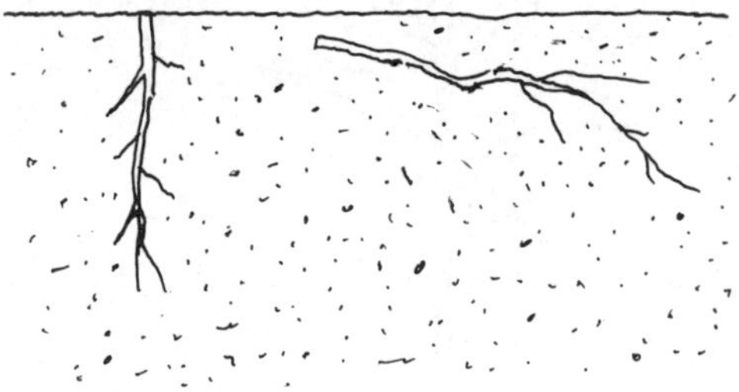

が展開してきます。太い根ではほぼ90%発芽が見られ、細い根では50%程度の発芽になります。

葉の直径が1.5㎝くらいに育ったら、1本ずつ2号ポリポットに移植します。葉がポットいっぱいまで展開してきたら2.5号、3号とポットを替えていきます。早いものでは翌年には開花するものもあります。

サクラソウは1年で4～5倍にふえるので、株分け（芽分け）以外に増殖方法を考える必要はありませんが、野生種のサクラソウを1株入手できたので根伏せをしてみました。

サクラソウの根伏せというと地下茎（葡萄茎）を利用することが多いのですが、根を利用しました。時期は他のサクラソウの仲間と同じく2月上旬です。白い太い根を5㎝ほどの長さに切り取り、3.5号プラ鉢に赤玉土を敷き、根を横に置いて1㎝ほど覆土します。半日陰で管理し、表面が乾いたらたっぷり灌水します。4月中旬には芽が出始めましたが、時期によっては遅くとも5月中旬までには芽が出るはずです。

ヒダカソウは、葉が枯れる10月初旬から11月初旬に鉢をあけると根が鉢いっぱいに伸びているので、根を整理して植え替えます。この時、整理した白い根を利用して根伏せを行ないます。3.5号プラ鉢に山草用土を入れ、10㎝ほどの長さに切り分けた根を10本ほど横に置き、配合用土を1㎝ほどかぶせ、たっぷりと灌水します。これから冬になりますが、水切れに注意します。3月下旬から4月中旬には芽が出始めます。根伏せの発芽率もかなり良いほうで、驚くほど芽が出ます。葉がある程度展開した5月中旬に、2.5号のロングポリポットに1本ずつ移植します。

コマクサは10月下旬から11月中旬に葉が枯れ始めます。私はこの時、植え替えを行なっていますが、芽出し前の3月でも植え替えは可能です。コマクサの根は生長が早いので、年2回の植え替えが必要とされていますが、私は秋の植え替えだけです。植え替えの際、茶色に変色した根は取り去ります。そして根の1/3程度を整理し、白い根を5㎝程度に切り取ります。3.5号のプラ鉢に山草用土を入れ、切り取った根を置きます。根は縦でも横でもかまいません。根を縦にした場合は、根の切り口すれすれまで山草用土を入れますが、根を横にした場合は1㎝ほど覆土します。私のところでは5月中旬にならないと芽が出ないので、移植は6月になってから行ないます。

バルブ吹き（例／エビネ）

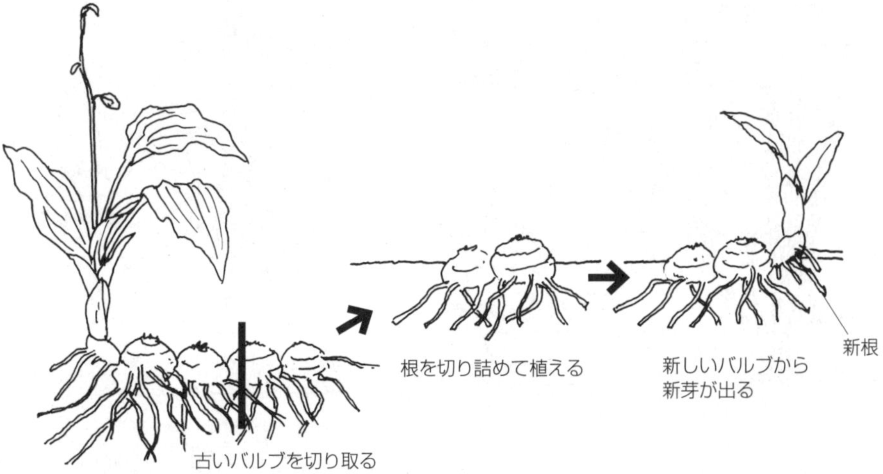

根を切り詰めて植える
新根
新しいバルブから
新芽が出る
古いバルブを切り取る

ヒメシャジンやホウオウシャジンなど夏咲きシャジンは、9月中旬から10月上旬に太い根ではなく白い細い根を切り取ります。根の切り口にトップジンMペーストなどの癒合剤を塗り、3.5号プラ鉢に山草用土を入れ、切り取った根を縦にして切り口すれすれまで山草用土を入れます。半日くらい日光が当たるところで水切れしないように管理すると、1カ月程度で芽が出てきます。

前記以外に根伏せができるものとしては、スミレの仲間、フタナミソウ、コケモモ、チングルマ、タカネバラ、雪割草などがあります。

バルブ吹き、矢伏せ

ラン科の植物には、擬茎をもっているものがあります。この根茎をバルブといいますが、葉や茎は数年たつと枯れ落ちて擬茎だけになります。この葉がついていない擬茎をバックバルブといい、バックバルブの生長点から発芽させる方法をバルブ吹きといいます。

一方、セッコクなどの茎を矢と呼んでいます。この矢を湿らせたミズゴケの上に置いておくと、矢の節から根と葉が出てきます。この増殖方法を矢伏せといいます。矢は地上に現われたバルブともいえるので、バルブ吹きと矢伏せは実質的に同じ方法です。

バルブ吹き、矢伏せができるものには、エビネの仲間、ガンゼキラン、シラン、コクラン、ユウコクラン、セッコク、オサラン、シュンラン、カンランなどがあります。

高芽取り

セッコク、ユウコクランなどは、花芽ができる8月ころ、根が弱っている

高芽取り（例／セッコク）

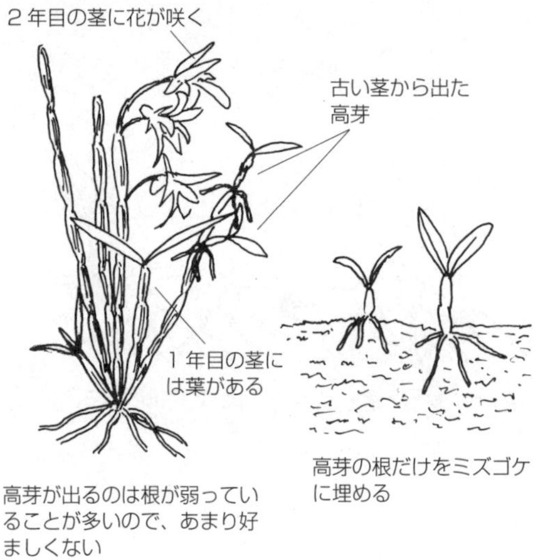
２年目の茎に花が咲く
古い茎から出た
高芽
１年目の茎に
は葉がある
高芽が出るのは根が弱ってい
ることが多いので、あまり好
ましくない
高芽の根だけをミズゴケ
に埋める

鱗片挿し

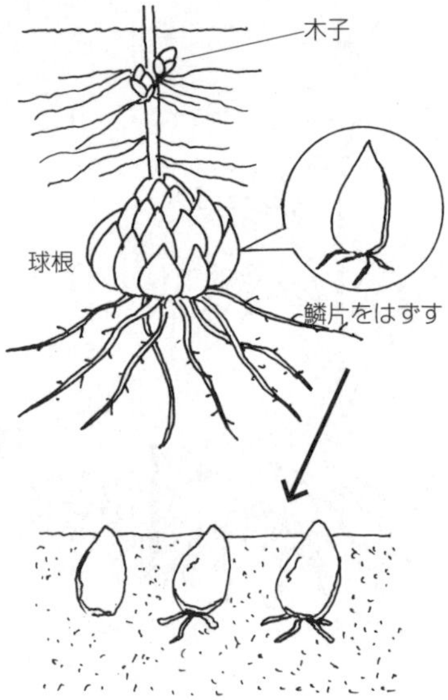
木子
球根
鱗片をはずす

と茎の途中から芽と根が出てくることがあります。これを高芽といいますが、これをはずして増植する方法です。

セッコクは、９月ころ親株から丁寧に取り外し、ミズゴケで根を巻いて鉢に植え込みます。

木子、ムカゴ、鱗片挿し

球根植物は分球で増殖するのが一般的ですが、ユリは分球しにくいので木子、ムカゴ、鱗片でふやします。テッポウユリ、ヤマユリ、カノコユリ、オニユリは木子ができやすく、オニユリはむかごができやすいものです。

木子やムカゴができにくいイワトユリ、サクユリ、オトメユリ、コオニユリなどは鱗片でふやします。属は異なりますが、クロユリも鱗片挿しが可能です。

茎の地下茎にできる子球を木子と呼びますが、球根の掘り上げ時に取り上げ、４～５㎝の深さに植えます。だいたい３年目に花を咲かせます。

地上の茎にできる子球をムカゴといいます。ムカゴを木子と同じようにして植え付けると、これも３年目に花を咲かせます。

鱗片挿しは、一番外側の鱗片をはがして、その鱗片を清潔な挿し木用土に半分ほど挿します。時期は関東では９月中旬から下旬に挿すのがよいようです。

クロユリの鱗片挿しは、用土の上にパラパラと鱗片をふりまいて用土を２㎝ほど覆土します。

（熊谷 忠男）

PART 2 実際編

※各山野草名下のデータのうち、絶滅の危険性および都道府県分布・自生地は、レッドデータブックによります

※データ下のタネの写真は実寸×1.5倍になっています

※栽培暦は執筆担当者の地域を基準に作成

親株＝親株の生長過程

実生＝実生苗の生長過程

実生方法は採りまき、春まきのうち、執筆者おすすめの方法で作成

アカバナ科

Epilobium angustifolium

ヤナギラン

Onagraceae

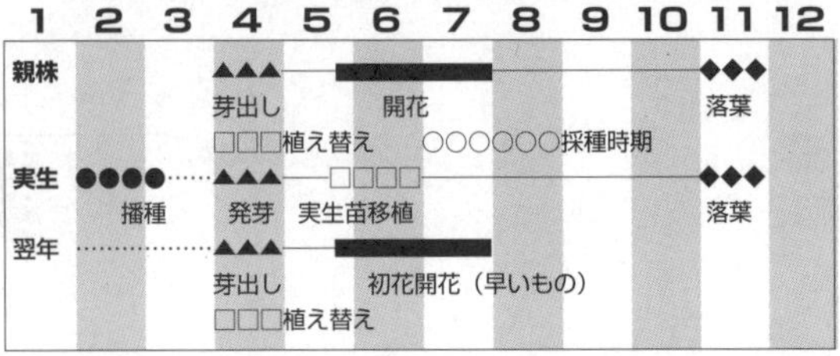

絶滅の危険性●大きくはない
分布●北海道・本州中部以北
自生地●高原の草地
種類●落葉多年草

夏の高原植物として、はずすことのできないほど身近な植物で、日当たりの良い草原の斜面一面に鮮やかな紅紫色の花を咲かせる光景をしばしば目にします。

わが国では本州中部以北の比較的標高の高い草原に多く見られ、柳の葉のような草姿とランに似た色鮮やかな花を咲かせるところからこの名がついたといわれています。

▍栽培法

植え付けや植え替えは、春の芽出し前から芽出し直後が最も好ましいでしょう。梅雨のころから夏にかけての間に傷めやすく、下葉の枯れ上がりなどが多く見られますが、良い花を咲かせるためには、日陰にするよりも、風通しを良くして直射日光の下で管理したほうが生長は良いようです。多湿を嫌う植物ですから排水と通気を考えて、用土は鹿沼土や赤玉土などの軟質なものと、山砂や軽石砂など硬めの用土の等分配合が適しています。鉢も排水の良いものが好ましく、水はけ良く植え込んで、毎日たっぷりと灌水するとよくできます。

低地での栽培では、早いものでは５月下旬ころから開花を始め、６月には満開となります。このころにアブラムシや小さなイモムシなどの食害が多く見られるので注意が必要です。夏の後には葉も焼けて傷みも多く見られますが、それでも地下部は充実して翌年の力を蓄えています。

晩秋のころには地上部は枯れて休眠に入るので、棚下でじっくりと休眠させ、春を待ちましょう。

ヤナギラン

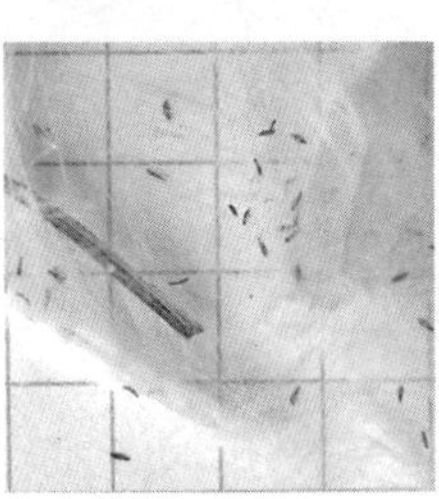
ヤナギランのタネ

▍実生法

[タネ] 花後に細長い長刀のような形をしたサク果をつけます。タネは特に人工授粉をしなくても、飛来する虫などによって比較的結実しやすいものですが、確実なのは綿棒で花粉をつけている雄しべの周りをたたいて、先端の割れ

ている別の雌しべにつけてあげればよいでしょう。

長刀のようなサク果は、やがて熟してくると４つに裂けて、中から白い綿毛をつけた小さなタネがたくさん出てきます。

［播種］ タネが採取できたら採りまきをします。培養土のやや細かめなものにタネをまきますが、綿毛が多いので、そのままではタネが飛んでしまいます。採取したタネは１度、最も目の細かい１㎜のフルイに入れて、綿毛の上から軽くこすると、下に茶色い小さなタネが落ちてきます。この落ちたタネだけを拾うと、じゃまな綿毛がはずれてまきやすくなります。完熟していないタネは綿毛からはずれにくいので、フルイに残ったゴミは捨ててしまいます。綿毛がついたままま\くく場合は、綿毛についたタネが飛散しないように軽く覆土をします。

播種後は乾かさないように毎日灌水をします。早いものでは２週間、遅いものでも約１カ月で発芽を開始します。この仲間は発芽後の生長が早いので、タネをまくときに、まき床の下方に元肥を入れておくと発芽後の生長もより早いものとなります。

［移植］ ２カ月もすると本葉４～６枚ほどになりますが、採りまきの場合は移植をせずに、そのまま越冬させます。春になり、新芽が出始めたときに、生長の早いものを選んで移植をします。移植後は通常の管理で、早いものでは約１カ月で茎が立ち上がってきて、６月ごろには小さいながらも開花を始めます。

［春まき］ 採種したタネは湿っていないことを確認し、密閉度の高いビニール袋などに入れて、そのまま冷蔵庫の野菜室など２～３℃前後で保存します。年が明けて２月から３月上旬ころまでに、前記と同様の方法でまくと、４月には発芽を始めます。早いものでは５月下旬ごろには本葉４枚ほどになっていますので、そのころには移植をします。早いものでは、その年の夏には開花を始めます。

生長の早い植物で比較的容易に開花しますが、寿命は短いので、常にタネをまいて更新するとよいでしょう。

（富沢 正美／埼玉県菖蒲町）

ヤナギランの実生苗

［関連種］

●ミヤマアカバナ

E. foucaudianum

本州中部以北の高山に生える小型のもので、長刀のような子房の先端に、淡い紅色の花を咲かせます。

大変丈夫で生長の早い植物ですが、この仲間は丈夫なためにともすると雑草化しやすく、除去するのが大変になることもあります。

●エピロビウムドドナイ

E. dodonaei

欧州の草原に生えるもので、全体にヤナギランに似ていますが、葉が細く、やや小型です。

●ヒメヤナギラン

E. latifolium

最も高山に生えるもので、アラスカの群落は有名です。

前２種と比べるととても作り難いもので、高温多湿を嫌い、生長も遅々としたものです。

本来のヒメヤナギランは本種なのですが、ヒメヤナギランの名で流通しているものは、ヤナギランの小型のものや、エピロビウム・フレイシェリィーなどが多く、本種ではありません。

アブラナ科 *Cruciferae*

Draba borealis

エゾイヌナズナ

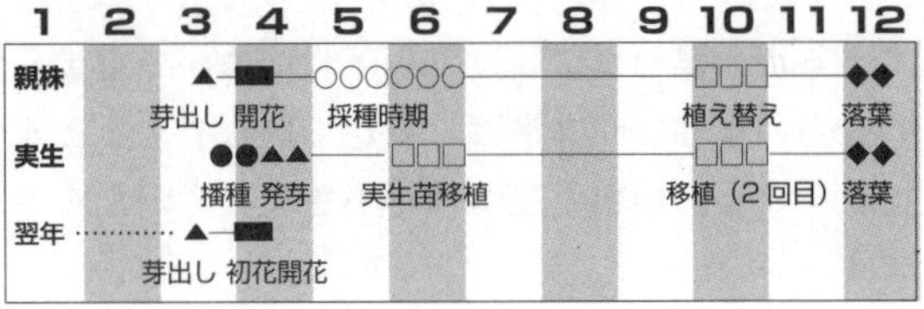

絶滅の危険性●大きくはない
分布●北海道
自生地●海岸の岩場
種類●落葉多年草

イヌナズナ属は、日本では各地の固有種を含めて10種ほどが自生しています。葉の形などの変化はありますが、いずれもロゼット状の葉と茎の先に総状にかたまって咲かせる花が栽培意欲をそそるものです。

石を配した鉢植えも魅力的ですが、ロッケリーに植え込むにも格好の山草といえます。

エゾイヌナズナは、花は白色で、北海道の海岸岩場に自生しています。他のものを含め高山植物の扱いで栽培するとよいでしょう。

エゾイヌナズナ

エゾイヌナズナのサク

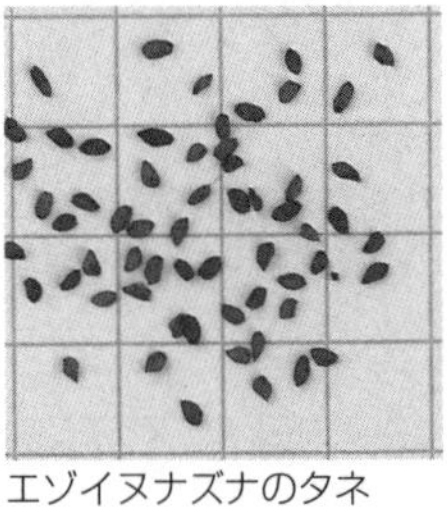
エゾイヌナズナのタネ

❙栽培法

前述のように、観賞的には浅鉢や中深鉢に石を配し高植えにすると見栄えがします。用土は、排水の良い山砂や火山礫を主体に、保水のための用土(赤玉土、鹿沼土など)を2～3割入れればよいでしょう（例;硬質鹿沼土または日光砂、軽石砂、蝦夷《えぞ》砂の等量配合)。

花の後、株が大きくなったものを株分けしながら、なるべく毎年植え替えるようにします。

日当たり、風通しの良い場所に置くのもポイントで、真夏の猛暑のときや、植え替えせずに梅雨を越すときには、注意が必要になります。特筆するような病虫害もなく、特に肥培が必要なものでもありません。一般的な山草の消毒や施肥でよいでしょう。

❙実生法

[タネ] 花が終われば、自然によくタネが実ります。タネは山草としては普通のサイズで、粒状のものです。

[播種] 他の山草と同じように、鉢の9割くらいまで親株と同じ用土を入れ、表面と覆土に鹿沼土か蝦夷砂（あるいはその混合）の微粒を使います。発芽率が良いので、あまり密にならないようにまきます。

[発芽] この仲間の発芽率は良いほうで、播種して2週間

以内に、50% 以上が発芽したこともあります。
[移植] 丈夫な草ですから、移植にあまり気を使う必要はありません。苗が 1 ～ 2 ㎝のときに、親株と同じ用土で移植します。

▎その他の増殖法

もちろん、植え替え時に株を容易に分けることができます。また、根がついていない芽を微粒鹿沼土などに挿せば 1 ～ 2 カ月で発根します。

（中瀬 達雄 / 神奈川県平塚市）

モイワナズナの実生
（9月10日実生、9月30日の状態）

[関連種]

●ウスキナズナ
D. usukinazunan

故・鈴木吉五郎氏作出のエゾイヌナズナとナンブイヌナズナの交配種で、薄黄色の花をつけます。増殖苗が流通しています。
栽培はナンブイヌナズナより容易で、多く敷培されています。

●オクエゾナズナ
D. ussurriensis form. *leiocarpa*
エゾイヌナズナの変種で、草姿は全体的に小型です。大雪山系の岩場に自生し、ソウウンナズナ（***D.nakaiana***）の近似種ともいわれています。

●キタダケナズナ
D. kitadakensis
南アルプス北岳の特産種で、5～15㎝の草に白花を6～7月に咲かせます。

●クモマナズナ
D. nipponica
本州中部地域高山帯の岩間などに自生しています。5～10㎝の草に白花を7月に咲かせます。

●シロウマナズナ
D. shiroumana
北アルプス白馬岳の特産種で、5～10㎝の草に白花を6～7月に咲かせます。

●トガクシナズナ
D. sakuraii
これも特定地に自生するもので、ミヤマナズナとも呼ばれますが、7～20㎝の草に白花を6～7月に咲かせる稀産種です。

●ナンプイヌナズナ
D. japonica

日本に自生している仲間の中で、唯一黄色い花を咲かせます。形も小型なので愛好家の人気は高いものです。命名の元、早池峰山のほか、北海道・夕張岳など蛇紋岩地帯の高山帯のものだけに、暑さには弱いところがあります。増殖苗が多く流通していますが、実際作ってみると、意外に長持ちさせにくい面ももっています。用土を排水良くし、高植えを心がけ、風通しの良い置き場などで暑さ対策をとることが必要でしょう。ぜひ作ってみたい逸品です。

●モイワナズナ
D. sachalinensis
北海道・藻岩山の発見で名がついていますが、北海道のほか本州中部の山地岩場にも自生しています。10～25㎝の草丈で、茎や葉には細毛があり、初夏に白い花をつけます。
丈夫で比較的作りやすく、浅鉢か中深鉢に高植えするとよいでしょう。

アヤメ科

Iris rossii

エヒメアヤメ

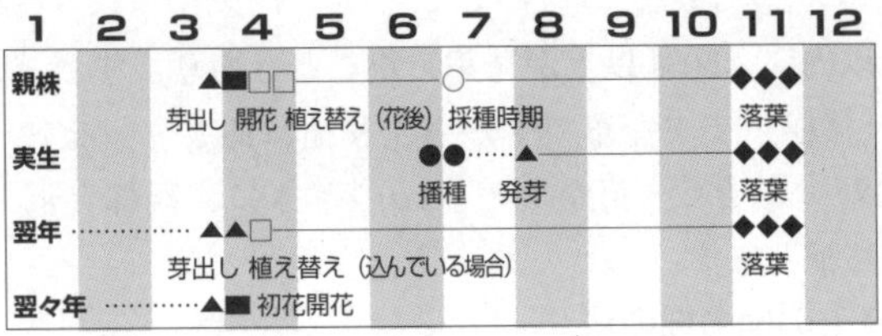

Iridaceae

絶滅の危険性●絶滅危惧ⅠB類
分布●中国・九州６県と愛媛県
自生地●山地
種類●落葉多年草

自生地でのエヒメアヤメ（5月上旬）

エヒメアヤメの果実（5月）

エヒメアヤメのタネ

愛媛県ではその昔、北条市腰折山の岩屋に隠れていた美女が、敵に殺されてからこの山に咲き出した花がエヒメアヤメだという伝説が残っています。「誰が故にかくも可憐な花をば開くものぞ」と賛美したことから、別名タレユエソウとも呼ばれています。

エヒメアヤメは元来、大陸系の植物で、第４期洪積世に朝鮮半島と日本が陸続きのとき日本に移住したものといわれ、広島県、山口県、愛媛県、佐賀県、大分県の自生地では、特に国の天然記念物に指定されています。自生地は低山地のアカマツの疎林や草原などに多く見られますが、大分県の由布岳や久住山のような高いところにも見られます。

自生地での開花は４月中旬から５月上旬ですが、平地で作ると４月上旬に咲きます。葉と同じくらいの高さに径５㎝くらいの花を１茎に１花咲かせます。花の寿命は短くて２日くらいで終わってしまいます。

自生地でもタネがつくのは10～20花に１花程度です。左の写真の花弁ＡとＢの合わさった奥に雄しべ雌しべがあるので、ＡとＢの間を広げ、花粉を綿棒などにつけて他株の花の雌しべにつけます。タネが実ると６月中旬から７月上旬に熟します。ほかの植物と少し異なるのは、タネは完全な褐色になってから割れるのではなく、まだ緑色のままのタネがつやと張りが急になくなってきたと思うときにはじけます。気づかないうちにタネは落ちてしまうことが多いので、そのころは毎日注意しなくてはなりません。

▎栽培法

園芸店ではあまり販売してなく、栽培も少し気むずかしい草のひとつです。用土は鹿沼土、軽石など、山草栽培に使っているものならよいでしょう。この花は、根が大変長大で針金のように固くて、よく発達しますから、鉢は大きめの深鉢を使用します。

左より発芽1年目、2年目、成株

日光は大変好むので、盛夏を除いてよく日に当てます。「根はよくふえるが全然花が咲かない」という人が多く、花つきが悪い傾向があるので、秋にはリン酸、カリ分の多い肥料をたびたび施します。

地植えの場合は、日当たり、排水とも良いところへ植えると、株もよくふえ、花もたくさん咲きます。

前述のように大変根の発達が良いので、鉢植えの場合、3年も植え替えないと根がカチカチに固まって、次第に花上がりも悪くなります。3～4年に1度は花後すぐに根をほぐし、3～5条に分けて植え替える必要があります。植え替え後は少し弱りますが、活着すれば再び元気にふえ始めます。

❙実生法

[採種]　6月にもなると、そろそろタネは熟してきます。サヤにひびが入り小さく割れ目ができると熟しているので採種します。サヤは3室に分かれていて、各々に2～3粒、1個の果実には6～10粒のタネが入っています。

[播種] 採取したタネは、できるだけすぐにまきます。鹿沼土、軽石などの小さめの混合用土にまき、タネが隠れるくらいに用土をかけます。管理は、2～3時間は日の当たるところに置いて、乾かさないように気をつけます。

[発芽] タネは、まいた1カ月後よりポツポツ芽を出し、翌年の5～6月くらいまでに発芽しますが、タネによっては1年以上芽の出ないものもあるようです。

発芽した苗は、たびたび薄い肥料をやってできるだけ大きく育てます。やがて晩秋には休眠に入ります。

[移植] 翌年の4月ごろ再び芽を出してきますので、少し大きめの鉢かポリポットに植え替え、肥培に努めますが、まだ開花には至りません。来春の開花を夢見て、この年もよく日光に当て、肥料も十分に施します。特に秋の肥料はチッソ分の少ないものを使用してください。

3年目の春には、待望の花が咲いてくれるでしょう。

（小川 聖一 / 愛媛県松山市）

[関連種]

●ヒメシャガ

I. gracilipes

北海道から九州の明るい樹下や、向陽傾斜地に自生しています。エヒメアヤメとともに、山野草として鉢植えに向く小型で大変作りやすく、かわいい姿は人気があります。地下茎の盛んな分岐と、タネからの発芽によって大きな群落を作っているところもあります。

花は4月中～下旬に藤色や白色の花を1茎に2～3個咲かせます。花後、葉の生長とともに根が浮き上がってくるので、植え替えや増し土などをしてやります。

タネはよく実りますが、エヒメアヤメと同じように青いときにはじけるので、6～7月ごろには気をつけていないと落ちてしまいます。タネは保存すると極端に発芽率が落ちるので、必ず採りまきにします。

管理はエヒメアヤメと同じです。

Bothriochloa parritl

イネ科

ヒメアブラススキ

Gramineae

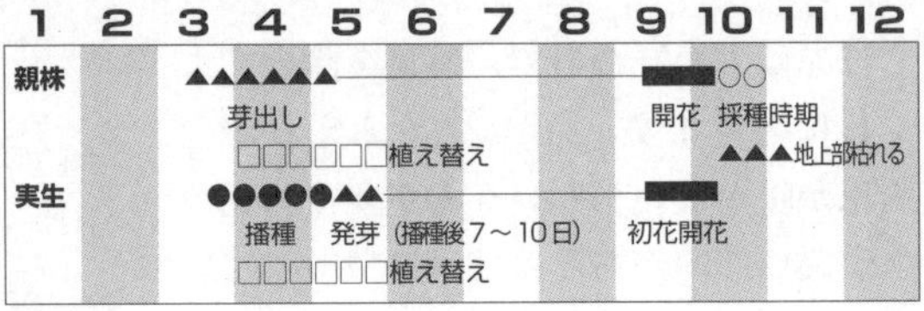

絶滅の危険性●大きくはない
分布●本州千葉以西・四国・九州
自生地●山の乾燥地
種類●落葉多年草

関東以西の丘陵地、草原などに生える多年草です。花が好きな方には少し渋くてつまらない草に見えるかもしれませんが、夏のサワサワとした感じや、穂が出てからの草原や里山の一隅を思い出させるような草です。また他の草を２～３種入れた寄せ植え風な作りにしてもよいものです。大変丈夫な草で、穂をそのままにしたものが近くの鉢に飛んで生えていることがあります。

イネ科の植物は、夏から秋にかけてが見ごろで、いろいろな作業がある時期でもあります。

ヒメアブラススキ、ヨシ、ウシクサ、シッペイなど、元気なときはオオヨシキリの鳴き声すら聞こえそうです。

栽培法

夏から秋にかけて観る草ですので、足下がすっきりしていると涼しそうです。あまりゴチャゴチャしていないほうがよいでしょう。南蛮皿鉢などに植えて、キクの仲間などを寄せ植えすると風情があります。ただし、この草は５～７種と多くの種類の草を入れた寄せ植えには向かないようです。

７月中旬ごろから、茎の下から古葉を取りながら皮をはぐと色も飴色になり、見た目にもすっきりとします。ほかに皮をはぐと良いものに、サイコアシ、ツルヨシ、カリヤス、カリヤスモドキ、ウシクサ、シッペイなどがあります。夏の暑い盛りに日陰で皮はぎをするのも、よいストレス解消にもなります。

実生法

秋に採ったタネは、数日間陰干しして冷蔵庫の野菜室などに入れて保存します。紙の小袋が良いという人もいますが、私は文房具店で売っているチャック付きのポリエチレンの小袋に入れています。問題はありませんでしたが、タネは生きているので、時々出してカビが生えたりしていな

ヒメアブラススキ
5月1日播種、10月25日の状態

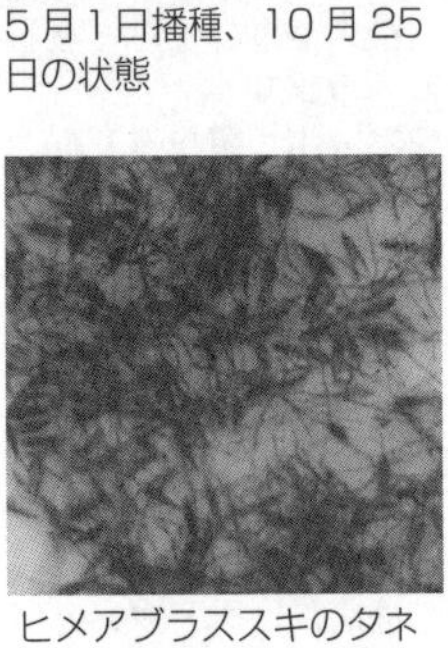

ヒメアブラススキのタネ
（×1.5にはなっていません）

ヒメアブラススキ
5月1日播種、5月17日の発芽状態

ヒメアブラススキ
5月1日播種、6月10日の状態

いか気をつけるのは当然です。

[播種] 早い人は2月ころからまき始めますが、私の住んでいるところは遅くまで霜が降りたり、凍ったりすることもあるので、3月20日以降に播種しています。

群生した姿を楽しみたいので、30㎝前後の中深鉢に直接まきます。ゴロ土を少し入れ、マグァンプKを少量入れます。1度にたくさんは与えず、育ち具合をみながら有機質の固形肥料を施すか、薄い水肥をやるようにします。肥料が多いと、この仲間の草のやさしい風情がなくなってしまいます。

用土は、赤玉土、桐生砂、日向砂を8：1：1の割合（特にこの用土にこだわらなくてよい）で混合しています。

（田中　清／埼玉県坂戸市）

[イネ科の仲間]

●ムギクサ

Hordeum murinum

私は自生を見たことはありませんが、ヨーロッパおよび南西アジア産の帰化植物です。姿が麦によく似た草で、栽培植物の麦のように麦秋も見られます。

●タツノヒゲ

Diarrhena japonica

山地の林の下などに生える多年草。真夏の太陽を避けてやるくらいで、作りやすい草です。小穂が繊細で夏の涼草です。

●ニワホコリ

Eragtostis multieaulis

至るところに生える雑草の1種。平鉢に厚まきにすると小さくできて、夏から秋にかけての穂が楽しめる一年草です。

●カゼクサ

Eragrostis ferruginca

道ばたなどどこにでもある多年草。夏から秋にかけての穂が出たものを楽しむ草です。

●ヌマガヤ

Nolinia japonica

山野の湿地に生える多年草です。

私はケト土の草玉作りにしていますが、丈夫で、この中に他の鉢から飛び込みのトウバナが入り込み、良い感じになっています。

●チョウセンカリヤス
Cleistogenes hakelii
鉢で栽培すると１０㎝～２０㎝くらいで、あまり大きくなりません。「朝鮮刈安」という名がつけられていますが、本州・九州・朝鮮・中国に分布する、とあります。多年草です。

●ツルヨシ
Phragmites japonica
２～３ｍにもなる大型のものですが、浅鉢に植え込むと２０～３０㎝くらいでできます。自生地では数メートルにもなる地上匐枝を伸ばしますが、鉢では匐枝は出しません。
ミコシギク、カワラナデシコ、ミゾハギなどを寄せても良いものです。

●ウラハグサ（フウチソウ）
Hakonechloa macra
山地の崖などでよく見る多年草です。いろいろ斑入りのものが園芸店などで売られています。大型からあまり大きくならないものなど、変化のある仲間で、夏の涼草のほか、秋に良い草紅葉をみせてくれます。

●ヒロハコメススキ
Deschampsia caespitosa
高山に多い多年草です。カタログで見て買ったものを栽培していますが、日当たり・風通しに気をつければよくできます。

●サイトウガヤ
Calamagrostis arundinacea
ノカリヤスと同一種として出ている図鑑もありますが、花穂の中軸の小短毛のざらつきにより別種としている図鑑もあります。イネ科の好きな人は、１鉢は作りたいものです。

●ヒメノカリヤス
Calamagrostis hakonensis
ウラハグサのように葉の裏面が表面に出ていて、全体に繊細でやわらかい感じのする草です。中にリュウノウギクなどを何本か入れる（寄せる）と自然味が出て、私の好きな草の１鉢です。

●ミヤマアマガエリ
Prleum alpinum
販売ものを取り寄せて栽培しています。組み石鉢に植えてみたところ、かわいい１鉢になりました。

●ネズミガヤ
Nuhlenbergia japonica
１鉢植えておくと、いつの間にかほかの鉢に生えていたりするくらい丈夫な草です。

●クサヨシ
Phalaris arundinacea
田のわきの小さな川縁や休耕田にびっしりとはびこっている場所に時々出掛けることがありますが、クサネムやニオイタデなどと生えています。斑入りが販売されています。草玉にして水盤に入れ、夏の涼草とします。

●アオチカラシバ
P. alopecuroides form. *viridescens*
チカラシバの変種で、気をつけていると花穂が淡緑色のものが結構あります。やさしい感じはだせない草です。

●ハマエノコロ
Setaria viridis
海岸に生えるエノコログサの１変種で、上にあまり伸びず、根際で分枝して放射状に斜上します。昔から栽培されているイネ科植物の一年草です。

●コツブキンエノコロ
Setaria pallide-fusca
見栄えする草ではありませんが栽培しています。一年草なのでタネで…。

●ヌカキビ
Panicum bisulcatum
路傍、あぜ道などに生える一年草です。秋にタネを採り、南蛮鉢に厚まきにします。多めにびっしりと生えるとあまり大きくならず、丈が詰まったものができます。

●チゴザサ
Isachne glosa
湿地やあぜ道、休耕田などにもたくさん生えています。大きいものは５０㎝くらいにもなる多年草で、小穂がかわいい１鉢。

●トダシバ
Arundinella hirta
目にすることの多い草です。鉢で３０～４０㎝くらいになります。山草展でも目にすることがあります。
全体が黒っぽくなるものもあり、こちらのほうが栽培するにはおもしろいでしょう。

●コブナグサ

Arthraxon hispidus

あぜ道でも見られるくらいどこにでもある一年草で、毎年、鉢や庭に生えて困るほど実生でふえます。水草などを栽培する鉢の縁などに何本か入れて、鉢こぼれの風情を出すのによいでしょう。

八丈島では、黄八丈の染料として使われるのは有名です。

●オカルガヤ

Cymbopogon tortilis

丘陵地や川縁の乾いた岩の少しばかりの土の中などでも見かけることがある多年草です。メカルガヤに比べて見劣りしますが、それなりの良さがあります。

●メカルガヤ

Themeda triandra

前種より穂が大きくて良いものです。現地では前種ともにかなり大きくなりますが、鉢では小さく（とはいえ穂が出るとかなり伸びる）できます。

●ウシノシッペイ

Hemarthria sibirica

夏の展示会などでよく見かける草です。草玉作りや南蛮鉢で植え、茎の皮を下から１０～１５㎝くらいまではぐと、夏は涼しそうで、夏の終わりから秋にかけて茎が飴色になります。中にクサレダマでも入れておくと、より風情があります。

自然にタネが飛んできたのか、モジズリがたくさん生えました。モジズリとウシノシッペイは、自然界では生えている場所が違うのですが、青い中にモジズリの赤が点々と見え、見た目がよいのでそのままにしています。

●ススキ

Niscanthus sinensis

小さいヤクシマススキやイトススキは寄せ植えように、大きい斑入りのススキはナンバンギセルの寄生親として栽培しています。

●カリヤス

Niscanthus tinctorius

単植や株元にリュウノウギクなどを入れたりしています。芒（先端の細毛）はありません。

●カリヤスモドキ

Niscanthus oligostachyus

前種と似ていますが、葉の裏に毛があることや、第４穎に芒があります。

前種同様に栽培します。

●エノコログサ

Setorir viridis

この属の英名は foxtail grass（キツネの尻尾草）と呼んでいます。

浅い鉢を用いて無肥料で育てると、小さく育てることができます。アキノエノコログサがあります。

●ヒメコバンソウ

Briza minor

ヨーロッパの温帯に自生し、日本に帰化した一年草です。草丈は１０～４０㎝、２～５㎜幅の葉は、さほど多くありません。花は５～６月に散開した花序につきます。

Asarum minamitanianum

ウマノスズクサ科

オナガカンアオイ

Aristolochiaceae

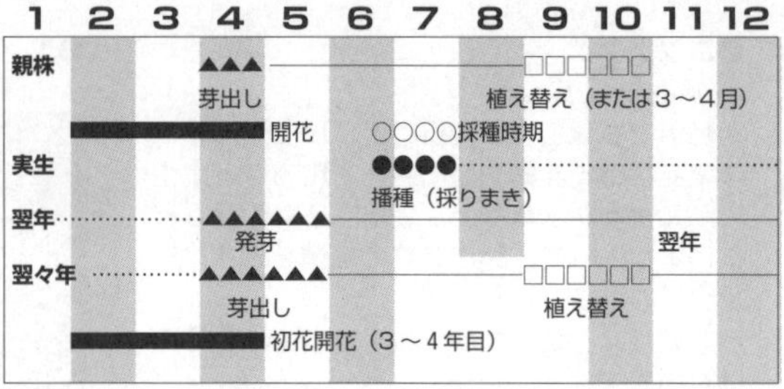

絶滅の危険性●絶滅危惧ⅠA類
分布●宮崎県固有種
自生地●山中の木陰
種類●常緑多年草

日本産のカンアオイの仲間のなかでも、きわだって観賞価値の高い花を咲かせるものです。わが国に自生するカンアオイの仲間は、多くの種類が一部の地域のみに分布するものが多く、このオナガカンアオイも宮崎県の一部のみに自生が見られる稀産種です。どちらかというと地味な花姿の多いカンアオイのなかにあって、オナガカンアオイは大きな花と草姿のバランスが良く、特に萼《がく》の先端がひものように細長く伸びた特異な花は、大きなものでは直径20㎝を超える花となり実に見事で、神秘的な美しさをもった植物です。以前、雪割草を見たくて訪ねてきたアメリカのナーセリーの方が、この花を見たとたんに雪割草もそっちのけで、余すところなく写真を撮り始めたのを思い出します。

自生地では乱獲により激減しているこれらカンアオイの仲間たちですが、最近では栽培技術の向上により、多くの種類が山野草専門店や通信販売で入手可能になりました。

オナガカンアオイ

オナガカンアオイのタネ

栽培法

自生地は暖地の照葉樹や落葉樹の混生した林床に、うずくまるように生息しています。したがって、栽培するにあたっては、通気と排水に気を配りながらも保水性に富んだ用土を使用したいものです。崩れにくい硬めの赤玉土や鹿沼土の配合用土か、それに排水を考えて多少の日向砂や軽石砂を混合してもよいでしょう。

カンアオイの仲間は根や根茎が長く、地際も生長するにしたがって立ち上がってくるので、幾分深めの鉢が使いやすいでしょう。特にオナガカンアオイの場合は、その長く伸びた花をすっきりと仕上げて観賞したいので、鉢の表面よりも幾分盛り上げた位置に植え込むと、萼《がく》の先端がきれいに鉢から垂れて美しい姿に仕上がります。

植え替えは、花後ごろと秋に行なうことができます。花後の植え替えはすぐに新芽が伸び始めるので、なるべく新葉の動く前に行ない、2週間後ぐらいから置き肥などで肥培に努めます。

新芽がかたまると葉の基部に舌状の小さな芽が見え始めます。これが秋ごろから生長を始め、やがて膨らみ始めると花芽になってきます。花芽は年を越すまではじっと生長を止めますが、この間もじわじわと膨らんで充実しています。やがて春を感じ始めるころより、この舌状の芽の中から小さなキノコのような蕾が下向きにこぼれるように現われます。この蕾が見えてからもしばらくはゆっくりと生長するのですが、春も暖かくなるころより、矢の先端のように三角錐状に変化してきます。ここまでくると開花はもうじきで、気づいたころには先端をひも状に長く伸ばした三角形の大きな花を咲かせています。

この花の最も目立つ部分は萼《がく》片で、退化花弁はありますが筒内で目立ちません。萼筒の中には6つの雌しべと12の雄しべが（仮雄芯）がありますが、萼筒入り口が小さいために外からはほとんど見えません。この丈夫で硬そうな花は、暖かい日にはやわらかくなり、萼片の先端も垂れ下がっています。一見､脱水でも起こしたように見えますが､夕方に涼しくなるとまた硬くなり、これもこの花の特徴のようです。展示会などで美しい三角形に咲いているもののなかには、この花がやわらかくなったときに形の修整をすることもあるようです。

置き場は、1年中半日陰が適しています。日に当てて締めて作ると葉柄が短くなり形が良いのですが、せっかく咲いた花が葉で見にくくなるので、芽出しのころから半日陰にして葉柄を少し伸ばしてあげるとよいでしょう。目安としては握り拳ひとつ半くらいが理想です。暖地性植物のために、冬は凍らない程度の保護はしてください。

病虫害はヨトウムシの食害や、新芽のころに発生するアブラムシに注意します。この仲間の病気で特にやっかいなのは、梅雨のころから発生する白絹病です。葉が急に脱水したり、下を向き始めたら要注意です。

[関連種]

●カントウカンアオイ

A. Kooyanum var. *nipponicnicum*

関東地方を中心に多く見られるものです。多くの葉模様が見られ、花よりもむしろ株立ちにして葉姿を楽しみたいものです。

●タマノカンアオイ

A. tamaense

東京近郊の丘陵地帯に稀産します。葉や花につやがあり、観賞価値の高いものです。

●タイリンアオイ

A. asaroides

本州南西部と九州に分布します。名前のとおり大輪で美しい花を春に咲かせます。

九州地方では、オナガカンアオイと双璧の人気です。

●オトメアオイ

A. savatieri

本州の関東や中部に見られる比較的小型のカンアオイで、夏に咲くものもあります。小鉢作りでもかわいらしいもので、最近では珍しい八重咲きも求めやすい価格で流通し始めています。

[その他のカンアオイ]

日本はカンアオイ大国で現在５０種類以上が確認されています。しかし極地分布種も多く、稀産種のほとんどは南西諸島や琉球列島に生息しています。ぜひこれらを絶やさないよう実生などで保護したいものです。

●細辛のなかま

古くは多くのカンアオイのなかで、青軸や多芸のものを選別し、園芸化されたもので「細辛」と呼ばれ、銘付けられた品種がたくさんあります。これらも実生交配によって新品種が作出されるようになりました。

また、最近では多くのカンアオイの仲間に斑入り品種が見出され、徐々に人気が高まっています。これらも実生により新しい斑入りが作出されるようになりました。

●パンダカンアオイ

A. maximum

中国産の大型のカンアオイで、白と黒のコントラストの良い大きな美しい花を咲かせます。中国には、ほかにも大きな花を咲かせるカンアオイの仲間が流通しています。

●アサルム・スペシオサ

A. speciosa

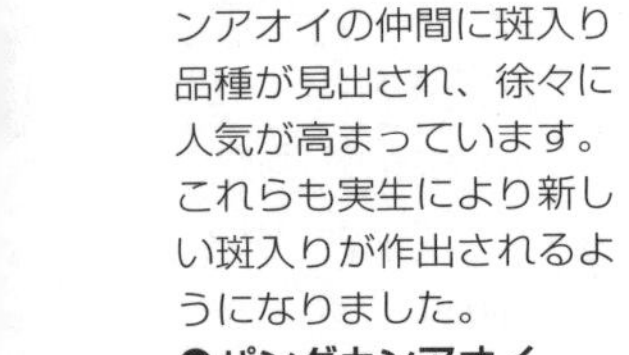

北米産のカンアオイの仲間で、黒い花の萼筒から放射状に散る白いストライプがとても美しく、神秘的です。

実生法

カンアオイの仲間は、腐植質に富んだ樹林下に生息します。したがって受粉の構造も特異で、多くの場合、害虫といわれるアリやナメクジなどによって受粉されると考えられています。愛好家の間でも誰が言ったか、花の中にアリを入れてふたをすれば受粉すると、半ば冗談めいた言い伝えもあるほどです。しかし、確実にタネを採るならば、やはり人工授粉をしたいものです。

[人工授粉] オナガカンアオイの場合、その大きな花に似合わず萼筒の入り口がとても小さいものです。綿棒や楊枝などを使って外からの人工授粉を試みましたが、萼筒の入り口が小さいために思うようにできません。したがって、人工授粉するには、思いきって萼筒を輪切りにして、中の雄しべや雌しべをむき出しにして行ないます。

よく切れるカッターやナイフの刃、ハサミなどで、萼筒を入り口より少し下のところから輪切りにします。萼筒の内部はヒダ状の隆起線があり、その間に並ぶように12個の雄しべ（仮雄芯）があり、その中心に６個の雌しべがあります。この雄しべに花粉のふいていることを確認して、雌しべに綿棒などで人工授粉します。ほかの花に人工授粉したいときは、雌に使うほうの雄しべをはずして雌しべだけを残し、そこにほかの花粉を授粉します。人工授粉は開花して２、３日から１週間くらいの花が好ましく、花もちは良いのですが長い間咲いていた花は受粉能力はほとんどありません。

人工授粉が終わったら、その日から１日くらいは水を頭から与えないようにして受精するのを待ちます。人工授粉が成功すると、やがて萼筒が硬く膨らんできます。２～３カ月たった初夏のころには長く咲いていた花もしおれ始めます。この時、萼筒を元から摘んで割ってみると、中に茶色のつやつやした丸いタネが入っています。

[播種] タネは軽く水洗いして果肉を取り除き、採りまきします。カンアオイの仲間のタネは、乾燥にはとても弱く時間がたつと発芽が極端に悪くなるので、必ず採りまきをすることをおすすめします。

まき床は、培養土のやや細かめなものを使用します。まばらにタネをまいたら、タネの厚みくらい軽く覆土をします。ほとんどの場合、採りまきしたタネは年内には発芽をしません。まき床は半日陰に置き、コケを生やさないよう注意します。冬の間は、凍結させないよう保護をします。

[移植] 春になるとスペードを2つ並べたような双葉が次々と発芽してきます。このつやのある小さな双葉は、ときには変型した本葉を出すこともありますが、双葉のままで1年目を迎えるものも多くあります。この双葉のときに肥培をすると後の生長も著しく、2年目には大きいものでは卵ほどの大きさの本葉を展開します。

葉がかたまったら移植をして、液肥などで肥培に努めます。早いものでは3年目に花をつけるものもありますが、主だったものはもう1回移植をした後、4年目に初花をつけると思われます。

カンアオイの実生は時間のかかるものです。しかし、多くの変異を交配しての新花作出や、種の保存の意味も含めると決して遠く大変なものではありません。ぜひとも試してみていただきたいものです。

オナガカンアオイ
実生1年目

オナガカンアオイ
実生2年目

その他の繁殖法

[株分け] 植え替えの際、株がふえていっぱいになっていたら株分けをします。株分けはあまり無理をせずに、自然に割れているところから分けます。貴重な種類を早く株分けしたいときでも、やはり地下茎が最低でも2節から3節くらいをつけて株分けをしましょう。

[根茎伏せ] 株分けのときに古い余分な地下茎たくさん連なっているものは、根茎伏せが可能です。根茎伏せは、地下茎の傷の少ない健康な部分をハサミなどで切断して培養土に植え込みます。元気の良い株なら2カ月程度で新しい小さな葉を出すので、それを培養します。根茎の部分が多いほど生長が早いもので、欲張って根茎を小さく多数に切断しても芽は出ますが、その後の生長も遅々としたもので、時にはせっかく伸びた芽もそのまま枯れてしまうこともしばしばあります。

(富沢 正美 / 埼玉県菖蒲町)

●フタバアオイ
A. caules
徳川家の紋所のモデルとして有名な野草です。落葉性のカンアオイの仲間で、冬には地上部は枯れてしまいます。茎は横に這って春に鈴のような小さな花を下向きに咲かせます。

Hypericum ascyron

トモエソウ

オトギリソウ科

Guttiferae

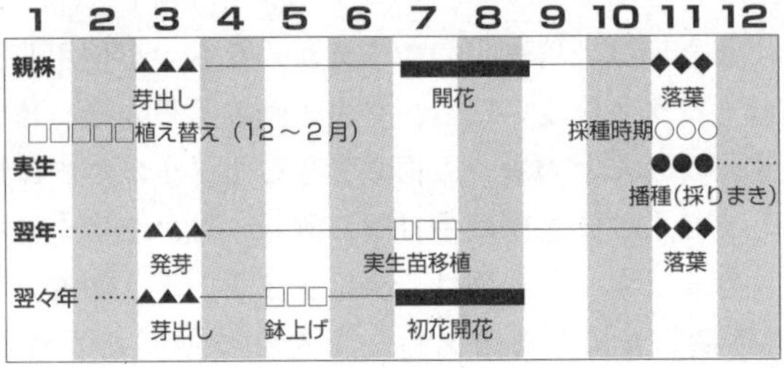

絶滅の危険性●大きくはない
分布●北海道・本州・四国・九州
自生地●山の草地
種類●落葉多年草

トモエソウは湿った草原や湿地、林の開けたところに見られる多年草です。7～8月に独特の旋回する形をしたひときわ大きな花を咲かせます。対になった葉は薄く浅緑色をしていて、オトギリソウの仲間を特徴づける黒点はなく、明点のみがあります。茎はまっすぐに伸び、華奢ですがしっかりとしていて簡単には折れません。秋になると黄葉して、やがて地上部は枯れ落ちます。この時期には根元に赤い小さな越冬芽がいくつか見えるでしょう。

分布は大変に広く、日本のみならず朝鮮半島・中国、果てはシベリアまで及びます。

栽培法

鉢作りの場合は4号くらいの中深の駄温鉢に植え、夏の間だけ朝日の当たる明るい日陰で管理し、それ以外の季節は日なたで育てます。土は花壇用の草花用土が最も良く、山砂は水管理に手こずります。

水管理は最も重要な点で、水切れは致命的なダメージを植物に与えます。決して水を切らさないことが美しく育て上げるための秘訣です。肥料は三要素が5-10-5で含まれた液体肥料を月に2、3回与えればよいでしょう。

植え替えは休眠中、冬の間に済ませておきます。芽の出る前ならいつでもかまいません。冬期、私は保護していませんが問題は何もありません。

実生法

花が咲くとすぐに実を結びます。自家受精するようで、ほとんどすべての花が実になります。この実は10月中旬ごろに熟し、わずかに裂け、そこから細かな茶色い0.5㎜ほどのタネをばらまきます。このタネは低温湿潤処理を2カ月ほど行ないます。私は冷蔵庫の野菜室を利用していま

トモエソウ

トモエソウのタネ

すから5～6℃くらいでしょう。低温湿潤処理が不十分だとまったく発芽しないか、わずかしか発芽しないので、心配な場合は3カ月間入れておきます。

播種床の用土は、赤玉土、鹿沼土、軽石の各小粒を2：2：1で混ぜて水洗いしたものを使っています。3号のポリポットに元肥を入れてタネをまきます。覆土はしません。上から目の細かいハス口をつけたジョウロで水を与え、明るい日陰に置きます。発芽が始まりしだい日なたに移しましょう。

本葉が3対くらい出たところで、播種した用土と同じ用土で2号のポリポットに1本ずつ植え替えます。苗は大変しおれやすいので作業は素早く！ 植え付けたら水を十分に与えておきましょう。同じようにもう少し大きくなったら、今度は普通の土（市販の培養土、腐葉土を6:4の割合）で3号のポリポットに植え替え（今までの用土は軽く振って落とす）、7月ごろには4号のポリポットに移してゆきます。順調に生長した株は、翌年には開花するでしょう。

苗の育成の間は、親と同じように液体肥料を週1回与えて生長を促します。

その他の増殖法

挿し芽と株分けができるそうですが、タネからの繁殖が圧倒的に効率が良いので試みたことがありません。

キンシバイ（*H. patulim* ）やビヨウヤナギ（ *H. chinense* var. *salicifolium*）など木本性の種は挿し木や株分けでふやすのが一般的です。　（辻　幸治 / 千葉県市川市）

[関連種]

●ヒメトモエソウ

H. ascyron var. *brevistylum*

大陸系の種類ですが、分布が北に片寄り中国北部・東北部～朝鮮半島～シベリア、樺太、南千島、北海道の山地に見られる全体にやや小型の植物だそうですが、まだ実物に接したことがありません。

●オオトモエソウ

H. ascyron var. *longistylum*

中国北東部～朝鮮半島、九州の山地に見られる大陸系の植物で、花柱が長く、花が大きい種類だそうですが、実物に接したことがありません。

●ダイセツヒナオトギリ

H. yojiroanum

北海道の大雪山の限られた場所に見られる稀産種で、マット状に茂り悪くはありません。

水切れに注意します。株分け・実生ともによくふえます。

●ヤクシマコオトギリ

H. pseudopetiolatum var. *yakusimense*

屋久島の固有変種で、マット状に広がります。一般にはこれのより小型のタイプであるヤクシマオトギリ（form. *lucidum* ）が広く栽培されています。

水切れしないよう腰水にして育てます。大変丈夫で、こぼれダネでふえるほどです。

●ハチジョウオトギリ

H.hachijyoense

八丈島と三宅島のみに見られる植物でしたが、２０００年の火山活動で三宅島では絶滅してしまいました。私はその前に三宅島の自生地を観察する機会に恵まれました。たびたび霧がかかる黒い火山礫の斜面に神津島タイプのウメバチソウ、矮性のハチジョウアキノキリンソウとともにパッチ状に群落を作って咲いていた光景を忘れることができません。

栽培は容易で、毎年植え替え、水切れに注意します。ネコブセンチュウに冒されやすいので寄生された根は取り除きます。株分けと実生でよくふえます。

上記3種は高山植物扱いとします。

Patrinia triloba

オミナエシ科

ハクサン オミナエシ

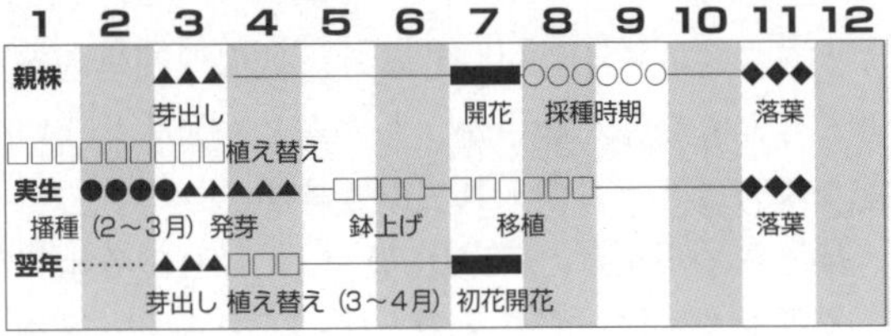

Valerianaceae

絶滅の危険性●大きくはない
分布●本州東北・北陸
自生地●山地の乾いた岩場
種類●落葉多年草

山地の岩場などに見られる多年草で、秋の七草のひとつオミナエシの仲間です。明るい黄色の花は自生地でも、低地でも7月ごろに咲きます。葉は対になって、根元のほうに多くつきます。茎は斜めに立ち上がって先端に黄色の花をつけます。

分布はあまり広くなく、北陸から東北地方に自生します。

▍栽培法

1年中日当たりの良い棚上に置いて栽培します。夏に葉が傷むようなら、盛夏の間だけ朝日の当たる明るい日陰に移します。

鉢はあまり気を遣いません。何でもよいようですが、水が停滞するのを嫌うので深鉢での栽培がよいでしょう。浅い鉢でも、岩石を配して用土を盛り上げて植えれば栽培可能になると思います。

用土は赤玉土、鹿沼土、軽石の各小粒を2：2：1で混ぜて水洗いしたものを使っています。赤玉土が不安な方は桐生砂でもよいでしょう。

肥料は他の植物に合わせて与えればよく、特別気をつけなければならない点はありません。無肥料では育ちが悪くなります。

植え替えは、冬の休眠中か、芽出し前に行ないます。冬は特別な保護をしていませんが、特に問題はないようです。

本種につく病気や害虫は、今のところ経験がありません。ただ近縁種のオミナエシにはウドンコ病が出ますので、時々ボルドー液でもかけたほうがよいのかも知れません。

▍実生法

［播種］ タネは5㎜ほどの大きさで薄茶色をしています。乾燥に耐えるので保存ができますが、なるべく早く低温湿潤処理をしてまいてしまいます。5～6℃で2カ月間の処理を行なうと、ほとんど発芽します。

ハクサンオミナエシ

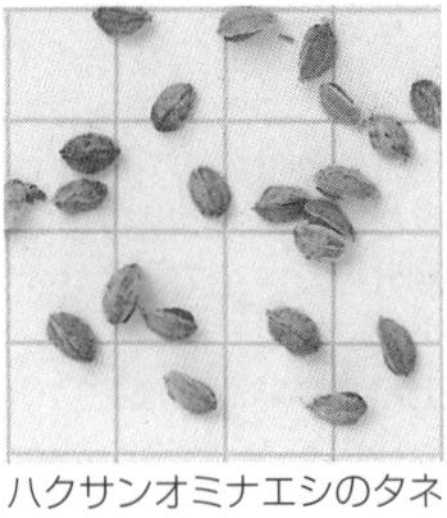

ハクサンオミナエシのタネ

播種床は親株栽培と同じ用土（赤玉土、鹿沼土、軽石の各小粒を２：２：１の割合で混合し水洗いしたもの）を使います。赤玉土の代わりに桐生砂を使ってもよいでしょう。

タネをまいたら１cmほど覆土して、目の細かいハス口をつけたジョウロで水を与え、明るい日陰で管理します。２週間ほどで発芽が始まります。発芽が始まりしだい日なたに移します。

［移植］ 苗は本葉が２対になったら２号のポットに１本ずつ、親株と同じ用土に移植します。４対になったら３号鉢に移してゆきます。翌年には開花する株も出てきます。

肥料は親株と同じものを与えますが、新しい葉が出続ける限り観葉植物用の肥料を与え続けて生長を促します。秋には生長が止まるのでリン酸中心の肥料に切り替えます。

これでだいたい順調に育つのですが、まだ生長にばらつきが出ることがあるので一層の技術向上が必要です。

その他の増殖法

株分けが行なわれます。しかし、意外に株は大きくなりづらく、なかなか株分けするほどに大きくなりません。

（辻　幸治／千葉県市川市）

オミナエシ

［関連種］

●オミナエシ

P. scabiosaefolia

誰もがよく知る秋の七草のひとつです。

一般の花壇用草花同様に普通の土で植えればよく、宿根草として好適なものです。早咲きの系統が主に栽培されていますが、野生系統のタネをまくと軸の色・太さ・花の早晩・色合いなど、さまざまな変化が現われて興味深いものです。

私の元では６月に咲く極早生や青軸の個体が出現しました。

●ハマオミナエシ

P. scabiosaefolia var. *crassa*

これはオミナエシの海岸型で、草丈が低く葉に厚みがあって光沢を帯びるものです。タネをまくと葉の形質は固定していてあまり変化がないのですが、草丈は母種と変わらないものから、２０cmほどで咲くものまでばらつきがでます。なるべく草丈の低い個体からタネを採って選抜してゆかねばなりません。

●オトコエシ

P. villosa

低地の草原に見られる多年草です。全体に毛深く乳白色の花をつけます。丈夫さはオミナエシと同程度で、宿根草扱いで十分です。

●チシマキンレイカ

P. sibirica

高山の礫地に見られる多年草で草丈は10cm前後、根元に葉がつき花茎だけ伸びている感じです。

高山植物としての扱いが必要で、根元には花崗岩の粗砂を敷いて通風を確保し、腐敗を防ぎます。断熱鉢の利用も効果的でしょう。

カタバミ科
Oxalidaceae

Oxalis griffithii

ミヤマカタバミ

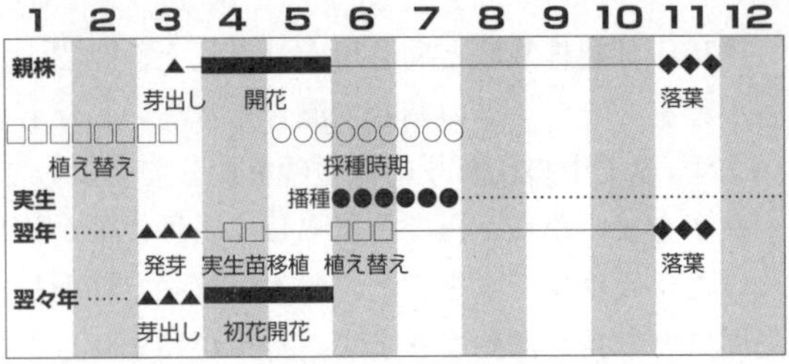

絶滅の危険性●大きくはない
分布●本州・四国・九州
自生地●山の木陰
種類●落葉多年草

本州、四国、九州の山地の木陰に生える多年草で、根元には古い葉柄の基部が多数鱗のように残ります。葉は逆ハート型の3小葉からなり、すべて根生します。7㎝くらいの花柄の先に2　㎝ほどの5弁の白い花を咲かせます。夕方になり葉が閉じると、半分食いちぎったように見えるところから“片食み”の名があります。

栽培法

ミヤマカタバミは3月中旬から生長を始め、4月から1カ月程度次から次に花茎を伸ばし花を咲かせます。その後も葉と蕾は次々に展開しますが、蕾はすべて閉鎖花となります。秋も深まり寒くなってからの葉は、葉柄が短く、茎塊を寒さから守るような姿になります。

栽培は難しくありませんが、葉は次から次へと展開し、同時に古い葉は次から次へと枯れていきます。この葉を放置すると、多肉質の地下茎を腐らすことがあるので、こまめに取り除きます。

用土は、硬質赤玉、硬質鹿沼、軽石、ベラボンを3：3：2：2の割合で混合します。ベラボン以外の用土はあらかじめふるってミジンを除いておきます。

植え替えは、3月中旬までに行ないます。植え替え前日にはベラボンを水に浸けておき、植え替え時に湿らせた混合土とベラボンを混合して利用します。

ミヤマカタバミ

ミヤマカタバミの閉鎖花

ミヤマカタバミのタネ

実生法

[タネ] うつむいて葉の間から姿を見せた蕾は、熟すにしたがってまっすぐ上に向かいます。このころに、小穴をたくさんあけたチャック付きポリエチレンの袋を掛け、口を軽くしばっておきます。雑草のカタバミと同様、タネが熟すと自然にまき散らすので、タネを採るにはチャック付きのポリ袋は必須です。タネは平たく長さ3㎜程度で、片方

ミヤマカタバミの発芽状態

ミヤマカタバミの定植時の苗

が尖った楕円形をしており、しわがよっています。

［播種］ 親株と同じ培養土をポリポットに用意しておき、採取したタネを採りまきします。特に覆土しなくても用土の間に自然に落ち着きます。

そのまま水を切らさずに管理すれば、翌春３月に発芽してきます。

［移植］ 本葉が出てきたら1.5号ポットに移植します。

ポットの底に培養土を入れ、マグァンプＫを数粒入れ、マグァンプＫが見えなくなる程度に培養土を入れます。苗を左手に持ち、右手で培養土を入れます。このようにすれば根が傷まず、移植直後から根を伸ばし肥料を吸収して生長します。葉が展開し1.5号ポットがきゅうくつになったら、さらに一回り大きなポットに同様にして植え替えます。２度目の植え替えをするのとしないのとでは、実生苗にとって生長に大きな違いが見られます。

植え替えのときは、根を乾かさないため雨あるいは曇りのときがベストです。

このようにすれば７～８月には花茎を上げてきますが､残念なことに閉鎖花で、花は翌年の春までお預けです。

（戸田 祐一 / 茨城県ひたちなか市）

［関連種］
ミヤマカタバミの標準花は白花ですが、八重咲、赤花（ピンク）、烏葉の物が流通しています。

●コミヤマカタバミ
O. acetosella
亜高山帯の針葉樹林内に多く見られる多年草。

コミヤマカタバミ

キキョウ科

platycodon grandflorum

キキョウ

Campanulaceae

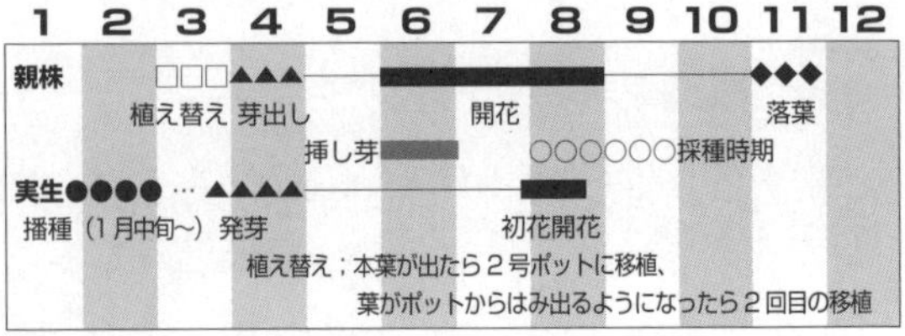

絶滅の危険性●絶滅危惧Ⅱ類
分布●沖縄を除く全国
自生地●山野の草地
種類●落葉多年草

山地の乾いた草原に自生しますが、園芸店などの店頭で販売されているものの多くは、海外の植物園や園芸業者により品種改良され増殖されたものがほとんどのようです。買い求める場合に注意すべき点は、矮性であっても矮化剤を使用しているものがあり、翌年には草丈が伸びてしまうものが多数です。山草愛好家が栽培するのは、ほとんどが矮性種のアポイギキョウのようです。

ここではアポイギキョウの栽培方法について述べます。

▍栽培法

用土は選ばないので普通の山草用土に植え込み、鉢の表面が乾いたらたっぷりと灌水します。1年中よく日の当たる棚の上に置き、夏の日よけや冬の保護は必要ありません。

自生地では8～9月が花期ですが、横浜の私の棚では6月中旬には開花となります。20㎝以上にならないと花の咲かないものは、春に芽が伸びて15㎝くらいのときに最下部の葉を残して切り詰めると、2～3週間後にはわき芽が出てきます。このわき芽が伸びて開花するのは、8月下旬から9月になります。

キキョウ

キキョウのタネ

▍実生法

［人工授粉］キキョウの特徴として、ふうせんのような蕾から花が開いたときには、雄しべが雌しべに寄り添うように密着しています。この時、雄しべはそこに花粉をつけて開花後2～3日すると雄しべが雌しべから離れ枯れてきます。数日後には雌しべが熟し、先端がくるりと分かれ星状に開きます。この時が人工授粉の適期で、ほかの雄しべの花粉を採り、雌しべにつけてやります。雄しべの花粉が出る時期と雌しべの成熟期が同一でないのは、自家受粉をさせないための知恵といえます。

受精して1カ月半くらいでサヤは黄色くなり完熟します。1サヤには30粒程度のタネが入っているので、紙袋に入れて２～３日乾かし、密閉できるチャック付きのポリエチレンの袋などに入れて冷蔵庫の野菜室で保管します。

［タネの形状と入手方法］ キキョウのタネはゴマ粒くらいの大きさです。色は黒っぽいものから白っぽいものまであります。通常の青紫色の花のタネは黒っぽく、白花のタネは白っぽい色をしています。ただし、白っぽい色をしているタネをまいても白花が咲くとは限りません。

園芸品種となっているキキョウのタネは、サカタのタネやタキイ種苗など大手の業者での入手が可能です。アポイギキョウのタネは吉岡園芸の種子銀行で入手できますが、山草会に入会してタネを分けてもらうのがよいでしょう。

［播種］ タネをまく時期は、１月中旬が適期です。3.5号の白いプラスチックの鉢か2.5号の黒いポリポットに、親株と同じ山草用土を入れます。２つに折ったハガキにタネをのせ、鉢にタネが重ならないようにトントンとたたいてまきます。覆土はしないで灌水し、用土が乾かないように半日陰で管理します。

キキョウの発芽は比較的遅いほうで、３月下旬から４月中旬の気温が暖かくなってからになります。

［移植］ 本葉が出たら、すぐに１本ずつ２号の黒いポリポットに移植します。このとき鉢底にマグァンプＫなどの緩効性化成肥料をひとつまみ入れます。葉が生長しポットの外にはみ出るようになったら、2.5号か３号のポリポットに２度目の移植をします。このようにするとたいていのものは７月末から８月初旬には開花します。

平成15年の７月は10年に１度といわれる異常気候「東京の平均気温22.8℃（平年比－2.6℃）、１カ月の日照時間48.2時間」でしたが、私のアポイギキョウは８月12日に開花となりました。

▎その他の増殖法

［挿し芽］ ５月または９月から10月上旬に、６～８㎝の長さに切り取り挿し穂を作ります。５月挿しは側芽を切り取って挿します。秋挿しは株元から発生する萌芽をかき取って挿します。半日陰のところで管理します。

（熊谷忠男／神奈川県横浜市）

アポイギキョウ
アポイギキョウという植物はありません。アポイ岳産の矮性タイプのキキョウにつけられた俗名です。

属名のプラティコドンは、ギリシャ語のplatys「広い」、codon「鐘」の組み合わせで、花形が鐘形なので名付けられ、種名のグランドフロルムは「大きな花」という意味です。キキョウ科キキョウ属では唯一種のものです。
現在では切り花や一般鉢花として利用されていますが、韓国や中国では根を食料や薬用としても栽培されています。

Adenophora

キキョウ科

シャジンの仲間

Campanulaceae

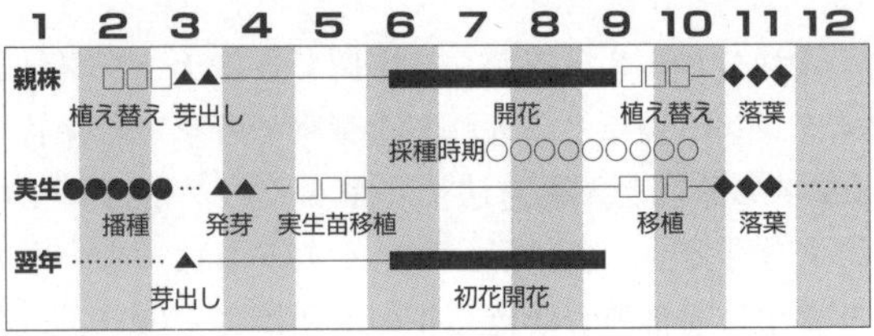

例：ホウオウシャジン
絶滅の危険性●絶滅危惧ＩＡ類
分布●山梨県固有種
自生地●岩地にぶら下がる
種類●落葉多年草

シャジンの仲間（ツリガネニンジン属）はアジアから東ヨーロッパにかけて50種類ほどが分布するといわれており、わが国には北海道から九州までの海岸線近くから高山にかけて基本種10数種と、その地方変異が数多く自生しています。そのなかでも関東から中部山岳地帯南部にかけて自生するイワシャジン（*A. takedae*）、ホウオウシャジン（*A. takedae* var. *howzana*）や、その地方変異・低山タイプのヤシャジンシャジン、ウメガシマシャジン、アマハタシャジンは、日本が世界に誇れる山野草のひとつです。夏から秋にかけて釣鐘状の紫色の花を多数咲かせ、風に揺れる風情は山野草として一級品と思います。

自生地での花期は8～10月ごろですが、東京で栽培すると6～9月が花期になります。

栽培はコツさえつかめばそれほど難しくはなく、株分け、根伏せなどで簡単にふやせます。しかし、実生で性質の異なる株を大量に増殖する醍醐味は、また格別のものです。

レッドデータブックでは、ホウオウシャジンが絶滅危惧ＩＡ類に、シマシャジン、ヒナシャジンが絶滅危惧ＩＢ類に指定されています。

栽培法

[用土] 水もちと水はけの良い用土を好むので、重い用土と軽い用土を混合し、少量の寒水石を加えます。私は桐生砂（小粒）、日向砂（小粒）、硬質鹿沼土（中粒）、焼赤玉土（小粒）を3：3：2：1の割合で混合し、これに寒水石とヤシ殻活性炭を各5％ずつ加えています。

[鉢] 大部分のシャジンの根は長いゴボウ状になり過湿に弱いことと、花が垂れ下がる種類が多いので、透水性のある深鉢が使いやすく、特に欅鉢や伝市鉢のシャジン鉢、寒蘭鉢は成績が良いようです。

[植え替え] 根の生育が活発なため、年1回の植え替えが

自生地のホウオウシャジン

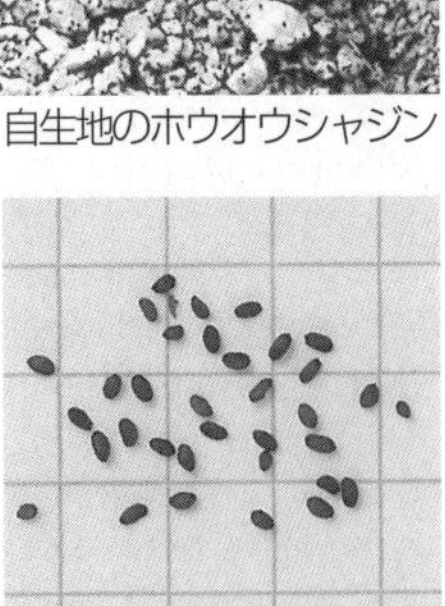

ホウオウシャジンのタネ

必要です。植え替え適期は、秋は9月中旬から10月中旬、春は2月中旬から3月中旬です。古い用土をすべて取り除き、ゴボウ根の周りに密集したひげ根を軽く取り除きます。そして株元がほんの少し隠れる程度に植え込みます。

[置き場] 風が好き、光が好き、根先の水が好き、肥料が好きな種類です。風通しが良い全日照下で栽培します。

ホウオウシャジンやイワシャジンのように前に垂れ下がる種類は、背面を壁や塀で遮光すると一方に垂れ下がり風情が増します。

[栽培のポイント] 1年を通じて明るいビニール波板の下で栽培し、直接雨に当てず、水やりで鉢内の水分を調節してやります。また、採光も栽培棚の手前に置いて全日照下、奥に置いて直射日光を避けるというように調整します。

また、都心部での真夏(7 8月)の水やりは朝よりも夕方から夜中に行ない、夜間、特に熱帯夜の高温対策に努めます。頭から十分にかけ、葉裏にもかけます。水やりを始めると風が起こり、草が気持ちよさそうに揺れます

地上部、栄養葉がしおれ元気が良くないときは、時期にかかわらず即座に鉢をひっくり返して根の状況を確認します。根が腐り、べとついている場合は、過湿による根腐れ、または根腐れセンチュウによる被害がほとんどでしょう。対策として、まず清潔な水で根をよく洗い、腐りの上部から根を切り取ります。切り口にはトップジンペーストを塗り、バイデートなどのセンチュウ専門薬を少量根に直接振りかけてから植え込みます。

根に小さなこぶのようなものがついている場合は、根こぶセンチュウによる被害です。ひげ根につく場合がほとんどで、こぶの上部から根を切り取り、バイデートなどのセンチュウ専門薬を少量直接根に振りかけて植え込みます。

シャジンは大株になると、しばしば根の内部に空洞ができて腐りがちになります。翌年発芽しないので鉢をひっくり返して見ると、抜け殻の根茎が現われるということが見られます。理由はわかりませんが、株の老化現象ととらえています。これを避けるためにも、普段から植え替え時に株分けなどで植物体に刺激を与え、株の若返りを図る必要

[シャジンの仲間]

●ヒメシャジン

A. nikoensis

本州中部以北の亜高山帯に自生します。高さ20～40㎝くらいで群生することが多いようです。

●ミヤマシャジン

A. nikoensis var. *stenophylla*

ヒメシャジンの変異で、萼片が披針形でふちに鋸歯がないことで区別されます。

●ミョウギシャジン

A. nikoensis var *petrophila*

葉が披針形で先が鎌形に湾曲し、輪生します。栽培、増殖も容易ですが、自生地で見るような青紫色の花を咲かせることは難しいです。

●ヒナシャジン

A. maximowicziana

四国の石灰岩地に自生します。花冠は白色で、狭い釣鐘型で花柱が花冠から長く突出します。栽培も増殖も容易です。

●ツクシイワシャジン
A. hatsushimae
宮崎県から熊本県の山地の岩場に自生します。花冠は濃紺で白い花柱を長く突出します。
栽培・増殖ともに容易で、主根の周りに子株をたくさんつけ、植え替え時には、それが自然に分かれて子株を多数得ることができます。栽培株でも濃紺の花色を出すことは容易です。

自生地のホウオウシャジンのサク果

があります。

実生法

昆虫がこない場所では、人工授粉が必要です。人工授粉の方法と採種、精製の方法は、ホタルブクロ（92ページ）とキキョウ（82ページ）の項を参照してください。

[タネ]ホウオウシャジンのタネはごく細かな茶色ですが、他のシャジンのタネは茶色の小さなゴマ粒状です。

サク果が茶色くなったら採種します。殻を取り除き、日陰で乾燥（1～2日）させてから紙で包み、チャック付きのポリ袋に入れて冷蔵庫の野菜室で保存します。

[播種] タネのまき方は、採りまきと翌早春（1月から3月初め）まきがありますが、どちらも大差ないようです。

3.5号のプラ鉢に植え込み用の用土（若干水分を含んで落ち着いたもの）を入れて、タネを均等にまきます。3.5号でしたら10粒もまけばよいでしょう。厚まきにするとあとが大変で、植え替えしづらく、結果的に成績も良くありません。

まき床の2～3㎝下にマグァンプの小粒を4～5粒入れておきます。こうしておくと発芽してしばらくすると肥料分を吸収し、生長が早いようです。

[発芽] 早いものは3月末に発芽しますが、4月初めにはほとんどが発芽します。

発芽したら全日照下で管理し、灌水のたびに2000～3000倍の液肥をやると生長が速くなります。

自生地のウメガシマシャジン

[移植]５月になると実生苗も１～２cmになるので、黒ポリポットに移植してやります。この時、鉢底にマグァンプKを２～３粒入れておきます。

１週間ほど明るい日陰で養生してから、また全日照下に出して時々液肥を与え肥培します。

早いものは１年目の夏に花をつけます。９月中旬から10月に２回目の移植をすると、翌年にはほとんどの株に花をつけます。

実生１年目の各種シャジン

実生２年目のホウオウシャジン

▎その他の増殖法

[株分け]ホウオウシャジンなどは、親株のゴボウ根の周りに子株をつけるので、植え替え時にかき取って植え付けます。

[根伏]植え替え時に新根（太さ１mmぐらいのもの）を４～５cm切り取り、ポリポットに植え付けます。縦植えでも横植えでもよいのですが､縦植えの場合は切り口の上にわずかに覆土します。横植えの場合は２cmほど覆土します。こんな細い根が、と思うものが発芽します。

[根割り]太いゴボウ根、根塊をカッターナイフで縦に割る方法で、切り口には腐り防止のためにトップジンMペーストを塗っておくとよいでしょう。

[挿し芽]挿し芽でも活着するといわれていますが、私は未経験です。チャレンジしてみてください。

（倉田 英司／東京都豊島区）

キキョウ科

Onagraceae

Codonopsis lanceolata

ツルニンジン

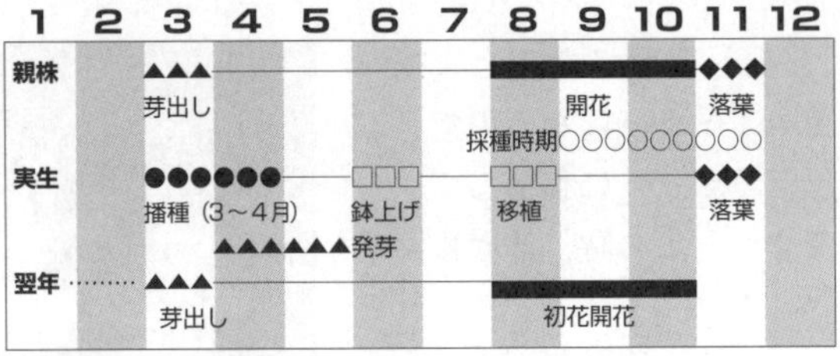

絶滅の危険性●大きくはない
分布●北海道・本州・四国・九州
自生地●山地に普通
種類●落葉多年草

ツルニンジン

山地のまばらな林や林縁に見られるつる性多年草です。つるの巻き方は一定していないようで、気ままに巻きついて伸びてゆきます。

8～10月にかけて咲く花は釣鐘型で、つるの先のほうにつきます。葉は互生が基本ですが、ごく短い枝を出し、その先に3、4枚まとめてつけることが多いものです。基本的には葉に毛はありません。種子は薄茶色をして翼があり、風に乗って飛びます。根は小さなチョウセンニンジンのようで、和名はこれによります。

▌栽培法

朝日の当たる明るい日陰で育てます。3～4月いっぱいは日なたで育ててもよいでしょう。地上部が枯れ落ちた冬の間は、極端に凍りつかない場所で保護します。

つるになるので絡みつく支柱が必要です。あまり太いと絡まないので5㎜程度のものを使います。アサガオのように行灯仕立てもよいのですが、細い流木に絡ませるなど、支柱の素材に工夫をこらせば風情が増すでしょう。

鉢は中深鉢か深鉢を使いますが、駄温鉢を用いるのが一番良いようです。プラ鉢やポリポットもよいでしょう。

用土は赤玉土、鹿沼土、軽石の各小粒を2：2：1の割合で混合し、水洗いしてミジンを完全に抜き去ったものを使っていますが、低山の植物なのでここまで気を使わなくてもよいかも知れません。

肥料は、つるが伸びている間はチッソ主体の液体肥料を月に3回ほど与えて生長を促します。その後、6月下旬から7月に生長の止まる時期がきますから、7月に入ったならリン酸主体の液体肥料に切り替えて花つきを良くし、塊根の充実のため秋に葉が色づくまで続けます。

害虫はコナガとアブラムシがつきます。他の草の消毒に合わせて防除します。実生苗にはナメクジが大敵です。

実生法

[タネ] タネは３～４㎜の大きさで、薄茶色をしていて翼のある薄いものです。乾燥に耐えるので保管することができます。

[播種] 低温湿潤処理をしてから播種床にまきます。冷蔵庫の野菜室を使って５～６℃で２カ月間の処理を行なうと、ほぼすべて発芽するようです。

播種床は、親株栽培と同じ用土（赤玉土、鹿沼土、軽石の各小粒を２：２：１の割合で混合し、水洗いしたもの）を使います。赤玉土の代わりに桐生砂を使ってもよいでしょう。

タネをまいたら浅く３㎜ほど覆土して、目の細かいハス口をつけたジョウロで水を与え、明るい日陰で管理します。３週間ほどで発芽が始まります。

[移植] 苗は、つるが伸び始めたら２号のポットに１本ずつ、親株と同じ用土に移植します。つるが15㎝くらいになったら３号鉢に移してゆきます。翌年には開花する株も出てきます。

肥料は親株と同じものを与えますが、新しい葉が出続ける限り観葉植物用の肥料を与え続けて生長を促します。それでも盛夏を迎えるころには生長が止まるので、リン酸中心の肥料に切り替えす。

その他の増殖法

実生以外にできそうな増殖法といえば挿し芽でしょうか。しかし、軟質の茎は腐りやすそうで活着率がよさそうにはみえません。実生以上に効率の良い方法は、今のところないでしょう。

（辻　幸治／千葉県市川市）

[関連種]

●バアソブ

C. ussuriensis

ジイソブと同じような場所に見られるつる性の多年草で、葉の裏側には毛が生えています。タネは黒くて翼がなく、丸い形をしています。比較的まれな植物です。

●コドノプシス・クレマチデア

C. clematidea

インド北部からカシミール原産の多年草です。つるにはなりません。花は淡いブルーグレーで多数つきます。
暑さにも弱くなく耐寒性もあり、生長も早く、よいものです。

これ以外にも欧米では中国南西部からヒマラヤ産の美しい種類が多数栽培されていますが、愛好家の団体からでないとタネの入手が困難で、普及するのには時間がかかるでしょう。

Lobelia sessilifolia

キキョウ科

サワギキョウ

Onagraceae

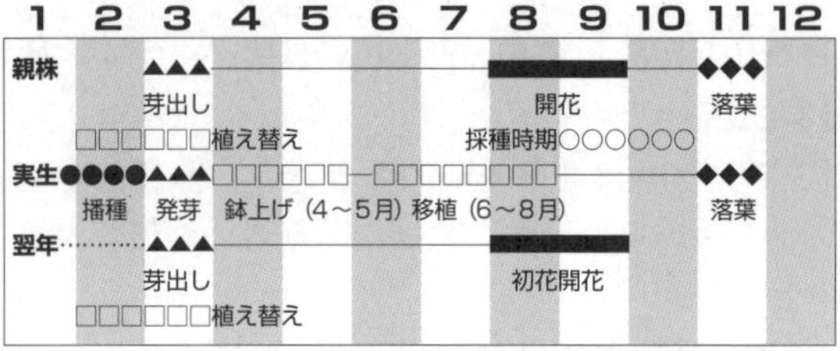

絶滅の危険性●大きくはない
分布●北海道・本州・四国・九州
自生地●山間の湿地
種類●落葉多年草

湿地に見られる多年草で、夏の終わりごろから初秋の8～9月に咲く花は独特の扇のような形をして、キキョウの花に似ているとは思えませんが、色のことをいっているのでしょうか…。茎はまっすぐ立ち上がり多数の葉をつけ、ふつう枝を出しません。花は茎の上部に穂になってつきます。東～東北アジア一帯の低地から高原地帯まで幅広く分布し、いくつか園芸品種があります。

「日高山脈フォーム」は花の大きさは変わりありませんが、全体に小型化し30㎝前後で収まる形です。実生すると紫のほかにピンクの花が出現します。「屋久島サワギキョウ」は産地がわかりませんが、密に分枝して30㎝強に収まる形で、花も含めて全体に小型化しています。ほかにも白花をはじめ若干の色変わりと、花の早晩があり、早いものでは5月下旬に咲くものを見たことがあります。分布が広いのでさまざまな変化があると思われますが、園芸的な育種はほとんどなされておらず、今後の課題といえます。

栽培法

日なたで育てます。1年を通してよく日の当たるところでなければ、すぐに枯れてしまいます。湿地帯の植物ですから水切れには耐えられません。1年中腰水にして栽培します。冬は特別の保護の必要はありませんが、乾燥しないように注意します。

サワギキョウ

鉢は駄温鉢がよく、プラ鉢や、ポリポットもよいでしょう。水もちの良い鉢が好ましいのです。

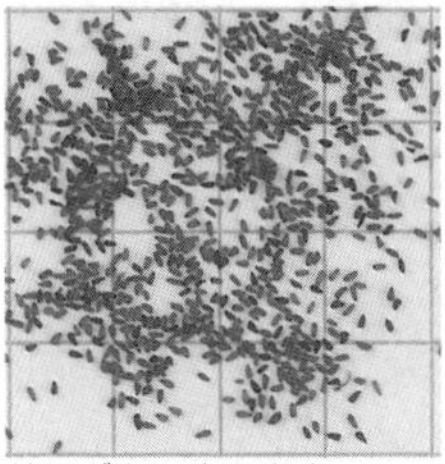
サワギキョウのタネ

用土は基本的に何でもよいと思いますが、赤玉土、鹿沼土、軽石の各小粒を2：2：1の割合で混合し、水洗いしてミジンを完全に抜き去ったものを使っています。なぜなら、鉢栽培で腰水にする場合は受け皿の水はどうしてもたまり水になります。有機質の用土を使うと腐敗が起こるのが心配だからです。

肥料は各要素がバランスよく配合された液体肥料を月に2、3回与えます。7月いっぱいで施肥はやめるか、リン酸とカリだけの肥料に切り替えないと大きくなりすぎます。そして根が比較的浅く茎が傾きやすいので、支柱を添えておくと倒れる心配がありません。根のまわりが早いので、毎年植え替えます。

病気や害虫の被害はあまりありませんが、ヨトウムシの食害を受けることがあるので時期になったら見回ります。

実生法

[タネ] 果実は裂けて1㎜強の細かなタネを散らします。

[播種] タネは低温湿潤処理をしてからまきます。5～6℃で2カ月間の処理を行ないますが、ほぼすべて発芽するようです。

播種床は親株栽培と同じものを使います。タネをまいたら覆土せず、目の細かいハス口をつけたジョウロで水を与え、明るい日陰で腰水にして管理します。10日前後で発芽が始まります。

発芽が始まりしだい日なたに移します。

[移植] 苗は本葉が5枚になったら2号のポットに1本ずつ、親株と同じ用土に移植します。10～15枚になったら3号鉢に移してゆきます。

早い株は秋には開花するでしょう。

肥料は親株と同じものを与えますが、新しい葉が出続ける限り、各要素がバランスよく配合された液体肥料を与え続けて生長を促します。秋には生長が止まるので、リン酸中心の肥料に切り替えます。

早めの移植を心がけるのが、うまく実生苗を育てる秘訣です。

その他の増殖法

株分けと挿し芽があります。切ると乳液が出てくるので、しばらく水揚げして止まるのを待ち、それから挿します。効率が悪いので、栄養繁殖でないとふやせないような品種が現われない限り、あまり意味がありません。

(辻 幸治/千葉県市川市)

[関連種]

●ミゾカクシ
L. chinensis
東アジアから東南・南アジアにかけて広く見られる多年草で、小川や河川敷の湿ったところに見られます。枝は密に分枝して地面に広がります。
花は白か薄いピンク色で、花つきの良し悪しなどにはかなり個体差があります。

●ロベリア・カルディナリス
L. cardinalis
北アメリカ南部から中米原産の多年草で、鮮やかな赤い色が特徴です。
性質はサワギキョウと同じです。冬にロゼット葉が残ります。

●ロベリア・シフィリティカ
L. siphilitica
北米原産の多年草で、サワギキョウに似ています。葉がより大きくて花つきがよい種類です。白花もあります。
性質はサワギキョウと同じです。

●ロベリア・ツパ
L. tupa
南米チリの海岸砂丘に見られる多年草で、葉は厚く毛が密生して灰色を帯び、鮮赤色の花を茎の先端につく穂に多数つけます。葉はタバコの葉のように大きく、草丈も2mを超えます。
水はけの良い場所で地植えにしないと栽培できないでしょう。幸いなことに耐寒性(－10℃)です。

キキョウ科

Campanula punctata

ホタルブクロ

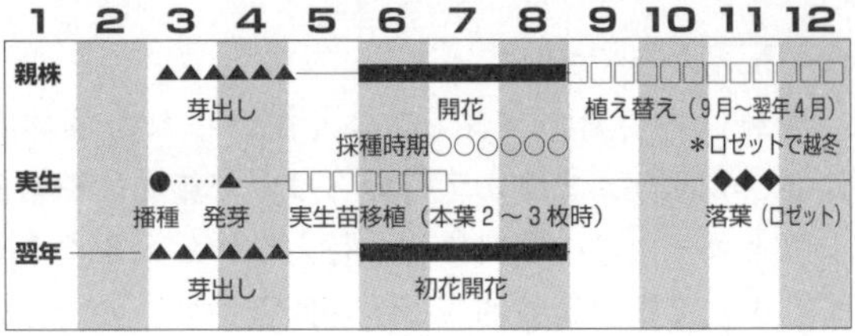

Campanulaceae

絶滅の危険性●大きくはない
分布●北海道・本州・四国・九州
自生地●山地
種類●落葉多年草

ホタルブクロ

ホタルブクロのサク果

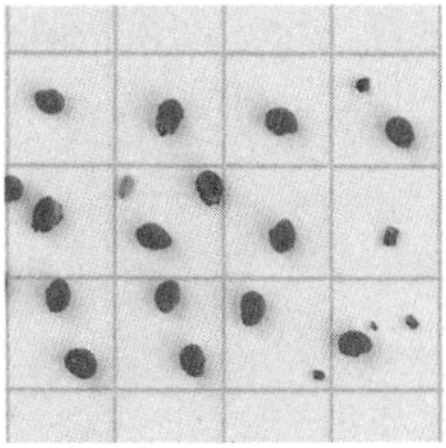
ホタルブクロのタネ

日本各地、朝鮮半島、中国、シベリア東部の山野に分布します。好む場所は、やや湿った、夏は木陰になる場所です。しかし、全日照で多少乾燥している場所にも自生していることがあります。大きさ30～70㎝で、関東地方の平地では6月～8月に開花します。釣鐘形の花冠の色は、少し茶色が入った淡紫紅色で、赤みが薄いものからやや濃いものまで、同じ場所に生えているものでも、個体差がかなりあります。また、白花もあります。花冠の長さは4～5㎝程度、直径2.5㎝程度で、野草のなかではかなり大きな花をつけます。

その理由は一番勤勉な花粉移送昆虫（ポリネータ）であるマルハナバチに特化した形と大きさになっているからです。雄しべは開花前に成熟し、花粉を雌しべの中間より少し先端に近い位置にある集粉毛に付着させます。花粉は開花後2～3日間付着しています（写真1）。マルハナバチは花冠の下から潜り込んで、内側に生えている毛につかまりながら、登り、吸蜜します。花粉は、マルハナバチが登るときに背中に付着します。そのマルハナバチが別の株の花を訪問して、同様に花冠の内壁を登ると、背中に付着していた花粉が、成熟して先端部が3裂した柱頭（右ページの図および写真1参照）に付着し、受粉が完了します。

栽培法

栽培は一番やさしい部類の野草で、用土は選びません。鉢植えの場合、排水性のよい用土のほうが根回りが良いようです。置き場所は屋上の全日照から、家の北側の明るい日陰でも育ち、開花します。地植えで大株にして楽しむ方法もあります。強健で、水切れして葉がしおれても水やりすれば回復します。

病虫害は格別注意することはありませんが、ナメクジ、

写真１　花の断面

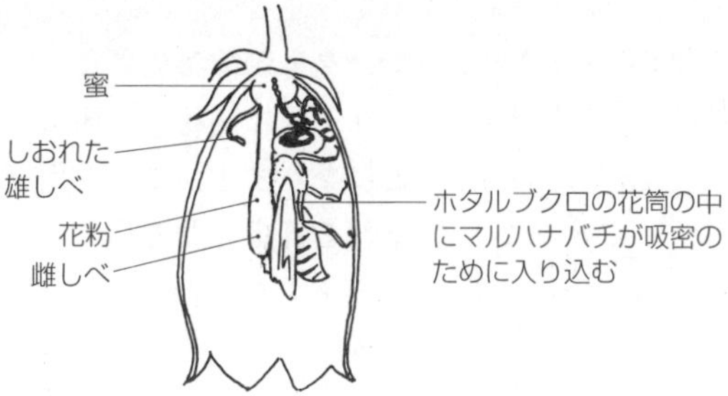

ヨトウムシが好みます。

下葉が黄色くなったときは、肥料切れでなければ、根詰まりした状態です。株分けしないと根腐れします。

花がついた茎は、タネが７～８月に熟して、サク果がボロボロになるころ枯れます。８月～９月には、ロゼットが出てくるとともに、長く伸びて鉢中をぐるぐる回っている地下茎のあちこちに新芽ができます。

▎実生法

［タネ］ タネは薄茶色の扁平（楕円形）です。充実したタネは厚く重みがあり、軽く息を吹きかけて飛ぶのはシイナで、充実したタネより軽く厚みがありません。

冷蔵庫で保管されたタネを入手するようにしてください（山草会では、赤みの強い花など選抜されたもののタネを得やすい利点があります）。

［人工授粉と採種・保管方法］ 他家受粉を行なってタネを採取するために、遺伝的に異なった株が２株必要です。できればその日に開花した花（遅くても開花３日以内）の未成熟の雌しべの途中についている白い花粉を、綿棒などでこすりとり、成熟して先端が３裂して花頭面が現われている雌しべの花頭面に軽くこすりつけます。

自家受粉ではほとんどない結実しないという報告があります。しかし、シイナが多いのですが、一応自家受粉でも結実します。他家受粉では、サク果の中にタネが満杯になるほど実ります。

約１カ月後、サク果が緑色から茶色になるころに３つの穴があき、そこから成熟したタネが徐々にこぼれだし、サク果の壁に穴があくころにはほとんどのタネがこぼれ落ちてしまうので、茶色になったら採種します。サク果を割っ

［関連種］

●シマホタルブクロ

C. punctata var. *microdonta*

伊豆七島産で、丈は３０㎝程度白花のみです。釣鐘形の花の大きさは３～４㎝と小さく、葉も小型でやや厚く照り葉です。伊豆七島にはマルハナバチがいないので、コハナバチがポリネータとして花粉を運び、それに合う大きさになりました。また、自家受粉性もあります。

このことは、中学生の時に東京山草会に入会して活躍し、長じては植物の専門家になり、信州大学の教授になった井上健氏が見いだしました。どうして白花だけになったのか興味あるところです。

栽培法はホタルブクロと同じです。

●ヤマホタルブクロ

C. punctata var. *hondoensis*

草姿、花冠の形状はホタルブクロとほとんど同じですが、花色はホタルブクロより赤が強い赤紫色です。

実生法、栽培法、栽培の容易さ、花期は、ホタルブクロと同じです。

ホタルブクロと交雑します。

●イシダテホタルブクロ
C.punctata var. *kurokawae*
徳島県の石灰岩の山、石立山（標高１７０８ｍ）の特産種で絶滅危惧Ⅰ類にあげられています。草丈は、標高１６００ｍ以上に自生している矮性のものは５～７㎝、低地のものは１０～３０㎝です。花期は４～６月。長さ３㎝程度の釣鐘状の花冠の色は、内側は茶と赤紫、外側は淡い褐色で、個体によりかなりの濃淡があります。
栽培は容易で地下茎でよくふえます。矮性種は突然だめになることがあります。根の発達がよいので大きめの鉢に植え、根詰まりに注意します。

●チシマギキョウ
C.chamissonis

高山の砂礫地、岩の割れ目などに生え、ロゼット状の株から７～８月に高さ５～１０㎝の花茎に長さ３㎝程度の濃紫色の釣鐘状の美花を横向きつけます。
栽培はかなり難しく、全日照の風通しの良い場所に置く必要があります。夏の暑さに弱く、雨よけの下で鉢内の温度が上がらないようにします。花後または３月に必ず植え替えます。実生を繰り返すことによって耐暑性を高めたい高嶺の花です。

て、タネが薄茶色になっていたらＯＫです。

サク果は開花した順に茶色になるので、順次採種することになります。これが面倒な場合は、茎全体に袋をかぶせ、下部を針金などで軽くしばっておく方法があります。洗濯機の糸くず防止用として販売されている袋の中に、編み目が細かく、サイズや、ゴムが強すぎない点などで使いやすいものがあります。サク果全部が茶色になったら、茎を折り採り、日陰に1～2週間程度置きます。

採種方法のひとつは、茎ごと逆さにして紙袋に入れ、何回も軽くたたく方法です。サク果の穴からタネがこぼれ出て、袋の底にたまります。しかし、この方法では1度に全部のタネを採取することはできません。すべてのタネを採取するには、サク果を割ったり、潰したりしますが、タネとサク果などが粉状になったものが混じってしまいます。タネだけを分離するには、フルイとして茶こし、アクすくいなどの台所用品を使用して大まかに分け、次に大きめの紙の上に置き、紙を揺すりながら軽く息を吹きかけてゴミを飛ばします。成熟したタネのほうが、粉状になったサク果やシイナより比重が大きいことを利用する方法です。慣れてくると、かなりきれいに分離することができます。

採取したタネは、必ず冷蔵庫で保管します。冷蔵庫内で乾燥し過ぎないように、密封できる容器や袋（チャック付きのポリエチレン製の袋）に入れます。紙袋だけでは、冷蔵庫の野菜室でも乾燥しすぎになります。ただし、湿ったまま冷蔵庫に入れると、中で低温のため結露状態になり、タネにカビが生えてしまいます。もちろん、発芽しなくなります。結露しない程度に乾燥してから、冷蔵庫に入れます。経験では、冷蔵庫に保管していてもホタルブクロ属のタネの寿命は1年です。遅くとも翌年の6月中にまくことが必要です。

［播種］ 採りまき、秋まき、春まき、いつでもＯＫです。3～4号鉢に20～50粒まけば十分です。寒さに当てなくても（低温湿潤処理しなくても）発芽します。

どのくらいの深さにまいたらよいのかわからないときは、図のように用土を斜めにしていろいろな深さにまき（鉢

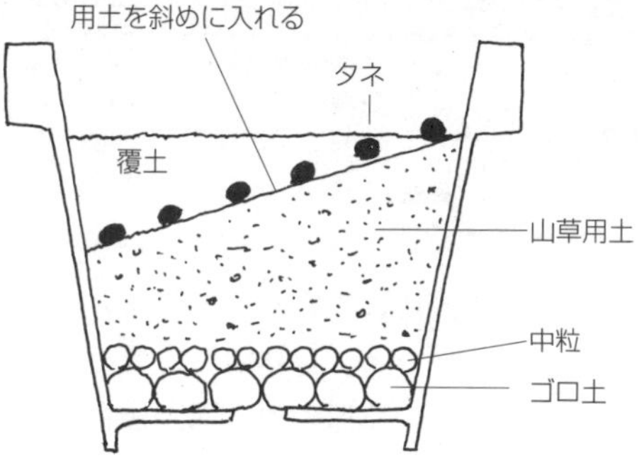

図２　タネをいろいろな深さに播種する方法

の周囲に目印をつけておく)、平らになるように覆土します。

播種した鉢は少なくとも半日は日照がある場所に置きます。日照の少ない場所に置いて発芽したものは、徒長苗になり、タネが小さいので、すぐに栄養を使い果たして、ダウンしてしまいがちです。

２月までにまいたものは、３月中旬以降に発芽します。春４～５月、秋９月にまいても２～４週間で発芽します。

湿度の高いナタネ梅雨や梅雨のころ、双葉から本葉４枚程度になる間は特に、多湿のため立ち枯れ病で全滅することがあります。その時期は、風通しが良く、日照がある、雨に当たらない場所に置く必要があります。

速く大きくするには、本葉が出始めたら２号ポットに植え替えます。葉がポットの縁からはみ出るようになったら、なるべく根鉢を壊さないように３号鉢に植え替えます。春に発芽したものは、翌年には開花します。

ホタルブクロ属の場合、播種した年に発芽せず、翌年発芽したという経験はありません。

▎その他の増殖法

株分けしないと根詰まりで、枯れてしまうこともあります。９月から翌年４月までにロゼットを株分けします。また、長く伸びて鉢中をぐるぐる回っている地下茎には多数の新芽がついているので、根の整理をかねて切り分け、根伏せします。

(秋本 靖匡／千葉県松戸市)

●イワギキョウ
C. lasiocarpa

チシマギキョウと同じような場所に生え、草姿、花形も似ていますが、花は上向きにつきます。また、栽培の難しさも栽培方法も似ています。
本種のほうが水切れに弱く、雨には少し強く、また水を好みます。用土に刻んだミズゴケを少し混合します。

【ホタルブクロの実生のデータ】
①吉岡園芸のタネ
2月24日／播種→4月9日／双葉多数
②前年7月自家採種、冷蔵庫保管のタネ
2月28日／播種→3月19日／未発芽→4月6日／双葉多数
③7月自家採種タネ
8月17日／水で湿したキッチンタオル上にタネを置き、5℃の冷蔵庫2週間、以後室内→9月23日／発芽8割→これを鉢に播種
キッチンタオル上の発芽したタネも問題なく生育

キク科

Arnica unalaschcensis var. *tschonoskyi*

ウサギギク

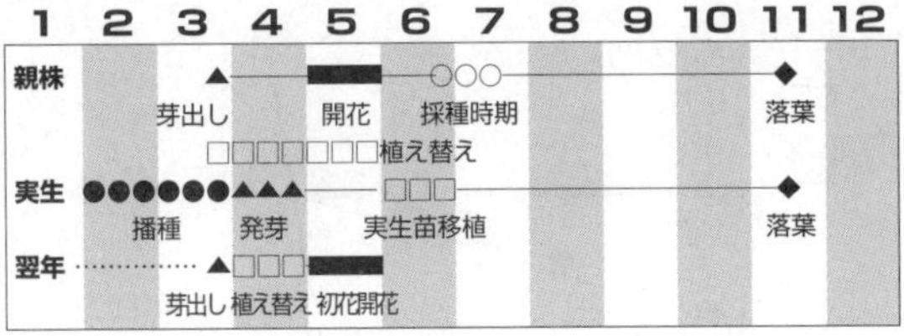

Compositae

絶滅の危険性●大きくはない
分布●北海道・本州中部以北
自生地●高山の湿った草原
種類●落葉多年草

本州中部山脈より北の高山に生える人気の高い高山植物です。夏の高山を歩いていると、森林限界を越えるころから草原が開けてきます。この草原の中に園芸植物とも思えるような大きな黄色い花が目立ちます。これがウサギギクです。雪田の雪解け水が流れる湿った草原などに自生し、ときに小群落を形成します。下部につく短い毛の生えた1対の葉をウサギの耳にたとえてこの名がついたとのことですが、こじつけ的で無理がある…とも思われます。

ウサギギク

栽培法

高山に生える植物のわりには、比較的栽培しやすい植物です。植え替えは、春の芽出しや花の後、秋の初めなど、いずれも可能ですので、傷んだり、弱ったと思ったときに植え替えるのがベストのようです。

水は好みますが、一応高山植物ですので、通気と排水には気を配りたいものです。鉢は乾きやすく通気の良いものを使用して、用土は鹿沼土を主体に、若干の軽石砂などを配合したものがよいでしょう。

高山では夏に開花しますが、低地栽培では5月ごろに花を咲かせます。日当たりの良い湿った草原に生える植物なので、1年中日光の下で風通しよく育てたいものです。水は根が空気を好むので、毎日たっぷりとかけます。

春の芽出しが始まると次々とランナーを出して、大きいものは花芽を抱いています。やせた土地では咲きにくいので、肥培して株の充実を図ったほうが美しい花が見られます。冬は中心がわずかに残るか残らないか程度に枯れて越冬するので、芽を傷めないように乾いた風から保護します。

実生法

［人工授粉］この仲間もほかのキク科と同様、低地の鉢栽培での結実は思わしくありません。花が咲いたら、とりあえず花粉の出ていることを確認して、綿棒でより多くの花

をたたいて人工授粉してみます。ウサギギクの筒状花は両花性ですが、雄しべと雌しべの発達に若干のずれがあるので別な個体と掛け合わせたほうが結実は良いものです。
［タネ］結実すると、約１カ月ほどで茶褐色の短い羽根毛が見えてきます。この羽根毛がタンポポのように開いたら指でつまんでそっとはずしてみましょう。羽根毛の先端に茶褐色の丸いタネがついていたら結実しています。色が薄かったり扁平なものは、未熟か不稔のタネです。
［播種］タネは、やや細かめの培養土に採りまきか、春まきをします。春まきのものは、密閉したポリエチレンの袋に入れて冷蔵庫（２～３℃）で春まで保存します。キク科のタネは乾燥には弱いので、必ずタネが乾かないように保存します。心配な人は採りまきが確実でしょう。
［移植］まいたタネは、春先ごろよりポツポツと発芽を開始します。種類によってさまざまですが、発芽はどちらかというと不ぞろいで、初夏ごろまでポツポツと発芽してきます。まだ発芽するかもしれないと思っていると移植のタイミングを逃すので、最初に発芽した苗が本葉３～４枚ほどになったら移植します。

移植は、根先を傷めないようにまき床ごとにあけて、根を広げて植え込みます。最初の移植は、できるならば夏前に行なったほうが安全で、株の生長も早くなります。肥培してきちんと管理すれば、早いものでは次の年には開花します。秋の肥培は特に効果的で、置き肥と数回の液肥で驚くほどの生長を見せてくれます。

その他の増殖法

［株分け］ランナーで次々と株が出てくるので、植え替え時に株分けをします。なるべく根の多くついているランナーを選んで、あまり小さく分けないほうがよいでしょう。
［挿し芽］たくさんあるランナーを切って挿し芽が可能です。挿し芽は、芽出し直後から開花前までが好ましく、発根したら移植をするとランナーで新芽を出して充実した株になります。初夏以後の挿し芽は、発根しても芽ができないことが多いのであまり好ましくありません。

（富沢 正美 / 埼玉県菖蒲町）

アルニカ・フリギダ（北米産ウサギギク）の実生

［関連種］

●エゾウサギギク
A. unalaschcensis
わが国のウサギギクの母種となるもので、北海道に多く見られます。外見上の違いはあまり見られず、花筒が無毛なものがエゾウサギギク、有毛なものがウサギギクと分類されています。

●オオウサギギク
A. sachalinensis
北海道の一部に稀産するものですが、樺太やカムチャッカなどには多く見られます。全体に大柄で茎葉が多く、花は１茎に数輪を咲かせます。

●アルニカ・モンタナ
A. montana
前種に似たもので、欧州アルプスに自生しています。全体に大柄で花も小ぶりですが、丈夫なものです。

●アルニカ・カミソニス
A. chamissonis

北米産のウサギギクの仲間です。全体にやわらかい草姿です。夏にやや暑がり、開花にも肥培を要します。

Leontopodium japonicum var. shiroumense

キク科

ミネウスユキソウ

Compositae

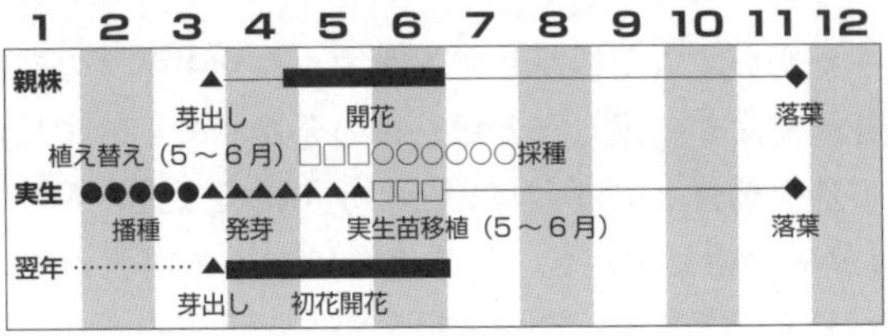

絶滅の危険性●大きくはない
分布●本州中部地方
自生地●高山
種類●落葉多年草

歌でも有名なアルプスの岩陵に咲く白い星エーデルワイスがウスユキソウの仲間です。ミネウスユキソウは、本州から九州の山地に分布するウスユキソウが本州中部の高山帯に上がったもので、全体に小型でずんぐりとしたかわいらしい姿です。花に見えるものは苞葉で、ここに白い綿毛が密生して岩場一面に白い星が咲いたように見えます。

栽培法

ミネウスユキソウは、この仲間では比較的丈夫な種類です。しかし、ほんのちょっとした油断で枯れてしまうのもこの仲間の特徴です。

鉢と用土は通気と排水の良いものを選びます。植え替えは春の花後か秋が好ましく、芽出し前はせっかくできた花芽を傷めることがあるのでおすすめしません。植え替えはすみやかに行ないます。この仲間は特に根が乾きやすく脱水でしおれやすいものです。普段もそうなのですが、特に植え替え直後は毎日たっぷりと水をかけてあげましょう。

芽が伸び始めると中心から花芽をのぞかせてきます。この仲間は芽出しと同時に花芽を出すものと、葉茎が生長しながら花芽をつけるものがありますが、ミネウスユキソウは後者です。花が終わると株の側から次々と新しい芽を伸ばしてきます。

このころに小さなイモムシの食害やハダニの発生などが見られます。葉や株元、用土の表面に小さなクモの糸のようなものが見えたり、葉の一部が巻いてきたら要注意です。また、株元に枯れた葉が重なり、蒸れて腐敗すると病気の発生の原因となります。特に梅雨以後は枯れ葉をこまめに取り除いて、株元を清潔に保ちましょう。

秋の肥培は次年の花房を形成するのに効果的です。秋も深まると地上部は枯れて休眠に入ります。乾いた風で冬芽を傷めないように注意しましょう。

ミネウスユキソウ

レオントオポディウム・モノケファルムの実生苗

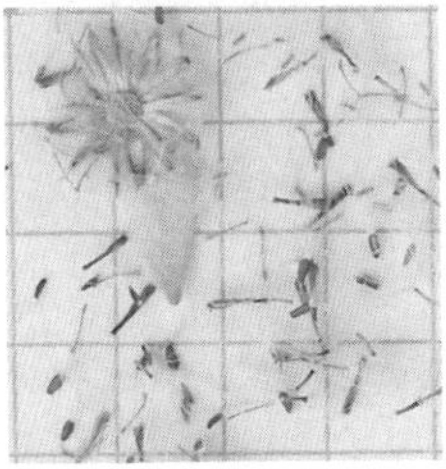

ミネウスユキソウのタネ

▍実生法

[タネ] ウスユキソウの仲間は、低地での栽培ではタネが採れにくい植物です。花が咲いたら綿棒などでこまめにたたいて人工授粉します。花のように見える苞葉中心にかたまるように筒状花が集まっています。それをたたくように授粉します。人工授粉した後は１日くらいは頭から灌水するのを避けて受精を促します。１カ月から２カ月で羽根毛が開いてきたら採種します。このとき、羽根毛がきれいに開いて先端に黒い粒がついていれば結実しています。羽根毛が半開きで抜けにくいものは不稔のタネでしょう。

採種したら、量の多い場合は１度タネを封筒に入れて、思い切り何度か振るとタネだけが分離します。封筒を開けて落ちたタネだけをまくと簡単です。

[播種] タネは、採りまきでも春まきでも可能です。春まきの場合は、冷蔵庫の野菜室などで春まで保存します。まき床はタネが細かいので、表面には細かめの用土を使用します。また、発芽後の生長が早いので、まき床の中ほどに元肥を数粒混入しておくととても効果的です。タネをまくときは、１度まき床に水をかけてからまくと、細かいタネが下に沈まず表面にとどまります。

[移植] 約２週間から１カ月で発芽が始まります。その後２カ月から３カ月で本葉４枚ほどに生長しますので、そのころに１回目の移植をします。

移植は根の先端を傷めないように苗を水に浸しながら移植します。順調に生長すれば秋までにはかなりの株に仕上がります。このころに鉢上げすると、翌年には開花するほどにまで生長するでしょう。

▍その他の繁殖法

[株分け] 植え替え時に鉢いっぱいになったものは、株分けをします。無理な小割りはせず、軽く引っ張って根の多くついた状態で割れるところで分けます。株分け後は脱水を起こしやすいので、数日はたっぷりと灌水をします。

この仲間は株の生長とともに根の発達も早いので、こまめに植え替え、株分けをすることが、株を長持ちさせる秘訣でもあるのです。　　　（富沢 正美／埼玉県菖蒲町）

[関連種]

●ハヤチネウスユキソウ
L. hayachinense
早池峰山の蛇紋台地に自生する稀産種ですが、生産苗が流通しています。やや大型ですが頭花の星形も美しく、最もエーデルワイスに近い草姿。

●ミヤマウスユキソウ
L. fauriei
東北地方の高山に見られ、幾分小型でまとまり良く、頭花の星形も美しいものです。芽出しと同時に花芽をのぞかせ気品があります。ヒナウスユキソウとも呼ばれます。

●エゾウスユキソウ
L. discolor
北海道の岩場や草原に生え、産地により大型のものから小型までさまざまな形態が見られます。茎は直立し、すっきりとした姿をしています。

●チシマウスユキソウ
L. kurilense
この仲間では丈夫なもので、全体に綿毛が多くぽってりとした姿をしています。いろいろと謎の多い植物ですが、最も多く流通しています。

●エーデルワイス
L. alpinum
栽培品では全体に大柄で花も大きく立派な姿になりますが、なかなか頭花の綿毛が白くなってくれません。多く流通しています。

その他にも各種ウスユキソウの仲間は人気が高く、多くの種類が入手可能です。

キク科

Solidago virgaurea var. *asiatica*

アキノキリンソウ

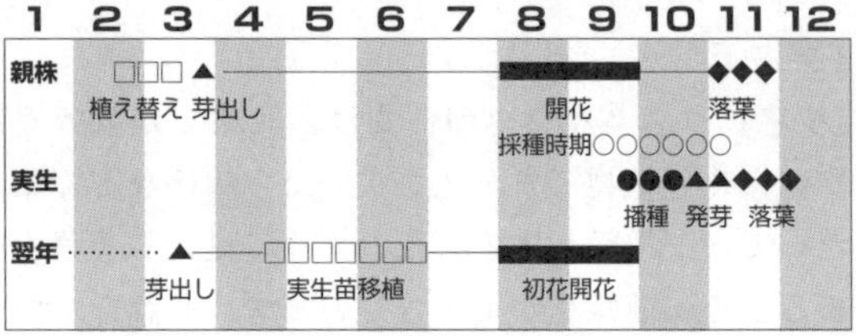

Compositae

絶滅の危険性●大きくはない
分布●北海道・本州・四国・九州
自生地●日当たりの良い山地
種類●落葉多年草

夏から秋にかけて全国の日当たりのよい山野を黄色く彩る花で、黄色の小さなキク形の花を草の頂点に集合させ穂状に咲きます。ベンケイソウ科のキリンソウからこの名前がつけられました。

暑さ寒さにも強く、栽培も容易な初心者向きの山草といえます。一般的には、ミヤマアキノキリンソウ、イッスンキンカ、ハチジョウアキノキリンソウなどの小型種が好まれていますが、栽培法はだいたい同じです。

栽培法

大変丈夫ですから、生育よりも、観賞する上での栽培法に気を遣うことになります。1株だけでなく、2～3芽ずつの株を数株、石を配して浅い鉢に植えたほうがよく見えます。アキノキリンソウは30～40㎝と大きくなりますから、大鉢に植え込んだほうがよいでしょう。

低く花をつけさせるためには、よく日に当て詰めて作るとともに、6月ころに草の切り戻しも必要になってきます。

用土はあまり選びませんが、硬質の鹿沼土や赤玉土に山砂を3割程度混入したものでよいでしょう（例：富士砂、桐生砂、硬質赤玉土の等量配合）。

植え替えは、春先でも花後でもよいのですが、年1回程度は必要です。このとき根が相当ふえていますから、半分近く切り詰めて植え込むようにします。

前述のように、1年中日の当たる場所に置きますが、真夏に下葉が黒く焼け醜くなることがあるので注意が必要です。病虫害も少ないので一般的な手入れで済ませて、肥料は控えめにしたほうが草丈を伸ばしません。

アキノキリンソウ
池の平湿原（高峰高原）

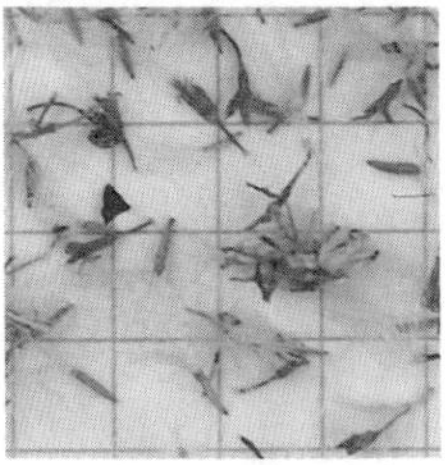

アキノキリンソウのタネ

実生法

［タネ］毛がついたタネが、大量かつ簡単に採取できます。

［播種］発芽があまりよくないので、採りまきをおすすめします。親株と同じ用土を播種鉢に入れ、表面5㎜程度に

微粒砂（土）を敷きます。その上にタネを風に飛ばされないように並べ、やや厚めに覆土します。水は、細かい目のジョウロなら上から灌水しても大丈夫です。

［発芽］２週間ぐらいで発芽します。

採りまきで半分ぐらい発芽したタネの残りを、冷蔵庫に保管して翌春にまいたらほとんど発芽しなかったことがあるので注意してください。親株鉢のこぼれダネはよく発芽しているくらいですから、「採りまき」がおすすめということになります。

アキノキリンソウの発芽
９月播種、翌春４月の状態

［移植］発芽すれば丈夫ですから、本葉２〜３枚以降いつでも移植できます。発芽した年に開花するものもありますが、翌年開花が普通です。

その他の増殖法

株はだいぶ大きくなりますから、毎年株分けができます。株分け時にちぎれて根のない芽が出てきますが、これを挿し芽すればよく活着します。（中瀬 達雄／神奈川県平塚市）

ミヤマアキノキリンソウ

［関連種］

●アオヤギバナ

S. yokusaiana

本州・四国・九州の渓谷岩地に咲き、葉が細く密につく種類ですが、あまり栽培されていません。

●イッスンキンカ

S. virgaurea var. *minutissima*

まさにその名のとおり１寸（３㎝）程度の草丈でコンパクトなため人気があり、増殖苗が多く流通しています。屋久島の高地で日が当たり、湿り気がある場所に自生しています。浅い鉢に石とともに数株を配するとよく、山砂・火山礫などを入れた水切れにも配慮した用土で植え込みます。根腐れ防止のために植え替え時に根を詰めることや、下葉を傷めないよう水・日照に気を使うことなどは、ほかの仲間と同じです。

●屋久島タイプアキノキリンソウ

S. sp.

この名称で売られ、型が小さいため人気のある種類です。屋久島の低い場所に自生しているアキノキリンソウなどの説がありますが、詳しいことはわかりません。栽培には、それほど気を遣う必要はありません。

●ハチジョウアキノキリンソウ

S. virgaurea var. *praeflorens*

ミヤマアキノキリンソウの八丈島型といわれ島の岩場に自生しています。葉は幅広のへら形で光沢があり、鉢では草丈１０㎝内外で花を咲かせます。

イッスンキンカより乾燥気味に作りますが、葉の傷みも比較的少なく、作りやすい種類といえます。

●ミヤマアキノキリンソウ

S. virgaurea var. *leiocarpa*

アキノキリンソウの高山型ということで、亜高山帯では夏の後半に草原を彩りますが、厳密な区別は難しいようです。

低地では初夏の花になり、作り方はアキノキリンソウなどと同じようですが、用土は山砂・礫主体にしたほうがよいでしょう。**コガネギク**の呼び名もあります。

キク科

Chrysanthemum japonense var. *ashizuriense*

アシズリノジギク

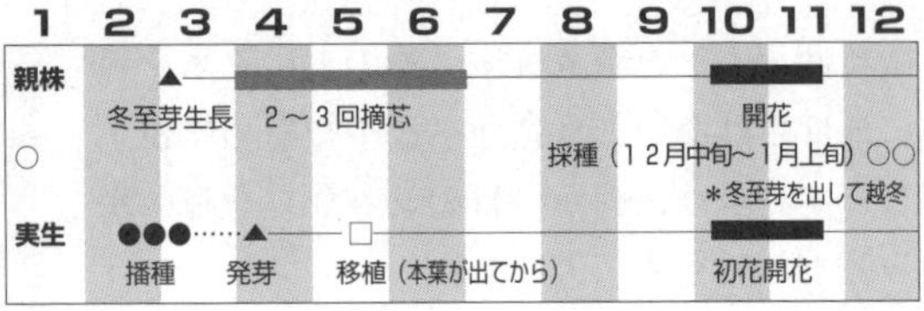

Compositae

絶滅の危険性●大きくはない
分布●四国
自生地●海岸近くの崖
種類●落葉多年草

瀬戸内海から豊後水道にかけて広く分布するノジギクの変種で、葉が厚く3中裂し、葉裏に白毛が多いのが特徴です。高知県の足摺岬から海岸沿いに愛媛県の佐田岬まで分布し、自生地は通常、葉が5中裂するノジギクとの混生状態です。比較的草丈が高くなり鉢栽培に不向きな種が多いキク属の中でも、小型で育てられる鉢栽培向きの種です。春から初夏にかけて2～3度摘芯して育てれば、さらに草丈が抑えられ花数もふえます。

キクの増殖は他種との交雑を避ける要素から、挿し芽や冬至芽の株分けが一般的ですが、他種との交雑に注意してタネを結実させ、実生での増殖も楽しめます。実生では発芽した苗からさまざまな性質の苗ができ、葉姿や花形など園芸的に優れた個体の選別ができます。

花の美しいキク属の植物は古くから園芸品種が作られ、今日でも園芸分野で切り花や鉢花として幅広く利用されています。これらの人工的な栽培ギクと区別する呼び方として野生のキク属は“野生ギク”と呼ばれています。山野草としてよく栽培されている種は、イソギク、シオギク、ノジギク、アシズリノジギク、サツマノギク、ナカガワノギク、ハマギク、リュウノウギク、コハマギク、イワギク、シマカンギクなどです。

アシズリノジギク

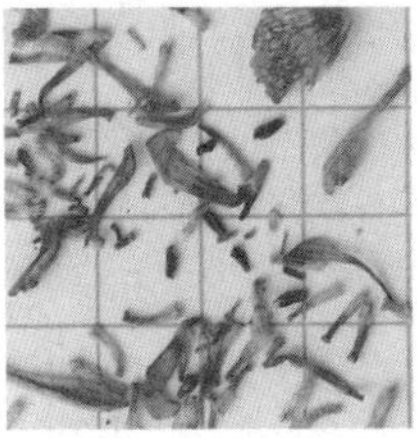

アシズリノジギクのタネ

栽培法

生長が活発で育てやすい種類です。そのまま育てれば草丈が高くなるので、4～6月（7月以降に摘芯すると花芽ができないことがあるので注意する）に2～3回摘芯してわき芽を出させて低く育てます。

植え付けや植え替えの適期は、冬至芽が生長を始める3月ごろで、毎年植え替えます。植える鉢は性質が強く好みの鉢に植え付けられますが、小鉢で小型に育てたり、平鉢に他の野草との寄せ植えも風情が楽しめます。

用土は肥沃な例として、赤玉土、軽石砂に腐葉土やバーク堆肥などを4：4：2の割合で配合します。

置き場所は年間を通して風通しの良い日なたで、少し乾燥気味に育てます。病虫害としては、食害性の害虫やアブラムシの害が比較的多い種で、5～9月に月に1～2度、オルトラン粒剤などの薬剤もしくは木酢液の薄めたものを予防散布します。

肥料は、植え付け時に緩効性の化成肥料を元肥として施す、もしくは植え付け後に有機性の固形肥料を鉢の周囲に置き肥します。追肥として春と花後に同じ肥料の置き肥、もしくは液肥を与えます。

アシズリノジギクの発芽状態

▍実生法

[タネ] 開花が晩秋でタネが熟すのは初冬になります。特に人工授粉を行なわなくてもタネは熟しますが、周りに他のキク（園芸種も含む）があると虫や風などで交雑しやすく、他のキクからは隔離した栽培が適切です。

花後、花弁が茶色くなって縮んだり、飛び去ったりした後に頭花が茶色く変色が始まれば採取します。そのまま日陰で半月ほど乾燥させ、その後フィルムケースなどで保管します。

アシズリノジギクの定植

[播種] タネまきは2月中旬から3月初旬が適期です。採取した頭花をバラバラにしてまけばよいのですが、その中からタネを取り出してまけば確実です。

用土例としては、硬質鹿沼土、赤玉土、軽石砂を4：3：3の割合にミズゴケの粉少量を配合し、3～3.5号程度のポリポットや駄温鉢にまきます。用土の中ほどにマグァンプKなど緩効性化成肥料をひとつまみほど施しておけば発芽後の施肥が省けます。タネをまいた後は、タネのみの場合は不要ですが、花柄くずと一緒の場合は少し覆土します。

まいた鉢は日なたに置き、表土の乾きを目安に水やりを続ければ1カ月ほどで発芽します。

[定植] 生長を見守り本葉が展開すれば定植の時期です。前記の栽培法に準じてポリポットなどに1本ずつ植え付け、草丈が伸びれば下葉3～5枚ほどを残して剪定し、さらに伸びれば再度摘芯して育てれば秋に開花します。

その他の増殖法

［株分け］株分けは、春の植え替え時に鉢の周囲に前年からできている冬至芽を古い株や根と分離し、新しい芽を分けます。

［挿し芽］挿し芽は、草丈を抑えるために切り取った穂を5～8㎝ほどに切り、下部の葉を取り除き、切り口に発根促進剤などをつけて挿せば確実です。用土は鹿沼土など水もちの良いものを使用し、強い風を避けて日陰に置けば1カ月ほどで発根します。　（久志 博信 / 千葉県富里市）

［日本に自生するキク属の植物］

キク属は東アジアを中心に50種ほどがあり、日本には15種ほどが分布しています。これはキク属を*Dendranthema*として分類する場合で、広義に*Chrysanthemum*として分類する場合はさらに種類がふえます。キク属は多年草で葉は互生し、葉の縁に鋸歯、あるいは羽状に深く裂けます。頭花の外側につく花弁のある舌状花が雌花で、中の筒状花は両性花です。日本のキク属の分布は不思議なくらいにその自生地を住み分けています。日本列島を南下しながら主要種を紹介します。栽培法、実生法についてはアシズリノジギクに準じます。

●コハマギク

C. yezoense

北海道の根室から太平洋岸に沿って渡島まで、本州の青森の竜飛岬から太平洋岸に沿って茨城県まで分布。海岸の岩上や草地に生えます。葉は卵形で基部がくさび形、羽状に切れ込みます。茎先に1輪をつけ花は白色、花期は9～10月、草丈10～50㎝、花茎4.5～5㎝。鉢植え向きの種で、剪定をしなくても低く開花します。

●ハマギク

C. nipponicum

青森県から茨城県の太平洋岸に分布し、海岸の崖や砂地に自生します。茎が木質化して小低木化、花は白色、花期は9～11月、草丈50～100㎝、花茎約6㎝。ハマギク属として別属に分類されることもあり、一般園芸の鉢花のほか、公園の植栽などにも利用されています。

●イソギク

C. pacificum

千葉県の犬吠埼から太平洋岸に沿って静岡県の御前崎まで分布、海岸の崖などに群生します。葉は厚く全縁で上半分は浅く羽状に切れ込み、葉裏は銀白色の毛が密生、花は黄色、舌状花の無い筒状花のみの花です。花期は10～11月、草丈30～40㎝、花茎約5㎜。ハマギクと同様な用途に利用されています。ハナイソギクはイソギクと栽培キクとの自然交雑種で、小さな舌状花があります。
同じような花で幾分大きい花がキイシオギク

で、紀伊半島の大王崎から海岸沿いに日の岬まで分布、シオギクの変種に分類されます。
ヒノミサキギクはキイシオギクとシマカンギクとの自然交雑種で、黄色の小さな花弁がつきます。
シオギクは徳島県の蒲生田岬から海岸沿いに高知県の物部川まで分布し、花がイソギクより一回り大きく、花数は少なくなります。

●ノジギク

C. japonense

高知県の物部川から太平洋岸に沿っての愛媛県、九州の鹿児島県、宮崎県、大分県と瀬戸内海の各地の海岸近くの崖に自生します。葉は広卵形で３～５片に切れ込み、周囲に鋸歯があって両面に毛があり、裏は灰白色です。花色は白色から淡黄色、花期は１０～１２月、草丈６０～１００cm、花茎３～４.５cmです。

●ナカガワノギク

C. yoshinaganthum

徳島県の那賀川の川岸に分布。葉は特徴のあるくさび形で３裂し、派脈が目立ちます。葉の表面は緑色で短い毛が有り、葉裏は毛が密生して灰白色。花は白色、花期は１１～１２月、草丈約６０cm，花茎３～４cmです。
摘芯により比較的小型に栽培できる鉢植え向きの種です。
ワジキギクはナカガワノギクとシマカンギクとの自然交雑種で、那賀川沿いの鷲敷町で発見され、その名がついています。

●サツマノギク

C. ornatum

熊本県から鹿児島県の海岸沿いに分布。葉裏は白毛が密生し白銀色で、花は白色、花期は１１～１２月、草丈２５～５０cm、花茎４～５cm。

●リュウノウギク

C. makinoi

福島県から新潟県以西の本州、四国、宮崎県と全国的に分布。葉は卵形で３片に切れ込み、粗い鋸歯、葉の両面は有毛、裏は灰白色。花は白く、花期は１０～１１月、草丈４０～８０cm、花茎２.５～５cmです。
ワカサハマギクは鳥取県から福井県に分布する変種で、葉や花ともに大柄です。

●イワギク

C. zawadskii

北海道から本州、四国、九州に点在する種で山地や海岸の岩場に自生します。葉は羽状に深く切れ込み、花は白色、花期７～１０月、草丈１０～６０cm、花茎３～６cmです。
比較的小型に育てることができ、花も大きい鉢植え向きの種です。

●シマカンギク

C. indicum

近畿地方以西の本州から九州に分布する種で日当たりの良い山麓などに自生します。葉はやや薄く表面に微毛があり、深く羽状に５片に切れ込みます。花は黄色、花期は１０～１２月、草丈３０～８０cm、花茎約２.５cmです。
変種が多く、イヨアブラギク、ツルギカンギク、サンインギク、オッタチカンギクなどがあります。

Syneilesis palmata

キク科

ヤブレガサ

Compositae

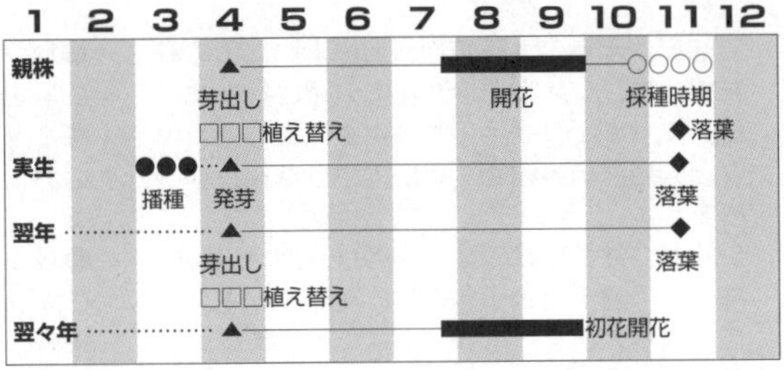

絶滅の危険性●大きくはない
分布●本州・四国・九州
自生地●山地の木陰
種類●落葉多年草

ヤブレガサとは何とも粋な名前でしょうか。春の野山に出かけると、林床の中にあたかも半開きの傘のような芽吹きを見ることがあります。この直立した茎に、半開きの多数切れ込んだ傘のような葉をつけた姿を破れた傘に見立てて、ヤブレガサの名がついたといわれています。

本州の太平洋側を中心に、四国、九州などに多く見られるもので、春の野草として人気の高いものですが、実際に花が咲くのは夏以後から秋にかけてで、花よりも、その独特な草姿に観賞価値を見いだされ、春の野草として人気があるのもおもしろいものです。

野山では大型の野草で、開花期の丈も１m近くになりますが、山草としてのヤブレガサは小鉢で締めて育てたほうが、その持ち味を存分に楽しめます。したがって、実生からの小鉢作りがより楽しむためのポイントとなります。また、この植物は双子葉植物でありながら、子葉は１枚しか出ないというおもしろい特性があるので、そんな姿を楽しめるのも実生栽培の味わい方かもしれません。

最近では、この特徴ある葉姿に白や黄色、亀甲模様などを現わす斑入り品種も多数見いだされ、これらの新品種作出にも実生が一役買っています。この仲間は、山野草専門店や通信販売で健全な苗が入手可能です。最近では美しい斑入り品種も比較的買入しやすい価格になりました。

ヤブレガサ

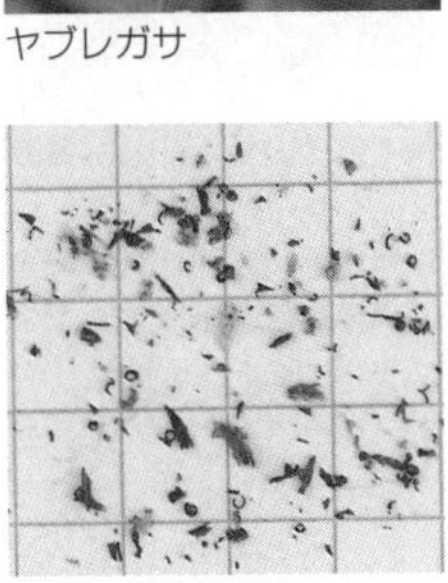
ヤブレガサのタネ

栽培法

野山に生える植物ですので丈夫なものです。植え替えは春の芽出しのころが最も好ましく、白い綿毛に包まれた新芽が出始めたころが適期です。傘のような姿をした葉が完全に開いてから植え替えをすると、時々根が水を吸い上げにくくなって、葉茎がやわらかくしなだれるような状態になり、ともすると枯れてしまうこともあります。芽出しが始まると生長の早い植物なので、発芽したらなるべく早めに植え替えます。

樹林下の植物ですから、用土は水もちの良い赤玉土などを主体として、ほんの少し硬めの用土を混入すると根詰まりなどが防げてよいでしょう。大きな鉢で肥培すると直径30 ㎝を超える見事な傘となり、斑入り品種などはとても美しく見ごたえのあるものです。

また、山草として楽しみたいものは、小さな苗を小鉢に植えて草物盆栽として楽しむこともできます。小鉢植えは乾燥も早いので、用土には保水性の高いケト土や粘土質の荒木田土、ミズゴケ、ピートモスなどを赤玉土に1割ほど混入して植え込みます。

葉が1枚の場合は花が咲きません。晩春のころまでに2枚以上展開したものは、茎が立ち上がり花茎が伸びてきます。花は早いものでは7月下旬ころより、遅いものでも9月ぐらいには開花を始めます。花は1茎に5花から10花ほど咲かせ、キク科独特の頭花は白色か、ときに淡桃色です。花後にはほとんど葉を出さないので、栽培のポイントはいかに葉を長い間保てるかどうかにかかってきます。

樹林下に生える植物ですが、1年中日陰で育てたのではあまり生長がよくありません。やはり、春の芽出しころから本葉が開ききるころまではよく日に当てて、がっしりとした草姿にします。花茎が伸びるころより遮光50%くらいの半日陰としますが、あまり強くない程度の通風は好みます。このころにイモムシやヨトウムシの食害や、ハダニの発生、ウドンコ病などが目につくので注意して観察したいものです。

秋まで葉が残っていれば、少し日に当ててやるとさらに株が充実し、しっかりとした冬芽を形成します。晩秋には地上部はすべて枯れて休眠に入るので、棚下でじっくりと冬を越させます。

斑入りの美しいものは、芽出しから30%くらいのやわらかい日差しでゆったりと育てると、鮮やかで美しい斑を楽しむことができます。品種により栽培法や楽しみ方を変

ヤブレガサ

[関連種]

●ヤマタイミンガサ

Cacalia yatabei

大型の野草で、全体にヤブレガサに似ていますが、葉の切れ込みも大ざっぱで、全体に大柄です。山地にやや自生してランナーで増殖しますが、大型すぎて鉢栽培向きではありません。

●モミジガサ

Cacalia delphiniifolia

日本全国に分布するもので、ヤツデのような葉を次々と立ち上げて秋に白い花を咲かせます。

丈夫なもので、鉢で株立ちにするとヤブレガサとは異なった草姿で楽しむことができます。

●カニコウモリ

Cacalia adenostyloides

本州と四国のやや標高の高い亜高山帯に多く見られるもので、カニの甲羅のような草姿が特徴的です。夏によく群生している姿が見られます。

ヤブレガサより水はけを好みますが、幾分暑がるので、全体に毛が多く山地に生える**オオカニコウモリ**（*C. nikomontana*）のほうが丈夫で育てやすいものです。

えてみるのも、ヤブレガサ栽培のおもしろさです。

実生法

小鉢で楽しむためには、実生からの苗作りが重要なポイントとなります。ところが、肝心のタネの入手が一筋縄ではいきません。

[タネ] キク科の植物の多くは筒状花で、雌しべの中心から雄しべが突出して受粉する構造になっているのですが、これらの多くは栽培下では非常に結実しにくいものです。確実にタネを採るには、綿棒などで咲いている多くの花をとにかくたたいて人工授粉して結実を待ちます。それも朝に晩にと回数多く行ないたいものです。

これらの仲間は、人工授粉の後、完熟するまでには意外に時間のかかるもので、ときに3カ月ほどを要することもあります。タネは最初、筒状の総苞の中で膨らみ始めて、やがて中心から羽根毛が見え始めます。この羽根毛はほとんどの場合、半開きのままで止まってしまっていたらタネは結実していません。きれいに羽根毛が冠状に開いてきたら、指で軽くつまんで抜いてみましょう。羽根毛の先端にヒマワリを小さくしたような硬いタネがついていれば結実しています。この時、タネが偏平なものは未熟か不稔のタネです。完熟したものは、羽根毛を指先でつまんでタネを軽くたたくとポロリと外れて下に落ちるので、これを集めて実生をします。

[播種] 実生は採りまき、春まき、どちらでも可能です。春まきの場合は、採集したタネを密閉度の高いポリ袋などに入れて、冷蔵庫（2～3℃）で春まで保存します。2月下旬から3月中旬に取り出してまけばよいでしょう。採りまきのものも翌年の発芽となることが多いので、苗の生長自体は採りまきも春まきも大差はありません。

まき床は、培養土のやや細かめのものが好ましく、用土の下部に元肥をあらかじめ混入しておくと発芽後の生長も早いものです。

表面にタネをまいたら、タネの厚みか2倍程度の覆土をしたほうが、冬の凍結によるタネの浮き上がりや発芽後の根の浮き上がりが防げます。

●ヨブスマソウ
Cacalia hastata var. *prientalis*
葉の形がムササビ（ヨブスマ）が羽根を広げたような姿からこの名がつきました。バランスの良い葉姿は株立ちにすると意外に美しく、最近では山草店でも扱うところがふえてきました。
これらのヤブレガサに近似の大型の仲間たちは、最近では数多くの斑入り品種も見いだされ、多くの愛好家に親しまれるようになってきました。

●エンシュウハグマ
Ainsliaea dissecta
ヤブレガサとは幾分遠い属のものですが、同様の栽培が可能なのでここで紹介します。
東海地方に稀産する人気の高い野草で、その切れ込んだ輪生状の葉姿と、風車のような淡い桃白色の花は味わい深く美しいものです。
栽培下では梅雨以後の傷みが多く、このころの多湿と日光を特に嫌うので、梅雨以後は必ず半日陰で管理をします。

●モミジハグマ
Ainsliaea acerifolia
つやのあるカエデのような葉を数枚輪生させて、中心から小さな風車ような白い花を初秋のころに次々と咲かせます。
比較的丈夫なものですが、葉の傷みには気をつけてください。

[発芽] 親株の芽出しと同じ時期で、4月の中ごろから下旬にかけてポツポツと発芽を開始します。この植物は前述したように、双子葉植物なのに子葉が1枚といったおもしろい特性があり、展開すると大きなもので百円玉ほどの中心がやや切れ込んだ楕円形の子葉が次々と発芽してきます。

この仲間は1年目には本葉を出すことがあまりなく、通常はこの子葉で1年目を終えるので、この春に展開した子葉を秋まで傷めずに育てます。1年目はこのままの状態で越冬させてかまいません。

ヤブレガサの実生苗

[移植] 2年目の春から小さな綿毛に包まれた芽が発芽してくるので、確認したらまき床をあけて、元気の良い株を小鉢に植え込みます。1カ月もすると小さな傘のような葉が次々と出て、早いものでは直径10㎝ほどの大きさになっています。そのまま小鉢で培養しても、次年には花を咲かせます。

斑入りのものは本葉が出そろうのを待って、気に入った芸の株を移植しましょう。1株ずつポットに植え込むと後の生長も早いでしょう。

その他の増殖法

[株分け] 地下の更新が早い植物で、休眠に入ると古い地下茎は傷んで、その横に次年の芽株を形成します。多くの場合、この時に2倍くらいにはふえているので、芽出しを待って株分けをします。

[根伏せ] 植え替え時に、新鮮な根をはずして根伏せをします。根伏せは晩秋から早春のころが好ましく、通常、植え替えや株分けのときに、太い根が余分にあれば株元からはずして根伏せをします。

根伏せは、植え込み用土に切った根を植えて、根の先端が隠れるように1㎝ほど覆土をします。発芽は遅々としたもので、2カ月から3カ月ほどかかります。発芽したら新根の出ているのを確認して小鉢に植え込むと、約1年で開花株に仕上がります。　(富沢 正美 / 埼玉県菖蒲町)

●コウヤボウキ

Pertya scandens

本州以南の山地に多く見られるもので、この仲間では珍しく草本状の低木です。細く折れやすい茎を次々と伸ばして、1年生の枝の先端に白い頭花を咲かせます。
タネからの開花には3年ほどを要しますが、それだけに楽しみも多いものです。

Aster kantoensis

キク科

カワラノギク

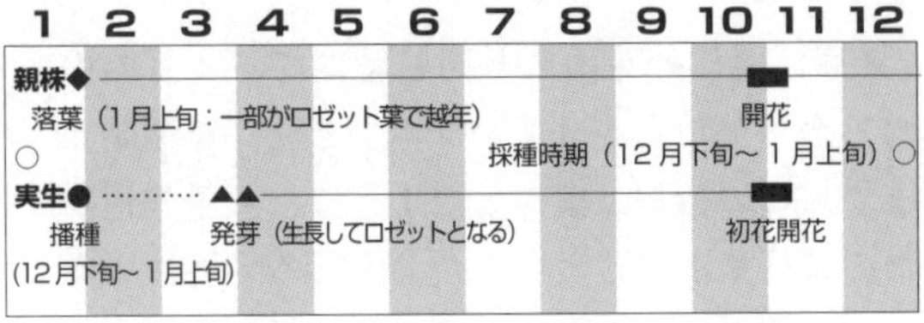

絶滅の危険性●絶滅危惧ⅠB類
分布●栃木県・東京都・神奈川県・長野県
自生地●川原に群生
種類●一年草

Compositae

カワラノギク（11/20）

カワラノギク（6/10）

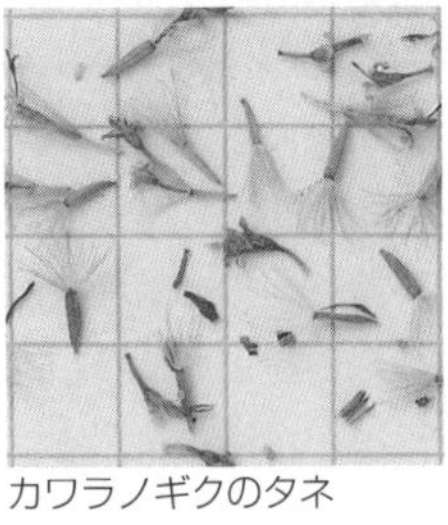
カワラノギクのタネ

秋の野山を散策してなんといっても心に染みるのは、この野趣に富む野ギクの仲間でしょう。それぞれ異なった草姿、花形、色の変化も多く、ひとつひとつ見るとまったく同一種でありながら生育している場所で異なっています。

古来より私たちの祖先も親しんだ川原の名花カワラノギクとは、キク科シオン属で、自生地は多摩川、相模川、鬼怒川などのごく一部の川原だけに分布する学術的に貴重な植物です。1927年、久内清孝氏が多摩川の立川周辺で最初に発見され、京都大学の北村四郎氏により命名されたキク科の夏緑多年生草本（？）半地中植物と発表されています。近年、減少が著しく絶滅危惧ⅠB類に位置付けされています。

カワラノギクの植物特性

カワラノギクは野ギクの中でも花が大輪で、根は太く、茎は直立、高さ30～60㎝くらい、やや粗大で短毛があります。葉は密生し中部のものが大きく、下部の葉は花時にはありません。葉片は倒被針形で表面に短粗毛があり裏面と縁に剛毛があります。

花は10～11月に茎の頂上の枝先に多数の頭花をつけます。頭花は3～4㎝くらい、舌状花は紫色、まれに白色もあります。管状花は黄色、痩果は25㎜ほどで頭卵形、外面に短毛があります。開花した個体は1月上旬に種子を作り、やがて枯れますが、5月にはタネが発芽して実生ができて生長し、茎の短いロゼットとなります。

『多摩の草木記』の菱山忠三郎氏は、「昭和30年代には八王子の恩方周辺を流れる多摩川の支流である北浅川の川原は秋になると霞のようにカワラノギクが咲き誇っていた。残念なことに、沿岸の開発で都市化の波が押し寄せ、生活排水が流れ込み川の汚れによって栄養分の多くなった川原には、勢いの良い帰化植物がどんどん入り込んでしまっています。川は護岸工事によってまっすぐ流れるように狭く規制され、空き地となった川原は整理され、グランドが造られています。多摩川を代表するともいえるこの植物、この先、どのようにこの地方に残っていくのだろうか…」と語っています。

シオン属であるカワラノギクは、瘦果に長い冠毛が付属するのに対して、ヨメナ属では冠毛が短く、ミヤマヨメナ属では冠毛をまったく欠いています。また、ハマベノギク属は筒状花と舌状花で長短2形の冠毛が組み合わさっています。

栽培法

カワラノギクは家庭で栽培可能ですが、非常に旺盛なので暴れてしばしば収拾がつかなくなる場合が珍しくありません。庭に地植えにしても、一面に蔓延して風情がありません。そこで趣味の家庭園芸レベルで楽しむには、小鉢に作り込んでコンパクトにすると栽培棚に置くことができて観賞上も管理上も便利です。

実生法

10月上旬ころより花は茎の先端から順に咲きます。花にはハナアブの仲間とキチョウやアカタテハなどの成虫で越冬するチョウが訪れ、花粉を運ぶ役目を果たしタネをつけます。結実した頭花は薄茶色です。

[播種] タネは採りまきがよいでしょう。12月下旬から1月上旬に播種します。

[発芽] 実生は3月下旬から4月上旬に発芽し、長さ3㎜くらいの楕円形の子葉を開きます。発芽率は良く、発芽時期も関東に生育する植物のなかでも早いほうです。

[移植から開花] 4月下旬より移植を始めます。栽培容器として2～3号の深型ポットを用意し、培養土は赤玉土を単用します。

初夏に光、肥料、水などに恵まれたカワラノギクは早く生長してロゼットとなり、シュートを伸ばし発芽した年の秋に開花します。小鉢で培養土を砂単用とし、締めて栽培した場合は、2年目か3年目に開花し、草丈も低くなります。

（岡村 繁樹 / 埼玉県富士見市）

[関連種]

●イナカワラノギク

天龍川の支流、小渋川の川原に生育しています。伊那地方に分布するヤマジノギクから変化したとの説があります。ヤマジノギクとの違いは、丸石川原に分布しており、高さ５０㎝ぐらい、葉の幅４㎜内外狭いカワラノギクとは舌状花の冠毛が不完全というだけで、よく似ています。

花に変化が多く、シロバナイナカワラノギク、ツツザキイナカワラノギク、シデザキイナカワラノギクなど、があります。

『信州の珍しい植物』（信濃毎日新聞社）より

カワラノギクの保全運動と里親園芸

危機にあるカワラノギクの保全活動を実践している団体、会

多摩川関係：はむら自然友の会、秋川の自然に親しむ会、立川民族の会、多摩川の自然を守る会、日野の自然を守る会、浅川勉強会、日野市役所、野菊愛好会

むさしの野草会：展示会などで種子繁殖した苗を市民に配布し啓蒙運動

相模川関係：平塚市博物館

鬼怒川関係：東京大学大学院理学系研究科付属植物園日光分園

Erigeron thunbergii var. *glabratus*

キク科 *Compositae*

ミヤマアズマギク

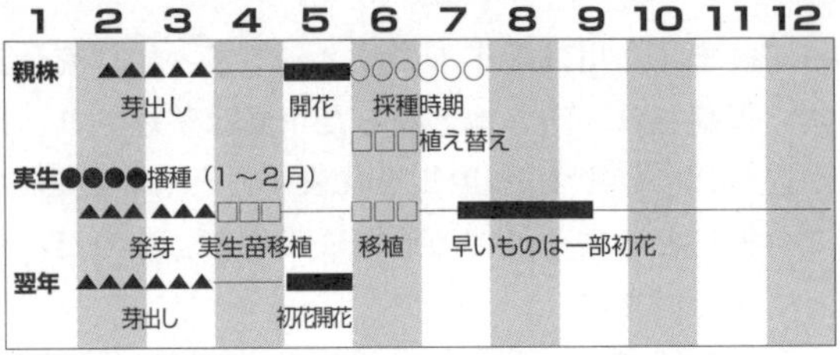

絶滅の危険性●大きくはない
分布●北海道・本州中部以北
自生地●乾いた草原
種類●常緑多年草

北国の高山の草原や岩場に多く見られるアズマギクの変種です。デージーを思わせる桃色の花は、自生地では7～8月に、低地では5月に咲きます。根元に多数の葉を群がらせ、その中から花茎を伸ばします。地域によって草姿などに変化があり、品種に白花や澄んだ桃色があります。

栽培法

1年を通して風通しの良い、日なたで育てます。関東以西の平地ではロックガーデンでも作らない限り地植えは不可能です。丈夫ですが、暑さには弱いので、暑さ対策が重要になります。休眠に入ったならば北風の当たらない、極端に凍結しない場所で保護します。

用土は赤玉土、鹿沼土、軽石の各小粒を2：2：1の割合で混合し、水洗いしてミジンを完全に抜き去ったものを使います。赤玉土が不安な方は桐生砂を使いましょう。根元には花崗岩の粗砂を敷いて根元の通気を確保して腐敗を防止します。

鉢は苗のうちはポリポットでもよいのですが、親株になったら断熱鉢で栽培したほうがよく育ちます。

肥料は季節によって内容を変えます。芽出しから開花までは各要素がバランスよく含まれている液体肥料を、花後から休眠まではリン酸を多く含んだものを与えます。

病虫害はあまりありませんが、ハダニやハモグリバエがつきます。さまざまな植物を食うコナガやヨトウムシの類には注意が必要でしょう。

ミヤマアズマギク

実生法

タネは2㎜ほど、冠毛がついています。稔性が低いので、取り寄せたタネはシイナばかりであることがほとんどです。まずはこのシイナをすべて取り除き、完熟したタネだけを選り分けます。この作業は絶対必要です。

アポイアズマギク

なるべく早く低温湿潤処理に取りかかります。冷蔵庫の野菜室に入れて5～6℃で2カ月行ないます。

実生床は赤玉土、鹿沼土、軽石の各小粒を2：2：1の割合で混合し、水洗いしたものを使います。3㎜ほど覆土をして目の細かいハス口をつけたジョウロで水を与え、明るい日陰で管理します。

2週間ほどで発芽が始まります。発芽が始まりしだい日なたに移します。

苗は本葉が3枚になったら2号のポットに1本ずつ、親株と同じ用土に移植します。5～6枚になったら3号鉢に移してゆきます。

肥料は親株と同じものを与えますが、新しい葉が出続ける限り各要素がバランスよく配合された液体肥料を与え続けて生長を促します。秋には生長が止まるので、リン酸中心の肥料に切り替えます。

秋に蕾がついた株は、春に美しい花を咲かせます。

その他の増殖法

株分けでふやすことができます。花が終わった株は枯れてしまい、それをそのままにすると株全体が腐るので、株分けは維持するのに必要なことでもあるのです。

（辻　幸治／千葉県市川市）

［関連種］

●アポイアズマギク

E.thunbergii var. *angustifolium*

北海道のアポイ岳に固有の変種で、蛇紋岩地の岩場や崩壊地に見られる多年草です。花は白花が多く、淡い赤紫色の株も見られます。

蛇紋岩礫がなくとも問題なく育ちます。断熱鉢で育てたほうがうまくいきます。

●ミヤマノギク

E. miyabeanum

北海道北見地方の一部に稀産する多年草です。草原や岩場に見られます。葉は幅広で、全体に毛深い感じです。

●エリゲロン・アウレウス

E. aureus

北アメリカ・ワシントン州からブリティッシュコロンビアの山岳地帯の岩場などに分布しています。ミヤマアズマギクに似ていますが花は鮮黄色です。

選抜品種のカナリー・バード‘*Canary Bird*’はやや大輪で明黄色の花をつけます。

●エリゲロン・カルヴィンスキアヌス

E. karvinskianus

メキシコ原産の岩場に見られる多年草で、よく生長すると直径1ｍほどにもなるといわれます。花は最初は白で、終わりごろになると赤くなるので「**源平小菊**」、花期が5～10月までと長いので「**無窮菊**」など、いくつかの名で流通しています。

キク科

Compositae

Eupatorium lindleyanum

サワヒヨドリ

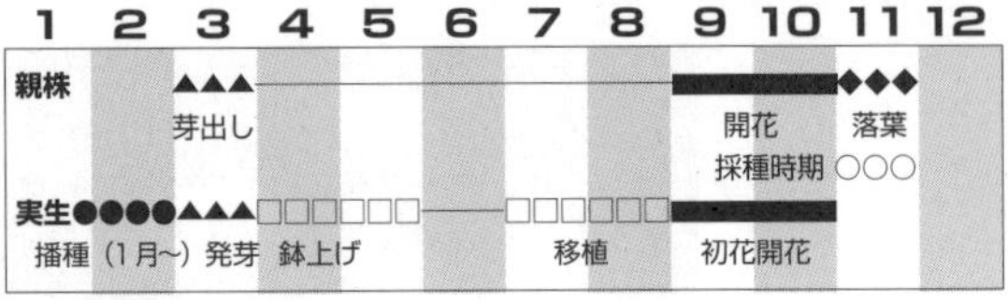

絶滅の危険性●大きくはない
分布●北海道・本州・四国・九州
自生地●日当たりの湿地
種類●落葉多年草

日当たりの良い湿地や湿った草原に見られる多年草で、秋の七草のひとつフジバカマの仲間です。

花は薄紫色で9～10月に咲き、蜜が多いのか多くのチョウや小蜂が訪れます。茎はまっすぐに立ち、華奢ながらしっかりとしています。葉は3裂したものが対になってつき、できばえが良いと枝を出します。

品種に花色の濃いものと、散り斑のものがあります。

栽培法

日なたで栽培します。葉が傷むようなら、盛夏の間だけ30%の遮光をします。水切れにも注意しましょう。1度の水切れで見られなくなります。冬は何の保護もせず置いたままですが問題ありません。

用土は普通の草花を植えるような土のほうがよくできます。私は花壇用の培養土と腐葉土を6：4の割合で混合して植え付けています。鉢は駄温鉢かプラ鉢が良く、ポリポットもよいでしょう。乾きやすい鉢はもってのほかです。一番良いのは地植えです。

肥料は多めに与えたほうが育ちが良く、季節によって内容を変えます。3～7月までは各要素がバランスよく含まれている液体肥料を、8～10月まではリン酸を多く含んだものを与えます。夏も同じように与えます。

病虫害は初夏から発生するウドンコ病、害虫ではバッタの被害が甚大です。ヨトウムシ、コナガもつきます。姿を美しく保ててのなんぼのものなので、発生時期をにらみながら予防に努めます。

注意しなくてはならないのは、ヒヨドリバナモザイクウィルスの感染です。たまに葉脈が黄色、または白く浮き上がっているものがあります。これがヒヨドリバナのウィルス病で、やがて生長も劣り、衰弱して枯れます。弱いながら伝染性があります。珍品として高価に売っている場合も

ヨツバヒヨドリ

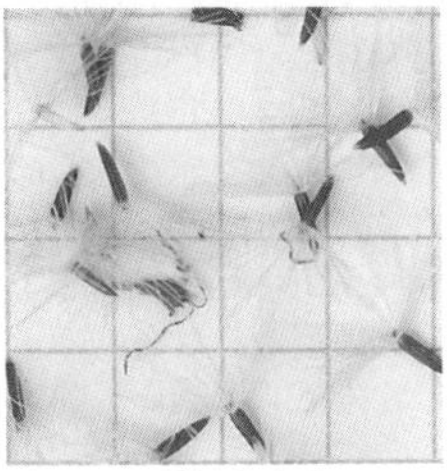

サワヒヨドリのタネ

ありますが、速やかに焼却処分することが必要です。

▍実生法

［タネ］ タネは、大きさが3㎜ほどのゴマ粒のような形をしていて、表面はざらついています。冠毛が生えていて風に乗って飛んでゆきます。痩果なので保管できます。

キク科植物のタネの寿命は短いとされているので、なるべく早く低温湿潤処理に取りかかります。冷蔵庫の野菜室に入れて5、6℃で1カ月行なえば十分です。発芽率は高く、ほとんどすべてのタネが発芽します。ですが、重要なのは前準備のシイナを丁寧に除去する作業です。そのまま低温湿潤処理をすると、シイナにカビが生えて健全なタネまで腐らせてしまいます。ですから、最初にシイナを除去して、健全なタネだけ低温湿潤処理にかけるのです。

［播種］ 実生床は赤玉土、鹿沼土、軽石の各小粒を2：2：1の割合で混合し、水洗いしたものを使います。3㎜ほど覆土をして、目の細かいハス口をつけたジョウロで水を与え、明るい日陰で管理します。1週間ほどで発芽が始まります。発芽が始まりしだい日なたに移します。

［移植］ 本葉が2対出たところで2号のポリポットに移植します。親株と同じ花壇用の培養土と腐葉土を6：4で混合したもので、双葉が隠れる程度に深めに植えるのがコツです。同様に葉が5対になったら3号のポリポットに移植します。

肥料は各要素がバランスよく配合された液体肥料を月に2、3回与えて生長を促します。

こうして順調に生長すれば、秋にはすべての株が開花します。生長もよくそろい、育てやすい植物です。

▍その他の繁殖法

挿し芽と株分けがあります。ほとんどの種類は、実生のほうが圧倒的に効率の良い繁殖法なのであまり意味をなしませんが、フジバカマのようにタネの稔性が極端に悪く株で盛んにふえる種類は、株分けしないと根詰まりで自滅してしまいます。挿し芽の活着率は良く、挿せばだいたい根づきます。

（辻 幸治／千葉県市川市）

［関連種］

●フジバカマ

E. japonicum

秋の七草としてあまりにも有名な本種は、絶滅の恐れが指摘されるほど減少してしまいました。河川の環境変化などが原因です。かつては古い時代の帰化植物といわれていましたが、現在では在来の植物で大陸のものとは少し違うこともわかっています。日本産のほうが花序が大きくて見栄えがします。品種に斑入りがあり、たまに栽培されています。

大陸産の系統は**ムラサキフジバカマ**といわれ全体にやや小型、その名のとおり全体に紫色を帯びます。最近販売されているのは、ほとんどがこの系統です。

ムラサキフジバカマからは純白花が出ています。全体が澄んだ浅緑色で清楚なものです。

フジバカマはほとんどタネをつけず、走出枝を伸ばして盛んに繁殖しますから、毎年株分けしないと自滅します。完熟したタネが得られればちゃんと発芽し、当年秋に開花します。

●ヤクシマヒヨドリ

E. yakushimense

屋久島の固有種で、極小型に作れる唯一の種類です。この仲間で唯一、高山植物扱いをしなければなりませんが、大変丈夫です。

キク科

Leibnitzia anandoria

Compositae

センボンヤリ

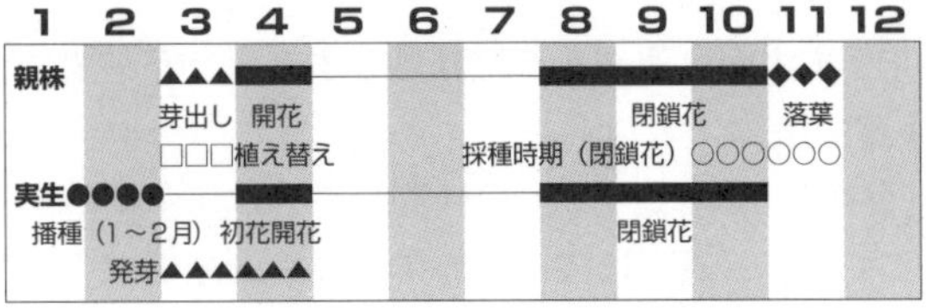

絶滅の危険性●大きくはない
分布●北海道・本州・四国・九州
自生地●山地や丘陵地
種類●落葉多年草

和名の「千本槍」の由来は、秋につける閉鎖花の長い花茎の姿を大名行列の槍に見立ててつけられました。春の花が白から淡い赤紫に変わるので、ムラサキタンポポの名で呼ばれています。

春の花は 10 cmから 20 cmほどの花茎で槍のイメージはありませんが、秋の閉鎖花は 30 cmから 60 cmも花茎を伸ばした姿は、同じ植物とは思えないほどです。1年に2度、しかも異なった形で花をつける草は興味深く、高い人気があります。

春の花は、直径 1.5 cmほどの白い舌状の解放花です。一方、秋の花は 2 cmほどの長さの総苞が閉じたままの閉鎖花です。春の舌状花は雌花で、秋の筒状花は雌雄両性花だとされており、秋にタネが実ると球状に冠毛となります。春花（舌状花）のタネは普通1株に1個の頭状花につける小花 20 個くらいと、秋花の筒状花は1株に花数4～5個と多く、小花数は約 55 個と春花の2倍以上も多く、タネの稔性率も春花が 30%程度なのに対し、秋花は 80%とする研究があります。したがって、実生増殖には一般に秋花の閉鎖花が作るタネを使うことになります。

センボンヤリ

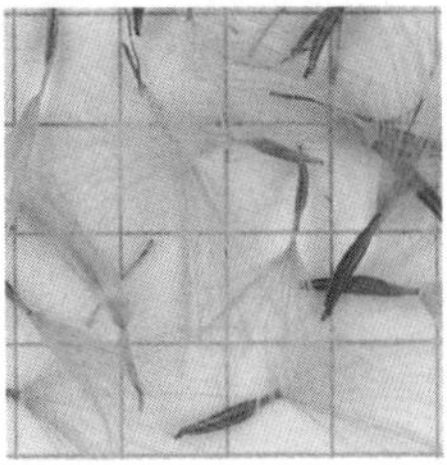
センボンヤリのタネ

▌栽培法

センボンヤリは標高の低いところに生える植物で、タンポポに似た丈夫な草です。栽培は鉢植え、地植えともに容易です。センボンヤリを鉢植えとして栽培するときには、単植よりも平鉢に数株まとめて植え込むと、夏から秋にかけて名前の由来である短穂槍形の閉鎖花が数多く立ち上がり見事です。風情を楽しむには、平鉢に数株をまとめ植えすることをおすすめします。

▌実生法

［播種］ 春に咲いた花の後にできたタネをまくと，翌年の春には開花株に生長しますが、このときのタネは秋の閉鎖

花にできたタネより数がかなり少ないのです。このため、一般的には春咲きにできるタネより、秋の閉鎖花による稔性の高いタネをまくことになります。

タネは、タンポポと同じような球状に開いた綿毛をつけているので、手もみして綿毛を除いてからまくようにします。綿毛がついたまままくと、水やりの際に用土の表面に浮き出てしまうので、面倒でも綿毛は取り去ってからまくようにしてください。

播種用土は清潔でさえあればよく、特に選びません。

播種方法、その後の管理も特別なことはありません。センボンヤリはきわめて丈夫な植物です。地植えでも容易に育ちます。しかし、大きい鉢であまり肥培しすぎると、大株で風情のない草姿となってしまいます。

センボンヤリの閉鎖花

［移植］丈夫で栽培が容易であっても、移植、植え替えの際は、古い用土は避け、そのつど蝦夷砂、硬質鹿沼土、日向土など、新しい用土を使用してください。また、腐葉土のような栄養のある用土は使用しないようにします。

水やりも控えめにし、できるだけ小ぶりに育てることを心がけます。なお、病虫害の予防は大切です。

（石川 律／東京都世田谷区）

絶滅危惧種とは―種の保存法-1

ココメキノエラン
〔*Liparis elliptica*〕
201ページ参照

●国内稀少種

日本で絶滅が特に危惧される種類を守るために1993年に施行されたのが「絶滅のおそれのある野生動植物の種の保存に関する法律」(略称;種の保存法)です。

絶滅の危険性が著しく高くてかつ増殖が困難な種類は「国内希少野生動植物種」（通称；国内希少種）に指定されます。国内稀少種は、生きている個体の採種や傷つけることが禁止されるほかに個体の譲渡も禁止され、違反すれば懲役1年以下または罰金100万円以下の処罰を受けます。ふえた株を草友にあげることも犯罪となります。

現在、ココメキノエラン〔ラン科〕、オキナワセッコク〔同科〕、クニガミトンボソウ（ソノハラトンボ）〔同科〕、チョウセンキバナアツモリソウ（デワノアツモリ）〔同科〕、ヤドリコケモモ〔ツツジ科〕の5種が国内稀少種に指定されています。

（小田倉 正圀）

キンポウゲ科

Ranunculaceae

Thalictrum rochebrunianum

シキンカラマツ

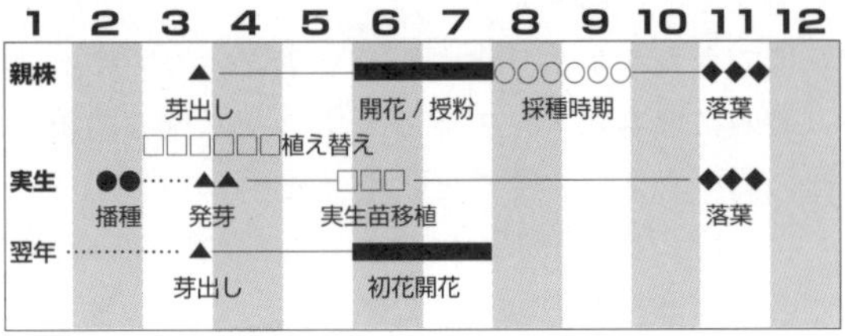

絶滅の危険性●大きくはない
分布●福島県・群馬県・長野県
自生地●山地
種類●落葉多年草

カラマツソウの仲間は愛好家の間では広く栽培されていますが、なぜか人気は他属種や交雑種、外来種などに集中しているようです。この仲間は種類も多く、山野でも自生の花を目にすることが多いのですが、草が大型のため栽培対象になりにくいからでしょうか。

ここではシキンカラマツを採り上げました。山地の湿った場所に自生しています。全体が粉白色の草は１ｍにもなりますが、７～８月ごろ、茎の先に淡紫色の線香花火のような花をたくさんつけます。その花の色から「紫錦唐松」の名がつけられています。

シキンカラマツ

シキンカラマツのタネ

栽培法

鉢で作れば草丈20～30㎝、大変美しい花が咲き、栽培もやさしいほうで初心者向きの山草といえます。

根がよくまわりますから少し大きめの鉢を使い、毎年、根を詰めて植え替えるようにします。根が込み合ってくると花つきが悪くなります。植え替え時期は晩秋か早春ですが、丈夫な草ですからあまり厳格に考えることはありません。用土は、赤玉土など主体の一般的な山草用土でかまいませんが、この仲間はかなり湿気を好みます（例：硬質赤玉土、桐生砂、富士砂の等量配合）。

春秋は日のよく当たる場所に置きますが、夏は葉焼けを防ぐため半日陰の場所で管理します。冬は他の山草同様、寒風を避けるようにします。肥料はマグァンプＫなどの置き肥と、月２～３回の薄い液肥で十分でしょう。アカダニがつきやすいので、夏前に消毒する必要があります。

実生法

［タネ］ 花は多く咲きますが、栽培品ではあまりタネが実らず、多くのタネを採取することができません。タネを採るとき、知らぬ間にこぼれ落ちてしまうことがあるので、

あらかじめ細かな網目の袋をかけておきます。

[播種] ほかの山草と同じように春まで冷蔵庫で保管し、２月下旬ころ、ポリポットなどへまいています。用土の90%は一般山草用土、その上に鹿沼土と蝦《え》夷《ぞ》砂の微粒混合を薄く敷いてタネをまいています。

[発芽] 発芽もあまりよくありません。数十粒のタネをまいて発芽は数本、ということがよくあります。したがって大きくなるまで植え替えないで、そのまま育てています。

カラマツソウ
（７月の乙女高原・山梨にて）

その他の増殖法

[株分け] この種は、根茎を手で割るか、カッターなどで切り分けます。あまり多くには分けられませんが、確実にふやすことができます。　（中瀬 達雄 / 神奈川県平塚市）

[関連種]

●アポイカラマツ

T. foetidum var. *apoiense*

北海道アポイ岳だけに自生するチャボカラマツの固有変種で、自生地では６月ごろ、20㎝程度の草に淡紅色の花をつけます。

鉢で作れば、小型、繊細という感じで栽培家には人気があります。

栽培法は、ほかのものと同じでよいでしょう。

●カラマツソウ

T. aquilegifolium var. *intermedium*

晩夏から初秋にかけて山野を歩けばたくさん見られます。山の花が少ない時期だけに白色の花が群がって咲く様子は、日陰の山道をパッと明るくします。山では草丈が１m以上になるものもありますから鉢植えは難しいかもしれません。

●シギンカラマツ

T. actaefolium

シキンカラマツ（紫錦唐松）の淡紫色に比べ花色が少し白がかっているので、「紫銀唐松」の名がつけられています。日本の中部から南の山地、山林に生えている草丈 50 ㎝くらいのカラマツソウです。

葉と花の色のよさから、自生種の中ではシキンカラマツとともに好まれているものです。

栽培はシキンカラマツに準じます。

●チャボカラマツ

T. foetidum var. *glabrescens*

北海道の高地の岩場に自生し、草丈は 20 ㎝ですが、葉・花が小さいところが好まれています。

●ツクシカラマツ

T. kiusianum

丈夫なこともあって多く栽培されています。

鉢で作れば草丈４～５㎝、淡紫色の花が鉢一面に咲くところが人気の元でしょう。

名はツクシですが自生地がわからず、交雑種ともいわれています。そのためかタネが実りませんが、紡錘形の根茎を分ければ容易にふやせます。

●ヒレフリカラマツ

T. toyamae

宮崎県の岩場に局部的に産するカラマツソウで、10 ㎝内外の大きさと淡紅紫色の花で人気があります。

●ミヤマカラマツ

T. filamentosum var. *tenurum*

全国の渓谷などに自生する白花種ですが、草丈 50 ㎝ということもあり、地植え向きといえます。

●ヤクシマカラマツ

T. filamentosum var. *yakusimense*

屋久島の湿った高地に自生しているミヤマカラマツの地域変種で、10～14 ㎝の草に粉白色の花をつけます。コンパクトな草姿が人気を呼んでいます。

Pulsatilla cernua

キンポウゲ科

オキナグサ

Ranunculaceae

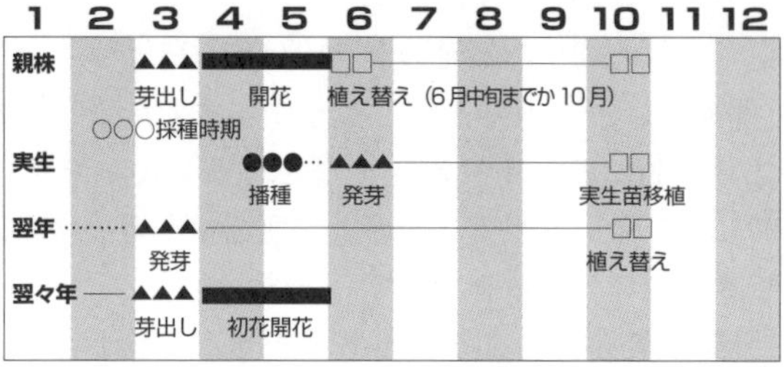

絶滅の危険性●絶滅危惧Ⅱ類
分布●北海道・沖縄を除く全県
自生地●明るい草原
種類●落葉多年草

オキナグサ

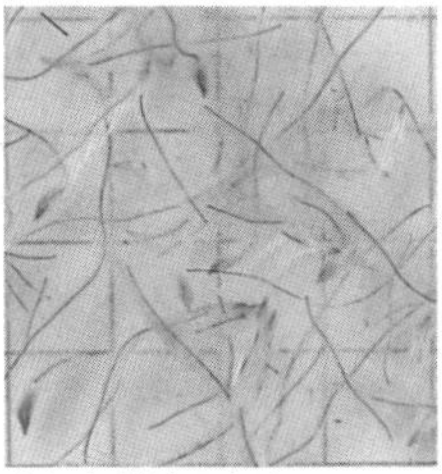
オキナグサのタネ

オキナグサの多くの種類は北半球の山間部の草地か丘陵地帯に分布している多年草です。日本では九州から本州に分布しています。外国種はヨーロッパを初めとして、サハリン、アラスカなどに分布しています。

▍栽培法

オキナグサの根は生長が早いので、毎年植え替えをします。適期は花後の6月中旬ぐらいまでか、秋の10月末ごろがよいでしょう。

春の植え替えは、暖かくなるので細菌予防のために、根はあまりいじめないようにし、切断面には殺菌融合剤などを塗ります。秋の植え替えの場合は、多少傷ついても寒さに向かうので大丈夫ですが、融合剤は使用したほうがよいでしょう。

この草は過湿に弱いので、用土はもちろんのこと、鉢にも気を配り、通気性の良いものを選びましょう。根の張りもよいので少し大きめのものを用います。

用土は、基本的には硬質鹿沼土、硬質赤玉土、軽石または白向砂を4：3：3の割合で混合しています。用土粒は3～8㎜くらいです。3㎜以下はミジンを除いてタネまきのときに使います。

植え替えが終わったら、汚れ水がなくなるまでたっぷりと灌水し、1週間くらいは半日陰に置いてから棚に出します。その間、葉水を忘れないようにしてください。

[置き場] 日当たりが良く、風通しの良い西日が当たらない場所が最適です。高温多湿の夏には弱いので真夏時には日よけをしますが、春と秋には積極的に日を当てます。冬季には、冷たい風で芽が傷まないよう棚下に入れたりコモを掛けるなど、保護してやりましょう。これで適度の湿度

を保持できます。

［病虫害］ アカダニがつきやすいので葉水を噴霧器で葉裏にかけます。ヨトウムシやアブラムシもつきやすいのでオルトランなど殺虫剤を使います。ウドンコ病（殺菌剤）にも注意しましょう。

［肥料］ 肥料はとても好むので、春と秋（リン酸、カリの多いもの）には置き肥をして、そのほかに週1～2回、3000倍の液肥を与えるとよいでしょう。

人工授粉をしなくても結実しますが、なるべく2株以上栽培し、開花2～3日以内に綿棒などで花粉を採って、異なる株の花につけてください。タネは1カ月以内に実ります。放っておくと飛んでしまうので、少し飛んだころに採るか袋をかぶせておきます。

▍実生法

［播種］ 採りまき（5月中旬までにまく）が一番です。残ったタネは冷蔵庫の野菜室に保管します。タネがすぐ手に入らない場合は、翌春にまきます。

タネにある羽毛状の毛は、ハサミで切り落としてまきます。用土は硬質鹿沼土、硬質赤玉土（水もちを考えて）、軽石（または日向砂）を4：3：3の割合で混合して使います。粒の大きさは4㎜以下で、ミジンは取り除きます。覆土はタネが隠れるくらいにします。

播種後、2週間くらいで発芽し、肥培をすると3年くらいで花が見られます。

［灌水］ 表面の土が白くなったら鉢の底から流れ出るまで十分に与えます。また、葉には絶えず霧吹きで葉水をかけてやりましょう。

［肥料］ 発芽したらチッソ・リン酸・カリ（10-3-3）の液肥を4000倍に薄めたものを葉水として与えます。さらに1日おきにチッソ・リン酸・カリ（0-6-5）の2000倍液を与えると根の発達に効果的です。

［植え替え］ 生育状況によっては10月ころに移植をするか、翌年の春に植え替えるのもよいでしょう。

（戸張 恵司／東京都稲城市）

［関連種］

●キバナオキナグサ

P. cernua 'Aurea'

本州以西の山地や草原に自生するオキナグサの素心花です。

●プルサティラ・ブルガリス

P. vulgaris

通称**セイヨウオキナグサ**と呼ばれ、原産地はヨーロッパ中部です。栽培はオキナグサに準じます。

キンポウゲ科

Trollius riederianus var. *japonicus*

シナノキンバイ

Ranunculaceae

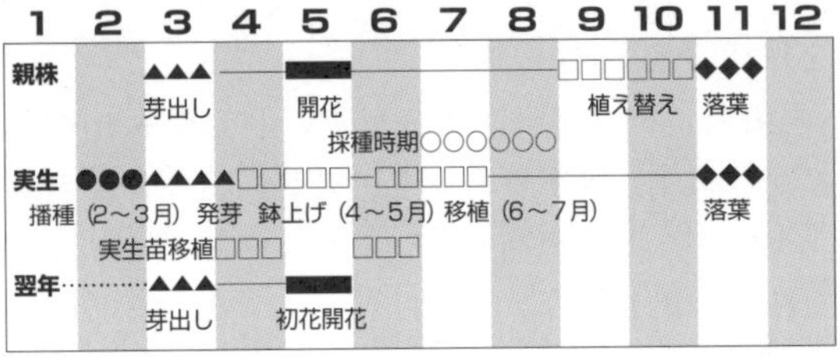

絶滅の危険性●大きくはない
分布●北海道・本州中部以北
自生地●高山の明るい湿地
種類●落葉多年草

亜高山帯のやや湿った草原に見られる多年草で、中部日本のお花畑の代表的なメンバーです。山吹色の花は平地では5月に咲きます。茎はまっすぐに立ち上がって、根元に多数の葉を群がらせます。花弁のように見えるのは萼《がく》で、本来の花弁は小さくて目立ちません。果実は袋果となり、痩果を作るキンポウゲの仲間と見分けられます。

分布はそれほど広くなく、本州中部・北海道と朝鮮半島に分布しています。

シナノキンバイ

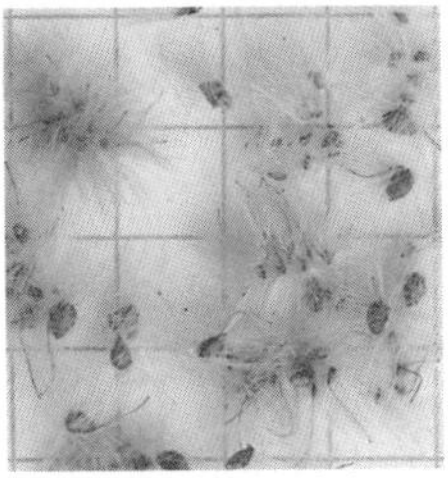
シナノキンバイのタネ

栽培法

関東以西の平地では、ロックガーデンでも作らない限り地植えは不可能です。丈夫ですが、暑さには強くはありません。暑さ対策が重要になります。

3月から5月上旬は日なたに、5月上旬から9月いっぱいは朝日の当たる明るい日陰に、10月から地上部が枯れて休眠に入るまでは日なたで過ごさせます。休眠に入ったならば北風の当たらない、極端に凍結しない場所で保護します。

用土は赤玉土、鹿沼土、軽石の各小粒を2：2：1の割合で混合し、水洗いしてミジンを完全に抜き去ったものを使います。赤玉土が不安な方は桐生砂を使いましょう。根元には花崗岩の粗砂を敷いて根元の通気を確保し腐敗を防止します。

鉢は苗のうちはプラ鉢でもよいのですが、親株になったら断熱鉢で栽培したほうがよく育ちます。

肥料は多めに与えたほうが育ちが良く、季節によって内容を変えます。芽出しから開花まではチッソを主体とした観葉植物用肥料を、花後から休眠まではリン酸を多く含んだ肥料を与えます。夏も同じように与えますが、チッソ不足による葉の黄化が見られたら、そのときだけ普通のチッソ、リン酸、カリが5-10-5で配合されている液体肥料を与えるか、チッソを含んだ葉面散布肥料を与えて治します。

病気や害虫は今のところ経験しませんが、さまざまな植物を食うコナガやヨトウムシの類には注意が必要でしょう。

実生法

［タネ］タネは1㎜強の薄茶色をした細かなタネで、乾燥にはある程度耐えますが長期保存はできないようです。手に入ったら、なるべく早く低温湿潤処理をしてまいてしまいます。5～6℃で2カ月間の処理を行ない、発芽率は60%ほどでしょうか。経験が少ないのでこれが高い数字かどうかはわかりません。

［播種］播種床は親株栽培と同じもの（赤玉土、鹿沼土、軽石の各小粒を2：2：1の割合で混合し水洗いしたもの）を使います。赤玉土の代わりに桐生砂を使ってもよいでしょう。

タネをまいたら浅く3㎜ほど覆土して、目の細かいハス口をつけたジョウロで水を与え、明るい日陰で管理します。2週間ほどで発芽が始まります。発芽が始まりしだい日なたに移します。

［移植］苗は本葉が2枚になったら2号のポットに1本ずつ、親株と同じ用土に移植します。5～6枚になったら3号鉢に移してゆきます。翌年には開花する株も出てきます。

肥料は親株と同じものを与えますが、新しい葉が出続ける限り観葉植物用の肥料を与え続けて生長を促します。秋には生長が止まるのでリン酸中心の肥料に切り替えます。

しかし、全体的に生長は遅いうえ大きさにバラツキが出やすく、栽培法にはまだ改善の余地があります。

その他の増殖法

株分けが行なわれます。しかし、意外に株は大きくなりづらく、なかなか株分けするほど大きくなりません。

（辻 幸治／千葉県市川市）

［関連種］

●キンバイソウ

T. hondoensis

日本の固有種で中部地方の高原と伊吹山の、やや湿った草原やまばらな落葉樹林に見られます。シナノキンバイより大型ですが、自生地の標高はより低いので、栽培はより容易かも知れません。

●ボタンキンバイソウ

T. pulcher

利尻島の高山草原に見られる多年草です。草丈も低く萼片も多くて見事な花をつけますが、暑さに弱く、中級～上級者向き。

●トロリウス・エウロパエウス

T. europaeus

ヨーロッパからコーカサスにかけての湿った草原に見られる多年草。あまり開かないボール状の花が特徴。比較的丈夫です。

●トロリウス・チネンシス

T. chinensis

中国原産の多年草で草丈が80㎝ほどになる大型ですが、花が大きくて美しく、丈夫なので、欧米では宿根草として栽培。

●トロリウス・プミルス

T. pumilus

中国南西部からチベットにかけて分布する高さ20㎝ほどの多年草で、高山植物としての扱いが必要。大変美しい種類。

●トロリウス・ラクスス

T. laxus

北アメリカのロッキー山脈に見られる多年草で、異色のクリーム色の花をつけます。やや小型の植物で、高山植物としての扱いが必要です。

Shibateranthis pinnatifida

キンポウゲ科

セツブンソウ

Ranunculaceae

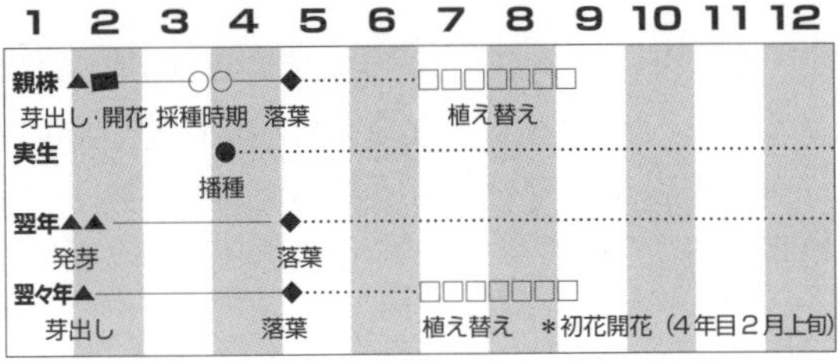

絶滅の危険性●絶滅危惧Ⅱ類
分布●関東・中部・近畿・中国の13府県
自生地●落葉樹林下
種類●落葉多年草

セツブンソウ属の多年草で、この仲間は世界に7種あり、中央アジアから日本に分布しています。春、一番早く東京では毎年節分のころ咲き出します。節分草の名の由来です。自生地の花期は少し遅く2月末から4月ごろとなります。そして、5月初めには地上から姿を消す（東京での栽培の場合）早春植物のひとつで、1属1種の日本特産種です。

本州の関東から西の草原や、落葉樹林の林縁など主に石灰岩地の礫地を好んで自生します。

花は径2cmで白に近い淡紫色ですが、青柄白花や多弁花もあり、花弁に見えるのは萼《がく》で普通5枚です。花弁は5個で黄橙色の先が2裂してY状になり、蜜腺があります。雄しべは多数あって、葯は淡紫色、雌しべは2～5個で、熟成すると袋果となります。タネは1袋に数個あり、茶色で丸く径約2cmです。地下茎は径約1～1.5cmの球根で、分球したり子球を作ってふえることはないので、増殖は専ら実生によります。

セツブンソウ

セツブンソウのタネ

▍栽培法

1年のうち地上に葉のある約3カ月の間に思いきって肥培します。肥料は置き肥と液肥の併用で、根が動き始める10月から、地上部が消えた後1カ月ぐらいまでの間、2000倍の液肥を週2～3回与えます。秋はリン酸とカリの多い割合のもの、花後は葉を長く保つためのチッソの多い液肥とします。また10月と2月の2回、置き肥も与えます。

置き場所は11月から棚上の日なたに出し、休眠した後は棚下の日陰に移し、適湿を保つよう注意します。

用土は特に選びません。その地方で使い慣れた用土でよく（例／硬質鹿沼土、軽石砂、焼赤玉土などを4：4：2の割合で混合）、特に石灰岩を加える必要はありません。

植え替えは2～4年に1度、8月末から9月末までが適期です。球根の深さは表土下3～4㎝です。鉢は深めの厚手で通気性のある焼締め鉢などがよく育ちます。

実生法

セツブンソウの増殖は実生によるしかありませんが、タネの発芽は良く、1度にたくさんの苗を得ることができます。タネは3月ごろ熟すのを待って採取し、採りまきします。覆土は、カビを防ぐため7～10日おいてから行ないます。紙袋に入れて完熟させた場合は、タネが隠れる程度に覆土しておきます。タネは長くおくと発芽率が落ちるので、早めにまくようにしてください。

鉢は、3～4年植え替えない場合は直接観賞鉢にまきますが、1年で小球を植え替える場合は、実生用鉢を用いて実生用土にまきます。

発芽は翌年の1月終わりころで、子葉は単子葉に見える2葉が合着したものです。2年目に本葉が出て、早い球は3年目で咲きますが、ほとんどの球根は4～5年目で開花します。

早春咲きの花ですが、越冬したハエやアブなどが飛び回って受粉し、タネがつきます。しかし、確実にたくさんのタネを得るためには、人工授粉する必要があります。

（石黒 ゆり子 / 東京都練馬区）

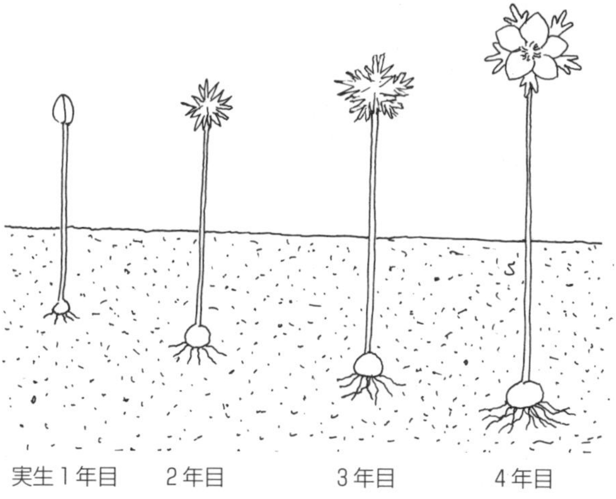

[関連種]

●キバナセツブンソウ
Eranthis hyemalis

ヨーロッパに分布する美しい黄花です。花期は2～3月ごろ、自生地は3～4月ごろです。子葉は2葉で、新球を作ってふえるので、セツブンソウとは異なります。萼は黄色で2.5～3㎝、花弁は緑色で筒型です。
栽培はセツブンソウと同じです。

●ヒナマツリソウ
Eranthis sibirica
中国・朝鮮半島に分布し、花期は3月ごろ、自生地は3～4月のようで、萼は白く2.5～3㎝、花弁は緑色で筒型で、雄しべは多数で淡紫色です。
栽培はセツブンソウと同じです。

●チョウセンセツブンソウ
S. stellata
朝鮮半島北部、中国東北部、ロシアの極東北方に分布する早春植物です。

キンポウゲ科

Adonis ramosa

フクジュソウ

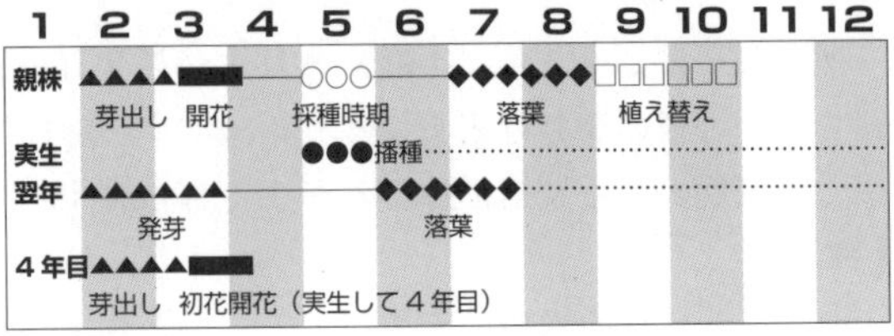

Ranunculaceae

絶滅の危険性●絶滅危惧Ⅱ類
分布●沖縄を除く全国
自生地●落葉樹林下
種類●落葉多年草

和名の由来は旧暦の正月に開花、新年を祝う花として愛されるところから、めでたい名がつけられました。太陽暦になってからも正月の飾り花として促成栽培され、ナデシコ咲き、八重咲き、三段咲き、二段咲き、紅花、白黄花など多くの園芸種が作出されています。また、海外のフクジュソウの仲間には一年草のものがあります。

自生状態では、園芸採集、開発、森林伐採などによって絶滅危惧Ⅱ類に指定されています。フクジュソウは全草が有毒で、誤食すると嘔吐、呼吸困難、心臓麻痺などを起こすといわれます。別名、元旦草、元日草、正月草、朔日草。

栽培法

鉢栽培の場合は6号以上の大鉢に植え込むのが好ましく、その場合も2年に1度は9月から10月に株分け・植え替えが必要です。地植えの場合は、もともと落葉樹の林床に自生する植物ですから、腐葉土を多く入れ肥沃で水はけを良くすることが大切です。

フクジュソウは、早春に開花したあと、葉を展開させて夏に早々と休眠するので、花後の短い展葉の期間に薄い液肥を水やり代わりに与え、肥培することがコツです。葉のある時期に砂糖やブドウ糖の溶液を与え、光合成同化作用を補うことで栽培に効果を上げている人がいます。

正月用の平鉢植え（寄せ植え）のフクジュソウは、根を極端に切られているので、次年度も花を咲かせたいなら、できるだけ早く大きめの中深鉢に植え替えることが好ましいでしょう。

鉢栽培、地植えとも、植え替えのときに緩効性の固形肥料を与え、さらに展葉期か休眠期まで液肥を与え、肥培します。植え替えない鉢にも置き肥を与えます。

フクジュソウ

フクジュソウのタネ

実生法

［播種］フクジュソウの増殖は株分けの方法が多いのです

が、実生増殖がもっと試みられてよいでしょう。ただ、自生種、園芸種を問わずフクジュソウのタネの入手は難しく、またフクジュソウのタネは5月ごろ完熟したとき、乾燥させないうちに播種することが必須です。

いわゆる「採りまき」でないと発芽率が極端に下がり，乾燥したタネはまったく発芽しないことがあります。ジベレリン処理を行なっても成功しないことが多いものです。

実生２年目苗

採取したばかりの完熟したタネを入手したときは、キッチンペーパーに顆粒ジベレリンを少量のせ、そこへフクジュソウのタネを入れ、少量の水をしたためてから、35㎜フィルムのビニールケースにいれて保管し、24時間もしくは48時間後に播種します。用土や覆土は、同程度の粒の大きさのタネの場合と同じでよく、格別の配慮はいりません。発芽してくるまで常に乾かさないよう注意します。

［移植］ 発芽後1年間はそのまま播種床で肥培しながら育て、2年後に3号鉢に移植し、順次鉢を大きくしていくようにします。

休眠中も水やりを忘れず普通に行ない、用土を乾燥させないよう注意してください。

（石川　律／東京都世田谷区）

自生地のフクジュソウ

［関連種］

●ミチノクフクジュソウ

A. multiflora

本州北部から九州までと朝鮮半島、中国北部に自生します。茎が分枝し多くの花をつけます。萼片は花弁より短く、緑色から黒緑色です。花弁の裏側の先端が赤褐色なのが特徴です。

●キタミフクジュソウ

A. amurensis

朝鮮半島から中国北部、シベリア東部、サハリン、日本に自生。日本では北海道の北部と東部に自生し、本州には自生していません。１茎１花、萼片は花弁より長いか同じくらいで紫色を帯びています。葉裏の毛は密生します。

キンポウゲ科

Ranunculaceae

Hepatica nobilis

雪割草

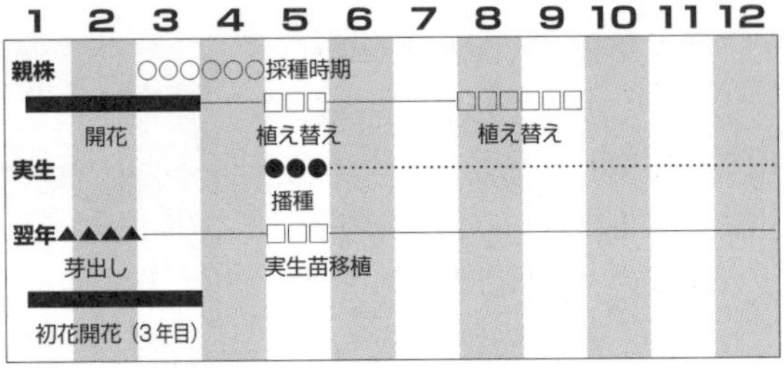

例：オオミスミソウ
絶滅の危険性●大きくはない
分布●北陸から東北地方の日本海側
自生地●山地の林床
種類●常緑多年草

雪割草は暗く長い冬を雪の下でじっとがまんして、ようやく陽の光に春の気配を感じるころ一斉に咲き始めます。春を待ち焦がれる人の気持ちと呼応して、その魅力が一層引き立つのではないでしょうか。

ここでいう「雪割草」は、日本ではミスミソウ、オオミスミソウ、スハマソウ、ケスハマソウの通称です。「ユキワリソウ」と記すとサクラソウ科の別の植物を指しますが、ここでは「雪割草」について解説します。

日本での分布はオオミスミソウが北陸から東北地方の日本海側の地域、スハマソウが関東から岩手県にかけた太平洋岸の地域、ミスミソウが関東南部から中部以西の地域、ケスハマソウが中部地方の一部から山陰、瀬戸内海沿岸の地域へと広がっています。このうち春先に園芸店の店先で見かける雪割草は、ほとんどがオオミスミソウです。これは、オオミスミソウのもつ花の変異の多様性によります。赤、ピンク、紫、白、それぞれの中間色といった花色の変異も多種多様ですが、右記のように分類される花形の変異も特徴的です。

なお、この分類は一般的なもので、それぞれの中間タイプがあり、さらに細分化して呼ぶ場合もあります。他の3種はオオミスミソウほどの変異はありませんが、ケスハマソウが標準花タイプの美花を多く排出しています。

オオミスミソウ標準花

オオミスミソウのタネ

栽培法

ここでは私の住む関東での栽培を基本としています。雪割草は早いもので1月中旬から咲き始め、3月下旬まで次々に開花します。開花から今年の葉が展開し終わる5月初旬までは、十分に日に当てて育てます。この間、2000倍くらいの液肥を水やり代わりに施すとよいでしょう。

ケスハマソウ

5月になると日差しが強くなりますから、日陰に取り込みます。今年の葉がかたまるこの時期には植え替えが可能ですから、施肥で用土の表面が汚れていたり、今年購入したポット苗については植え替えてもよいでしょう。

雪割草の葉は1年限りと思ったほうがよいので、日陰への取り込み、あるいは植え替えの際に、タネを採取し終わった花茎や去年の葉は元から落とします。そのまま取り込むと、夏の間に枯れて、水やりの際に多湿となって病気の元となったりします。

梅雨の間は雨に当てないように管理します。気温が高い状態で過湿が続くのはよくありません。また、入梅から夏にかけては肥料は施しません。

梅雨が明ければ植え替えは可能です。ただし、同時に元

---

1. **標準花**……雄しべ、雌しべとも正常な形をしている。
2. **乙女咲き**…雄しべが退化して、まったくないか痕跡程度にしか残っていない。
3. **日輪咲き**…雌しべは正常だが、雄しべがヘラ状になって日輪のように雌しべを取り囲む。
4. **丁字咲き**…雄しべが花弁化してよじれる。雌しべは正常。
5. **二段咲き**…雄しべが完全に花弁化する。雌しべは正常。
6. **三段咲き**…雌しべも雄しべも花弁化しているが、形状からそれぞれの区別がつく。
7. **カラコ咲き**…雄しべが花弁化して盛り上がり、雌しべを隠すように取り囲む。
8. **千重咲き**…雌しべも雄しべも花弁化して、それぞれの区別はつかない。

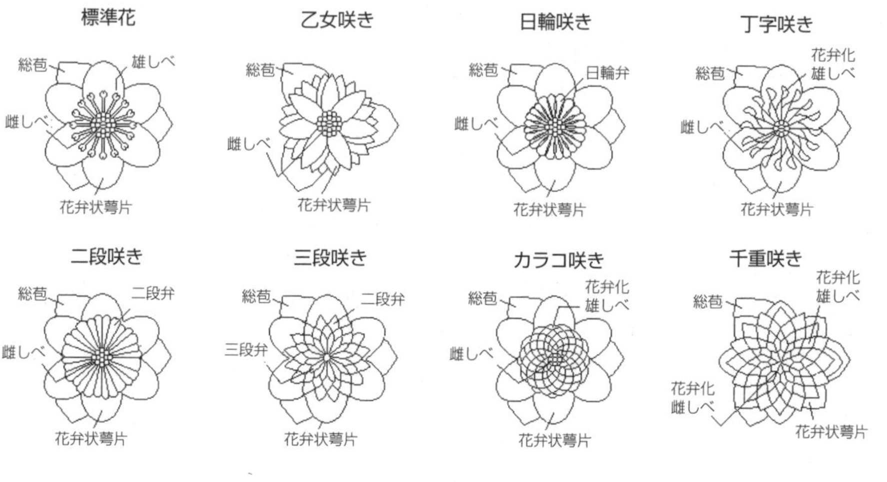

肥を施そうと思うときは、9月の声を聞き、涼しくなってからのほうが安全です。夏に植え替えた場合には元肥は施しませんから、涼しくなってから置き肥を施します。

植え替えた株は、継続して涼しい日陰で管理します。10月になったら多少日に当てても支障はありませんが、日陰のままでも十分に芽は充実します。

12月になって木枯らしが吹くようになれば、風よけをしてやりましょう。その後は穏やかに冬越しをさせます。保温する必要はありません。乾燥した風の当らない、凍らない場所に置くのがよいでしょう。

1月になって日差しに春を感じるようになれば、全日照にして開花を待ちます。この時も乾いた北風と凍結からは保護します。

[植え替えと用土] 用土は硬質鹿沼土を主に焼赤玉土、ヤシガラチップなど（割合は8：1：1くらい）を混ぜて準備します。

基本的には中粒の混合用土で植え付けます。細根の多い株や大株では根の間に十分用土が入らない場合もあるので、同様の割合で混合した小粒の用土も合わせて使うとよいでしょう。その他、中粒だけでは芽が安定しない株についても、芽の周りに小粒を施してやると安定します。

涼しくなって植え替えをする際には、鉢の中段に鉢の内側に沿って緩効性の元肥を数粒施すとよいでしょう。

実生法

[人工授粉] 雪割草の魅力は、人工授粉によって生み出される多様な花容にあるといえるでしょう。言えることは、自分の作り出したい花のイメージをしっかりもって、イメージに添った形質をもつ親株を求めて行なうということでしょう。行き当たりばったりでは、なかなか進歩しません。

雪割草の播種から初花を見るには3年かかると思ってください。生育の良い株、あるいはジベレリンを使った早期育成の手法などが研究されて、2年で花を見られる場合もあります。慣れてきたら挑戦してみるのもよいでしょう。

[採種] 雪割草の花が終わると2週間ほどで、コンペイトウのようなタネができます。手で触れるとポロポロと落ち

[世界の雪割草]

オオミスミソウほどの変異はありませんが、下記のような種類が北半球に分布しています。

●ヘパチカ・ノビリス

H. nobilis

日本の雪割草に最も近い種類で、ヨーロッパを中心に分布します。色は透明感のある青、赤、白などの変異があります。

●ヘパチカ・アメリカーナ

H. americana

●ヘパチカ・アクティローバ

H. acutiloba

どちらも北米に分布。薄いブルー、あるいは象牙色といった花色です。

●ヘパチカ・トランシルバニカ

H. transilbanica

ルーマニアのトランシルバニア地方に分布します。大型でブルーの美花。

●ヘパチカ・マキシマ

H. maxima

韓国のウルルン島分布します。葉がにぎりこぶし大になる大柄な雪割草。草姿に比べ花は小さい。

●ヘパチカ・インスラリス

H. insularis

韓国の済州島に分布する落葉性で小型の雪割草。

●ヘパチカ・ヘンリー

H. henryi

●ヘパチカ・ヤマツタイ

H. yamatutai

いずれも中国四川省に分布。ヤマツタイはその変種とされ、中国峨嵋に産し、5裂した特徴のある葉をもつ雪割草。

●ヘパチカ・ファルコネリ

H. falconeri

インド北方のカシミール地方に分布。形態的にはアネモネ属に近い。

るころが採種の適期でしょう。

しかし、いつもタネの状態を見ているわけにはいきません。そこで小さなポリ袋に通気のために楊枝などで細かい穴をたくさんあけたものを袋掛けして、タネが自然に落ちるのを待つといった方法がよく用いられます。この方法は、雪割草に限らず応用できるでしょう。

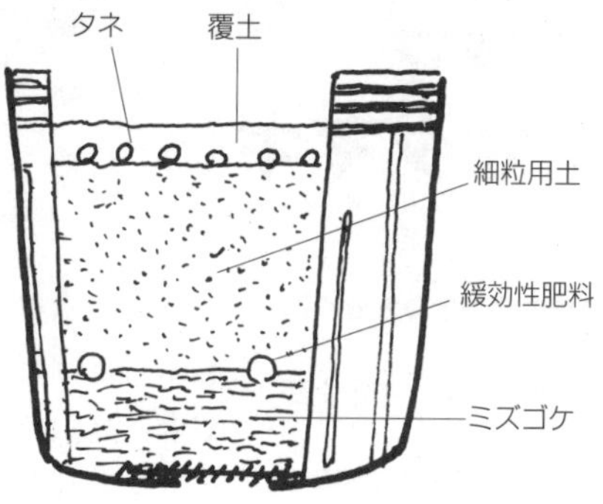

タネのまき方

［播種］雪割草のタネは、基本的には保管が効きませんから採りまきしてください。まき床は、ポリポットの底にミズゴケを敷き、緩効性肥料の大粒を3、4個置いて、さらに、その上に植え替え用土（混合用土）の小粒を敷いて準備しておきます。

タネをまいたら、タネが隠れるくらい覆土をします。ただし、採種が早すぎてタネが緑一色のいかにも若いと思われるときがあります。その場合は播種後10日間ほど覆土をせずに日に当てて、熟成させてから覆土します。

オオミスミソウの発芽苗

この状態で乾かさないように管理し、翌年の春を待ちます。

［発芽と移植］播種の翌年、1月から2月にかけて発芽するので、発芽後はよく日に当てて、2000倍の液肥を水やり代わりに与えます。

発芽した年の双葉はカイワレ葉とも呼ばれ、通常はそのまま年を越しますが、生育が良いと本葉を出す場合もあります。5月ごろ、双葉あるいは本葉がかたまった段階で移植して、肥培します。

移植の時期およびその後の管理は、成株と同様です。

（森谷 利一 / 神奈川県川崎市）

オオミスミソウの果実

キンポウゲ科

Aquilegia flabellata var. *pumila*

ミヤマオダマキ

Ranunculaceae

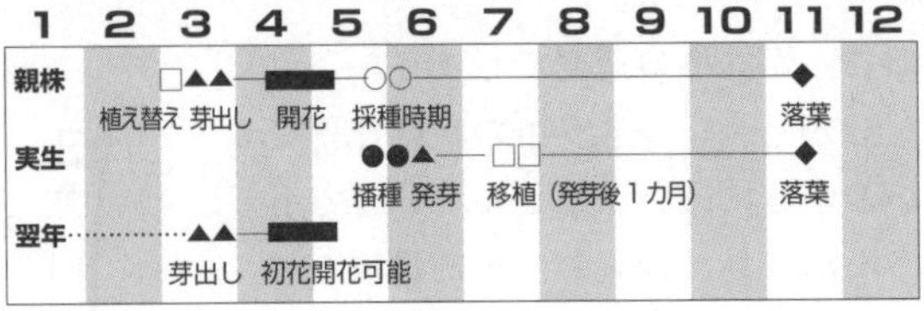

絶滅の危険性●大きくはない
分布●北海道・本州中部以北
自生地●高山の岩礫地
種類●落葉多年草

ミヤマオダマキ白花

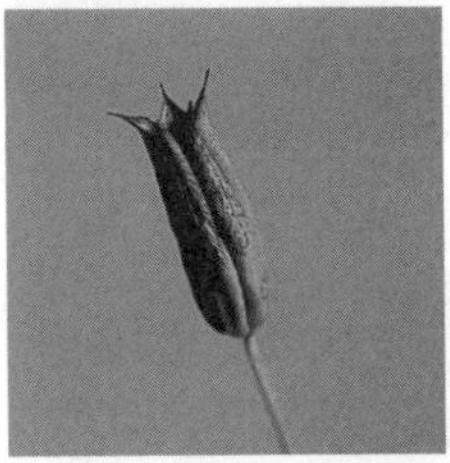
ミヤマオダマキのサク果。4月に開花して5月下旬の状態。サク果はまだ緑色を残しているが、先端から割れ始めている

ミヤマオダマキのタネ

高山の尾根道脇の砂礫地や草地に、青紫色の花をいくつもぶら下げて、涼しい風に揺れているのがミヤマオダマキです。高山では夏の花（7～8月）ですが、下界では春の花（4～5月）といって差し支えないでしょう。

花形にも特色があります。青紫色の花弁のように見えるのは萼《がく》片で、その下の白色で、雄しべ・雌しべを取り囲んでいるのが花弁です。先端が距となって上方に伸び、その先がくるりと丸まっています。

花びらがはらりと散ると、下向きの子房は上を向いて膨らみだして、タネを結びます。開花からタネが実るまでの日数は､短い部類に入るでしょう。4月半ばの開花ですと、5月下旬にはサク果が緑色から茶色に色づき出し、サク果の先が割れてくると採種適期となります。

栽培上の注意点

花後から夏の暑い時期に葉ダニがよくつき、吸汁されると葉が白茶けてくることがあります。このようなときは殺ダニ剤を散布します。

実生法

[タネ] ゴマを指先でころころと丸めて、ニスで光沢を与えたようなタネです。親株が1鉢あればタネがつきますが、同属の種が近くにあると、交雑しやすいので注意を要します。

[播種] 5月中に採種できたら、採りまきにします。この場合、1週間くらいで発芽しだし、夏前に本葉2～3枚の苗にまで育ったら、移植をしてやります。肥培を心がけると、翌年春の開花も可能です。3号鉢なら3本ほど寄せ植えして、置き肥、水肥で株を充実させましょう。秋のうちに花芽を形成させることが肝要です。

タネの交換会などでの入手時期は冬になるでしょうから、2月初めくらいまでにはまき終わりたいものです。発

自生地のミヤマオダマキ（南アルプス）

芽は3月半ばごろになります。やはり、夏前に1度、そして秋風が立つ9月にも移植を行なうのがベストです。初めから大きな鉢に植えずに、第1回目は7.5㎝の黒ビニールポットに1本植えにします。2回目の移植に際しては、何本かを寄せて本鉢仕立てにしてもよいでしょう。

▍その他の増殖法

［株分け］ ひとつの根株が大きくなり、発芽点がいくつもできる形でふえます。翌年は全体として、花芽もたくさんつきます。春3月ころに根株を水洗いすると、発芽点がわかります。小分けにせず、芽をいくつかつけてナイフなどで切り込みを入れて割るようにします。かなり強制的な手術のような株分けとなります。切り込まれたところから腐敗しないように、墨を塗ったり、硫黄をすり込んでおきます。

しかし、実生が容易で、初心者が取り組むのに最も適した植物のひとつでもあり、実際には株分けはあまり行なわれていません。

（大橋 秀昭 / 神奈川県横浜市）

［関連種］

ミヤマオダマキには、基本の青紫色花のほかに、白色花、桃色花もあり、これらも実生で増殖されています。

なお、産地によって非常に矮性のタイプがあり、この性質は実生によっても受け継がれます。産地名を付して○○ミヤマオダマキと呼ばれることがあります。

●オダマキ

A. flabellata

学名上はミヤマオダマキの母種ですが、古くミヤマオダマキが下界におろされて園芸化されたもので、やや大型化しています。

●ヤマオダマキ

A. buergeriana

山地の林縁、草原などに生え、高さは80㎝くらいにまでなり、萼片は紫褐色で、花弁は淡黄色です。やや大きくなるので地植え向きです。

●キバナノヤマオダマキ

花全体が淡黄色の品種。やや草丈が大きくなるので、鉢植えよりも地植えに向いています。

●カナダオダマキ

A. Canadensis

その名のように北米産です。やや細身の赤色花を咲かせます。

"Nana"という矮性品種が鉢植えにも適し、多く作られています。いずれも実生が容易です。

Anemonopsis macrophylla

キンポウゲ科

レンゲショウマ

Ranunculaceae

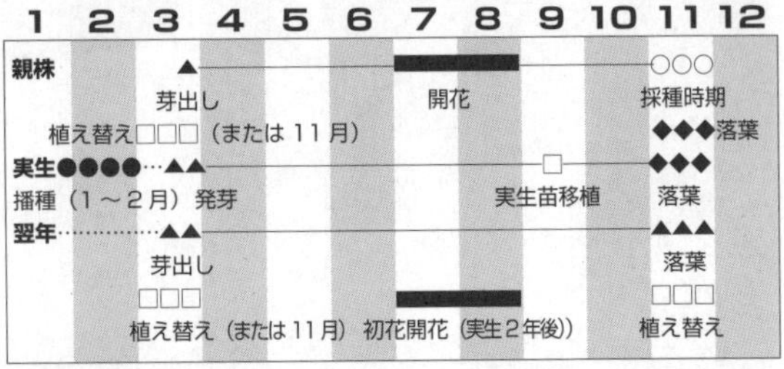

絶滅の危険性●大きくはない
分布●本州
自生地●深山の木陰
種類●落葉多年草

山地の落葉樹林下で、湿り気を含んださわやかな風が吹き抜ける日陰地に入ると、夏の暑さでほてった体の汗がスーッと引いていく、そんなところを好んでレンゲショウマは生育しています。

白かと思えばそうではなく、ほんのりと薄紫色を帯びた萼片は、つややかでまるでロウ細工のよう。そんな下向きに開く花の真ん中に雄しべ・雌しべを丸く取り囲んだ花弁は、下半部が濃い、やや赤みをふくんだ紫色で、それらの取り合わせは絶妙というほかありません。また、開花前の蕾は1cmほどの緑の球で、風に揺れる姿はたとえようもないくらいかわいらしいものです。自生地では丈が最高80cmほどにまでなるので、地植えにも向きます。

1属1種で、さらに日本の固有種であると聞くと、いっそう大切にしたやりたい気持ちに駆られます。

自生地（南アルプス山嶺）のレンゲショウマ

下向きに咲くレンゲショウマの花には気品がある

栽培上の注意点

地植えはもちろん、鉢植えした場合は、その置き場をできるだけ自生の環境に近いところを探してやることが肝要です。梅雨明け後の蕾を上げるころは、昔でいう水無月でもあり、都会地では乾いた熱風が吹きやすくなります。私の家も都会の住宅地で、東はすぐ2階屋、南は道路、北と西はお寺の広大な駐車場で、東側の2階屋との間の狭い通路の棚に置くのですが、そこを乾いた風が吹き抜けます。

正直言って、毎年蕾は上がるのですが、蕾が乾いて茶色く変色したりして、そのためひきつれたようになり、ゆったりと開花してくれないといった経験をさせられています。せめて鉢への灌水のほかに、あたりに打ち水をしてやることに気を遣っています。

実生法

［タネ］わが家では、開花後もタネがうまく実ってくれま

実生したレンゲショウマ
発芽後、丸２年後の春

サラシナショウマ
のブラシ状の花穂

せん。やはり今ひとつ環境が悪いのかもしれません。

タネは縦３～４㎜、横1.5～２㎝、厚みも１㎜強、山野草のタネとしてはかなり大きい部類に入り、食べたあとのトウモロコシをギュッと縮めたようなしわしわで覆われており、特徴あるタネといえます。

［播種］ タネは指で十分つまめるほどの大きさで、発芽苗も本葉を出してくると小さいとはいえぬほどになるので、ここはあえて初めから６号平鉢に10～15粒をまいて（播種後の鉢を１～２月の寒さに当て）、そのまま夏を越させてみてはいかがでしょうか。

用土は特にこだわりません。いわゆる山草用土として自分でブレンドした砂などで結構です。

ただ実生苗をそのまま置く関係から、用土の中ほどのところにマグァンプＫの小粒をパラパラとまいておくとよいでしょう。また、実生鉢は砂を満たした薄いポリトロ箱に水をたっぷり与えた上に置いて、鉢と周辺の湿度を保つ工夫もしてみてはいかがでしょう。

［移植］ ９月半ば秋風の立つころ、もしくは翌年半ばに行ないます。５号鉢に１本植えにして、株を大きく育てることを心がけましょう。それでも開花は、さらに１年後の夏になります。春に伸びた葉とは別に、株から花茎を立ててきます。

その他の増殖法

［株分け］ 根株が大きくなり、数カ所に芽ができる形でふえて株立ちとなります。春３月半ばの移植の際に株分けをしてやります。全体として大きな根株で分けられるところをこじるようにしてわけることができます。

（大橋 秀昭／神奈川県横浜市）

［関連種］

１属１種で固有種とくれば、近縁種のものはないということになります。しかし、同じキンポウゲ科でショウマの名をもつものをいくつかとりあげてみます。

●サラシナショウマ

Cinicifuga simplex

高さ1.5ｍにもなります。夏の高原などで20～30㎝にもなる円柱状の穂に密につく白花が目立ちます。サラシナは晒菜で、水にさらして食べたためとされます。大きくなりすぎるので、あまり栽培されません。

このほか、イヌショウマ（*C. japonica*）、オオバショウマ（*C. acerina*）、ルイヨウショウマ（*Actaea asiatica*）などがあります。
名称的に類縁性を思わせるのが、まったく縁のないユキノシタ科に属する**キレンゲショウマ**（*Kirengeshoma palmata*）です。和名がそのまま属の学名になっています。日本人が日本の雑誌に最初に発表した記念すべき属で、１属１種。紀伊半島、四国、九州に分布。丈が高くなり、これも地植えに向きます。

キレンゲショウマ
覆輪斑の個体

ケシ科

Papaveraceae

Dicentra peregrina

コマクサ

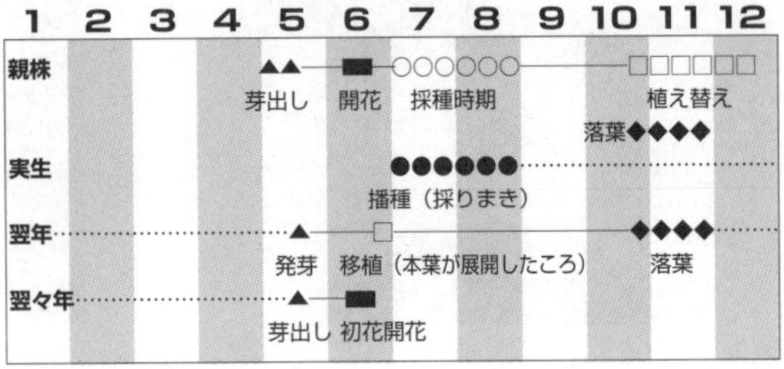

絶滅の危険性●大きくはない
分布●北海道・本州中部以北
自生地●高山の礫地
種類●落葉多年草

コマクサ

コマクサのサク果

コマクサのタネ

日本では本州北部・中部および北海道の高山帯の他の植物が入り込めないような砂礫地に見ることができます。したがってコマクサだけが群生することが多く、コマクサ平と呼ばれています。その孤高な姿から、高山植物の女王とも呼称され、山草栽培家のあこがれの花のひとつです。わが国ではコマクサ属は１属１種で、関連種はありません。

栽培法

栽培はやや難しい部類に入ります。

自生地では砂礫の中に１ｍ近くも柔軟な根を伸ばしています。草姿の割に根量が多いのが特徴です。したがって、鉢栽培では根詰まりを起こしやすく、要注意です。また、根の温度が上がるのを嫌がります。

芽出しは桜の散ったころからで、パセリ状の葉を展開してきます。当地では５月中旬になります。開花は葉の展開が始まってから１カ月後くらいです。

用土は火山礫（軽石砂）単用で、２～８㎜のやや粗めのものを用います。植え替えは、葉が枯れて休眠に入った秋遅くか、葉が展開する前の早春に行ないます。古根をきれいに取り去り、白い新しい根だけで植え付けます。長い根は切り詰めます。この切り落とした根は、根伏せに使用できます。鉢はできるだけ大きいものを使います。できれば６号以上の深鉢が望ましいでしょう。

置き場所は風通しが良く、日の当たる場所に置き、雨を避けて栽培します。

肥料を好む植物です。葉の展開と同時に緩効性の化成肥料を置き肥します。さらに週１回、規定倍数の液肥を施します。乾燥には比較的強いので、水やりは用土の上部が乾いてから鉢底から流れ出るまでたっぷりとやります。

人工授粉の方法

播種方法

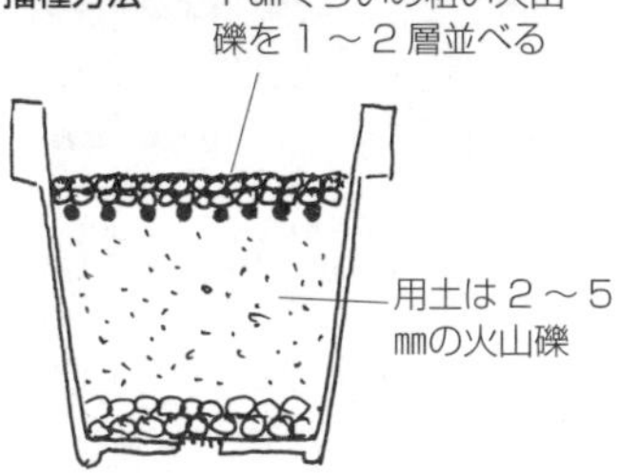

根伏せの方法

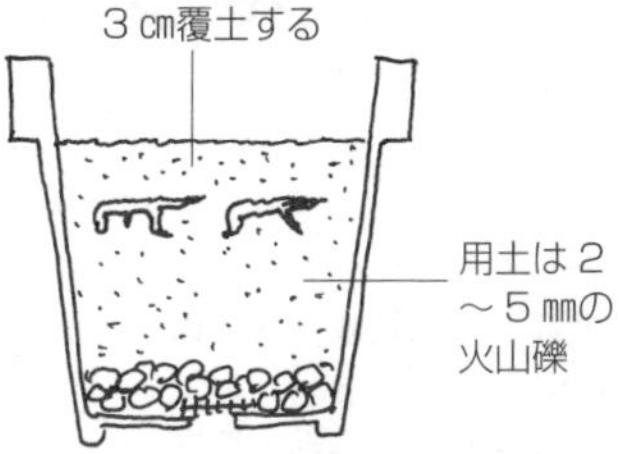

▍実生法

［タネ］　タネを得るためには人工授粉が必要です。その時期は、外側の花弁が反り返るころに、内側の花弁の先端部を指で軽くつまみます。受精するとやがて内側の花弁の先から柱頭が伸び出してきます。

受粉した花は子房が膨らみ、成熟するとサク果は裂けて中の黒いタネが見えてきます。また、このころ花に軽く触れただけで落花します。この時が採種時期です。

［播種］播種は採りまきを原則とします。保存する場合は、必ず湿らせた状態で冷蔵庫に保存します。

播種方法は、2～5㎜の火山礫単用とします。用土を鉢に入れ、その上に1㎝くらいの火山礫を1並べします。その上からタネをまきつけます。タネは次々と採れるので、そのつど播種します。発芽は翌年春になります。

注意することは、播種したタネを絶対に乾燥させないことです。乾燥させると休眠が深くなり、発芽が遅れます。1年で発芽しないからといって播種床を捨てずにもう1年待つことが必要です。コマクサについて試みたところ、数は少なくなりますが4年目に発芽したタネもあり驚かされました。

［移植］翌春、1枚の細長いへら状の子葉を展開してきます。双子葉植物なのに双葉ではありません。やがて、細かい切れ込みのある本葉を展開してきますと移植の適期です。移植用土は、播種床と同じか親株と同じ用土にします。

移植後は肥培します。生長の良いものは発芽の年の秋口に花をつけるものもありますが、通常は翌年開花します。

（足立 興紀／北海道江別市）

コマクサでは白花が一番丈夫だといわれています。それは白花品は100％実生で出現するため、世代交代が繰り返され丈夫なものが残っていったためであるといわれています。実生の大きな利点の現われです。

●その他の増殖法

［根伏せ］ 春の植え替え時に伸びた根を切り取り、用土の上に水平に並べ、同じ用土で3㎝覆土しておくだけです。早いものは1カ月ほどで葉を展開してきます。根の太くて細根の多いものほど展開が早い傾向があります。根の太さが0.7㎜以上あれば、葉の展開が期待できます。

栽培用土と同じ用土を用い、床はやや乾き気味に管理します。

展葉してきたら肥培を開始します。始めは規定倍数の液肥を、さらに2倍に薄めて水やり代わりに施します。1カ月後くらいから規定倍数に戻します。

移植は翌春、芽が動き始める直前に行ないます。あとは親株と同じ管理です。

Hylomecon japonicum

ケシ科

ヤマブキソウ

Papaveraceae

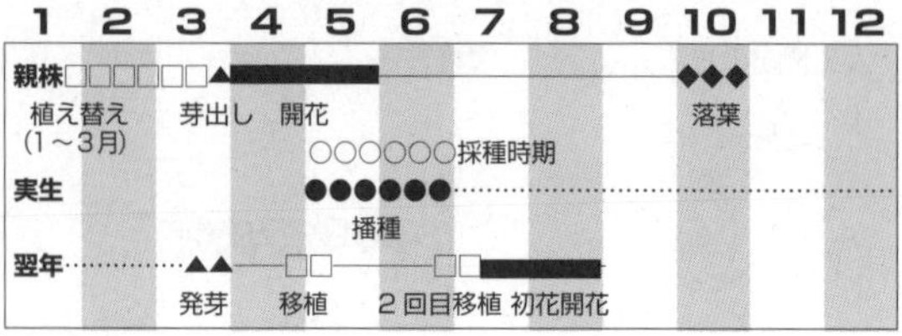

絶滅の危険性●大きくはない
分布●本州・四国・九州
自生地●高山の礫地
種類●落葉多年草

本州、四国、九州の山野の木陰に生える多年草で、高さは30㎝ぐらい、茎や葉に黄色の液を含みます。根生葉には長い葉柄があり、5〜7枚の小葉からなる羽状複葉で、縁には鋸歯があります。萼《がく》片は緑色で2枚、花時に落ちます。4弁の花は黄色で約4㎝、細長いサク果は4〜5㎝ぐらいです。花がヤマブキに似ているのでこの名がある有毒植物です。

ヤマブキソウには、ホソバ、キクバ、セリバと葉の形に変異が見られます。

栽培法

ヤマブキソウは3月下旬から生長を始め、4月から1カ月半程度次から次に花を咲かせます。親株は春、開花まで一気に生長し、その後は葉を落とすまでそのままです。花の終わった株は半日陰に置き、できるだけ長く葉を残すようにします。葉の落ちた株はそのまま冬を越させ、3月中旬までに植え替えます。

培養土は、硬質赤玉土、硬質鹿沼土、軽石、ベラボンを3：3：2：2の割合で混合して使っています。ベラボン以外の用土はあらかじめふるってミジンを除いておきます。植え替え1日前にはベラボンを水に浸けておき、植え替え時に湿らせた混合土とベラボンを混合して利用します。

実生法

[タネ] タネを採るための人工授粉は、柱頭(雌しべ)の先端が割れたときに花粉をつけます。

人工授粉に成功した雌しべは、3㎜ほどの太さで長さ4〜5㎝のサク果に生長します。サク果の中には1㎜ほどの丸い粒のタネが並んでいます。

[播種] 親株と同じ培養土をポリポットに用意しておき、採取したタネは採りまきします。特に覆土しなくても用土の間に自然に落ち着きます。そのまま水を切らさずに管理

ヤマブキソウ

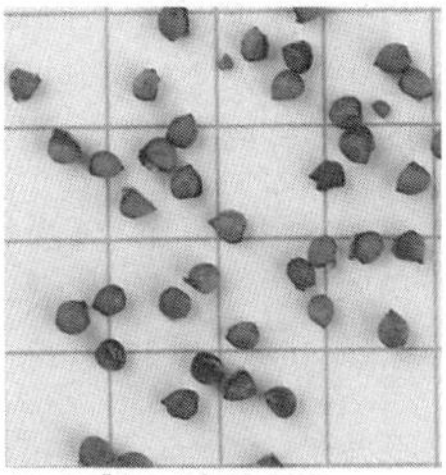

ヤマブキソウのタネ

ヤマブキソウの
実生苗

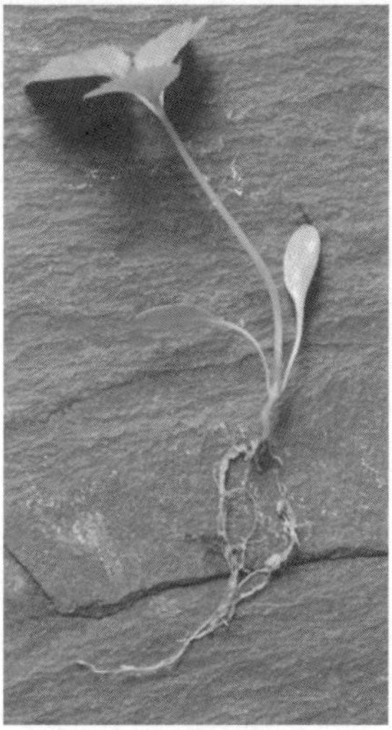

ヤマブキソウ移植適期苗

左：２度目の植え替えをしなかった株
右：２度植え替えた株（初花開花）

すれば、翌春３月に発芽してきます。

［移植］ 本葉が出てきたら1.5号ポットに植え替えます。

ポットの底に培養土を入れ、マグァンプＫを数粒入れ、マグァンプＫが見えなくなる程度に培養土を入れます。次に苗を左手に持ち、右手で培養土を加えていきます。このようにすれば、根が傷まず、植え替え直後から根を伸ばし肥料を吸収して生長します。葉が展開し1.5号ポットがきゅうくつになったら、一回り大きなポットに同様にして２度目の植え替えを行ないます。

２度目の植え替えをするのとしないのでは、実生苗にとって生長に大きな違いが見られます。植え替え作業は、根を乾かさないため、雨あるいは曇りのときがベストです。

親株は春に生長すればその後は生長しないのですが、実生苗はその後も生長し、７～８月には花を咲かせます。

（戸田 祐一 / 茨城県ひたちなか市）

ヤマブキソウのサク果

Penstemon frutescens

イワブクロ

ゴマノハグサ科

Scrophulariaceae

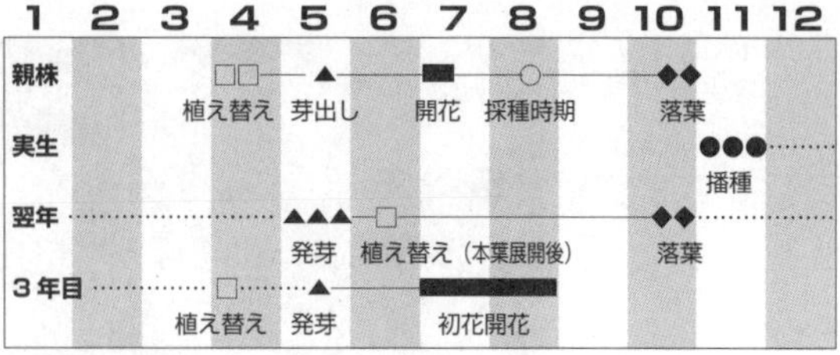

絶滅の危険性●大きくはない
分布●北海道・本州中部以北
自生地●高山の砂礫地
種類●落葉多年草

東北や北海道の高山帯のやや乾燥した砂礫地に自生していますが、他の山野草と混生していることは、ほとんどありません。タルマイソウの別名が示すとおり、樽前山や駒ヶ岳、十勝岳などの新生火山に多く見られます。花は筒状鐘形の花冠をもっているので岩袋の意味からこの名があります。花冠は長さ2.5～3㎝、径13㎜ほどで、花色は帯紫白色、内側に紫の筋があり、先端は浅く5裂しています。

日本では1属1種で、地下茎を伸ばして増殖します。

栽培法

栽培は難しい部類に入ります。自生地からもわかるように過湿を嫌がります。また、日当たりを好みます。

栽培用土は火山礫単用にします。2～6㎜の粒度の比較的粗いものを用います。鉢は植物体に比べて大きめの駄温鉢を用います。

植え替えは必ず1年に1度は行ないます。時期は芽のまだ動いていない4月上～中旬です。腐った古根は必ずきれいに取り除きます。根と茎の接合部は1～2㎝くらいの大粒の火山礫で囲むように植え付けます。

根の温度が上がるのを嫌うため、置き場所は風通しが良く、午前中は日の当たる場所がよいでしょう。過湿を嫌がるので必ず雨を避けて栽培します。

肥料を好みますので芽出しのころ、発酵油かす、または緩効性化成の固形肥料を置き肥します。さらに月2回程度、規定倍数の液肥を与えるとよいでしょう。夏場は植物が一時生長を休むので肥培しません。与えてもごく薄い液肥のみか植物活力剤にします。霜が近くなるころ、地上部は枯れて越冬芽を作り休眠に入ります。

実生法

［タネ］イワブクロのタネは独特の形状をしています。タ

イワブクロ

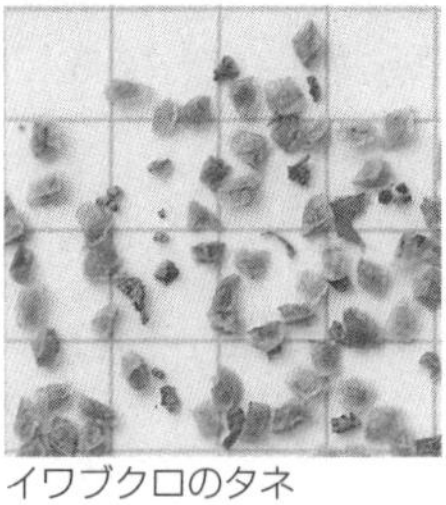
イワブクロのタネ

ネの周りに立方体状の中空の翼があります。したがって、大きさの割に非常に軽く風によって遠くまで飛散します。

雌しべ、雄しべともに花筒の中にあります。開花後特別な処理はしなくても受粉するようです。1カ月ほどでタネは完熟します。サヤが褐色になり先端部が開き始めたころが採種適期です。

イワブクロの２年目苗

イワブクロのサク果

[播種] 播種床は火山礫単用の用土とします。播種後、軽く覆土し、タネが乾燥しないように管理します。採りまきの場合は、タネにもよりますが一部は10日ほどで発芽してきます。しかし、大部分は翌春になります。

寒冷地では、早く発芽したものは初冬に霜柱で根が浮き上がってしまい枯死につながることが多いので、冷蔵庫に保管しておき、秋遅くか、翌春早く播種するほうが管理が楽になります。

[移植] 本葉が展開したら移植を行ないます。水はけの良い親株と同じ用土に植え付けます。植え付け後、10日ほど経ったら肥培を開始します。規定倍数の液肥を月3回ほど与えます。

管理がうまくいくと、播種後3年目の春に開花します。右上の写真は播種後2年目の苗です。このくらい生長すると、来年の開花が期待できます。

その他の増殖法

[挿し芽] 白花や葉に斑の入ったものは、挿し芽による増殖が有効です。時期は生長が止まり茎がかたまる6月下旬ごろに行ないます。このころになると茎の長さもあり作業はやりやすいものです。用土は1～3㎜の火山礫に、そのミジンを2割程度加えたものを使います。

挿し穂は先端の葉2～3枚残し、あとはカットします。挿すときは、切り口と用土が密着するように切断面の向きに気を配ります。置き場所は、風の当たらない暖かい明るいところで、直射日光は避けます。

灌水については、過湿にならないよう注意します。

2カ月ほどで十分発根してくれますので、親株と同じ用土に植え付けます。その後の管理は親株に準じます。

（足立 興紀 / 北海道江別市）

ゴマノハグサ科

Scrophulariaceae

Pseudolysimachion ornatum

トウテイラン

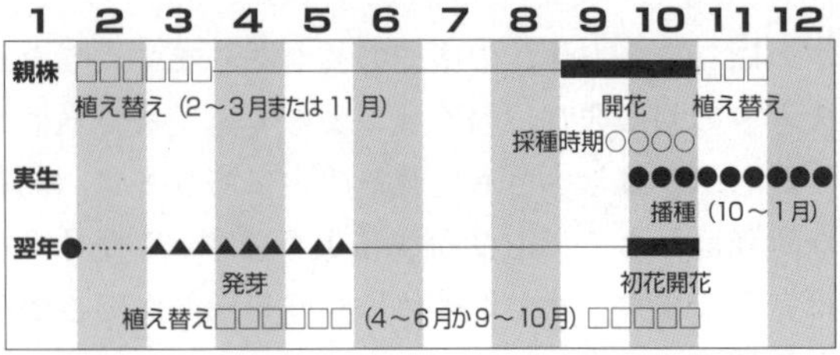

絶滅の危険性●絶滅危惧Ⅱ類
分布●京都府・兵庫県・鳥取県・島根県
自生地●日本海側の海岸
種類●常緑多年草

トウテイラン

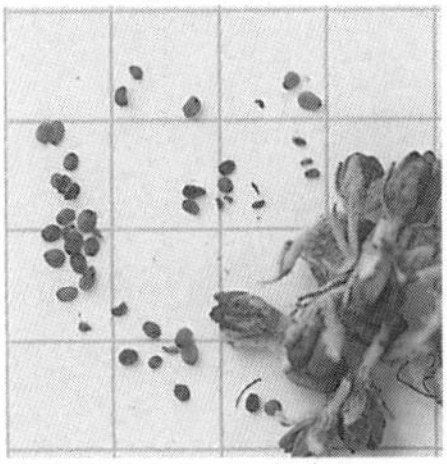
トウテイランのタネ

和名の「洞庭藍」の由来は、花色の澄んだ美しい藍色を、中国の洞庭湖の水にあやかってつけたといわれます。命名者は牧野富太郎博士です。

自生地海岸の開発、園芸採取、道路工事などによって絶滅危惧Ⅱ類に指定されています。

栽培下では発芽率は非常に高く、タネがこぼれ落ちて自然に実生・増殖しているのに、なぜ本来の自生地では絶滅危惧種になってしまったのでしょうか…。

トウテイランはルリトラノオ属とする分類とクガイソウ属とする説がありますが、前者が多数派です。

トウテイランの葉は綿毛で覆われて銀白色、青紫色の穂状の花は下部から上に咲き進む永久花序で、夏の花より、秋に咲く花のほうが濃色で好ましいとする人が多いようです。

トウテイランの近縁種には、ルリトラノオ属のホソバホメトラノオ、ハマトラノオ、ヤマトラノオ、ルリトラノオなどがあり、クガイソウ属のクガイソウ、エゾクガイソウと、その変種のツクシクガイソウなどがあります。

栽培法

耐暑性も耐寒性もあり、栽培は容易です。4～5号くらいの鉢植えの場合、丈夫だからといって植え替えを数年にわたって怠ると、根元が硬く木化し、生育が悪くなってやがて枯れることがあります、植え替えは2年に1度は行ないます。

栽培のコツは、実生2年目になった株は、春に摘芯すると枝がふえ、花穂も多く立ち上がるようになります。花穂が秋風に揺れる風情は多くの人に好まれているようです。また、トウテイランを抗火石（溶岩軽石）などに懸崖風に植え込んでも趣があります。

▍実生法

［タネ］トウテイランのタネは穂状の下部から順に咲くので、採取の時期を間違うと、咲き始めのタネがすでに落ちてしまっていることがあるので、タイミングに気をつけます。確実に採種するには、花穂を切り取って白い紙の上に置き、乾燥させてから花穂を打ちつけるようにたたくとタネを容易に確保することができます。

［播種］採取し、ある程度乾燥させたタネを一度寒気に当てた後にまくと、よく発芽します。

　まき床の用土は、清潔でさえあればあまり気にする必要はありません。タネが熟した花穂を切り取って、鉢の表土に置いておくだけでも発芽してくるほどです。

［移植］発芽してきた年はそのまま育て、2年目の春に3号鉢に移植します。次の年に4.5号鉢に植え替えると、観賞できるような花が咲き出します。

（石川　律／東京都世田谷区）

絶滅危惧種とは—種の保存法-2

●国内特定種

　絶滅の危険性が著しく高いが増殖法が確立されている種類は「特定国内稀少野生動植物」（通称；国内特定種）に指定されます。特定種は定められた手続きをすれば、増殖品の譲渡（販売など）の業務（特定事業）を行なうことが認められます。無届けで特定事業を行なったり虚偽の届け出をすると、50万円以下の罰金に科せられます。

　現在、レブンアツモリソウ〔ラン科〕、アツモリソウ〔ラン科〕、ホテイアツモリ〔ラン科〕、ハナシノブ〔ハナシノブ科〕、キタダケソウ〔キンポウゲ科〕、アマミデンダ〔オシダ科〕の6種が国内特定種に指定されています。

（小田倉 正圀）

アツモリソウ／絶滅危惧ⅠB類
無菌発芽可能で少量ながら実生増殖株が流通している。明るい草原に生える

Veronica sieboldiana

ハマトラノオ

ゴマノハグサ科

Scrophulariaceae

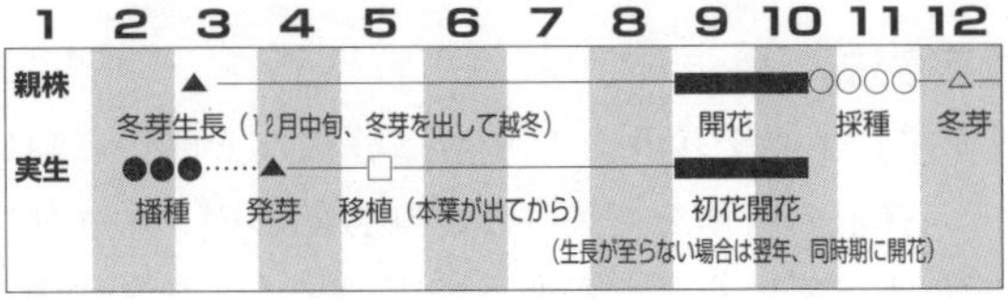

絶滅の危険性●大きくはない
分布●九州南西諸島
自生地●海岸の崖
種類●常緑多年草

九州の南西部（男女群島・甑島）、奄美大島、琉球の慶良間列島や座間味島の海岸の崖などに生える多年草で、ゴマノハグサ科クワガタソウ属（*Veronica*）の1種です。葉は長楕円形で対生して厚く、つやのある葉は魅力的です。花は青紫色で長さ約6㎜、筒部約1.5㎜。茎の先に長い穂状に花序を出して数多くの花を咲かせます。

花期は9～10月、草丈は、自生では茎は斜上して20～30㎝ほどになりますが、鉢植えでは10㎝と小型で開花する鉢植え向きの種です。鉢植えのほか、岩付けや寄せ植えにも向く強健種で、ロックガーデンなど日当たりの良い場所への地植えにも向いています。

ハマトラノオ

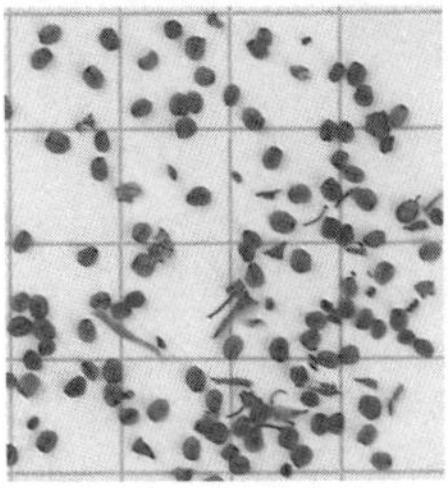
ハマトラノオのタネ

栽培法

自生地が九州南西部から琉球と暖地の原産種にもかかわらず、耐寒性が強く、特別な冬の保護が無くても越冬する育てやすい山野草です。

鉢は浅めの4～6号程度に形の良い岩などを配して植えます。用土は、水はけの良い例として硬質鹿沼土に軽石砂を等量配合します。植え付けや植え替えの適期は春、3月中旬から4月中旬で、性質も強く、3年間に1度くらい植え替えれば十分です。

置き場所は、年間を通して日当たり・風通しの良い棚上などで育てます。日陰では草丈が伸びで見苦しくなります。風によく当たる場所で乾燥気味に育てるほど草姿も良くなります。

肥料は植え付け時に株の下の用土に元肥として緩効性化成肥料を施し、その後は花後と秋に鉢の周囲に有機性の固形肥料などを置き肥します。病虫害は比較的少ない種で、予防散布するついでに行なう程度で十分です。

実生法

［タネ］採種は晩秋で、開花中に特に人工的な交配を行な

わなくてもタネは熟します。筒状のサク果が茶色く変色が始まれば採取します。そのまま日陰で1週間ほど乾燥させ、その後フィルムケースなどに入れて冷暗所で保管します。

[播種] タネまきは2月中旬から3月上旬が適期です。採取したサク果を下に向けるとタネがこぼれ出るので、これをまきます。

用土例としては、硬質鹿沼土、赤玉土、軽石砂を4：3：3の割合で混合したものにミズゴケの粉少量を配合し、3～3.5号程度のポリポットや駄温鉢にまきます。用土の中ほどに元肥としてマグァンプKなど緩効性化成肥料をひとつかみほど施しておけば、発芽後の施肥を忘れても苗が順調に育ちます。

ハマトラノオの発芽

キクバクワガタ

播種後の覆土は不要で、日なたに置き、表土の乾きを目安に水やりを続ければ1カ月ほどで発芽します。

[移植] 本葉が展開すれば定植の適期で、前記の「栽培法」に準じてポットなどに1本ずつ植え付けます。水肥料なども併用して肥培すれば、秋に初花が楽しめます。万一その年に開花しなくても、さらに1年培養すれば確実に開花が楽しめます。

その他の増殖法

[株分け] 春の植え替え時に株の周囲に出た芽を分けます。株の増殖はそれほど活発ではないので、実生による増殖方法が確実です。

[挿し芽] 挿し芽による増殖も可能ですが、日なたでの栽培では挿し穂を切り取るほど穂が伸びないことから、あまり適切な方法ではありません。

（久志 博信／千葉県富里市）

[クワガタソウ属の植物]

クワガタソウ属(*Veronica*)は北半球に分布し、300種を超える大変に種類の多い属で、オオイヌノフグリも同じ仲間です。

園芸面の山野草として普及する種は、ハマトラノオのほか、キクバクワガタ、ミヤマクワガタなどで、これらの種は近縁のルリトラノオ属(*Pseudolysimachion*)に分類されている場合もあります。

以下の種も栽培法、実生法についてはハマトラノオに準じます。

●キクバクワガタ

V. schmidtiana

北海道の高山からサハリン、千島に分布する多年草です。花は茎先に総状花序に花茎1～12㎝の碧紫色の花をつけ、花期は自生地では6～8月、栽培では春咲きです。草丈10～25㎝、鉢植えや岩付けに向く種で、寒冷地で苗が増殖され広く普及しています。桃色花や白花も普及しています。

●ミヤマクワガタ

V. schmidtiana var. *senanensis*

本州の山地に広く分布する多年草で、ブナの林を抜けた高地の岩場や砂礫地に自生が見られます。花は茎先にまばらな総状花序を成し、青紫色から紅紫色の花です。花期は7～8月、栽培では春咲き、草丈5～12㎝、花茎1～1.2㎝です。

キクバクワガタ同様に苗が普及し、鉢植えや岩付けなどに向きます。

Primura kisoana var. *shikokiana*

サクラソウ科

シコクカッコソウ

Primulaceae

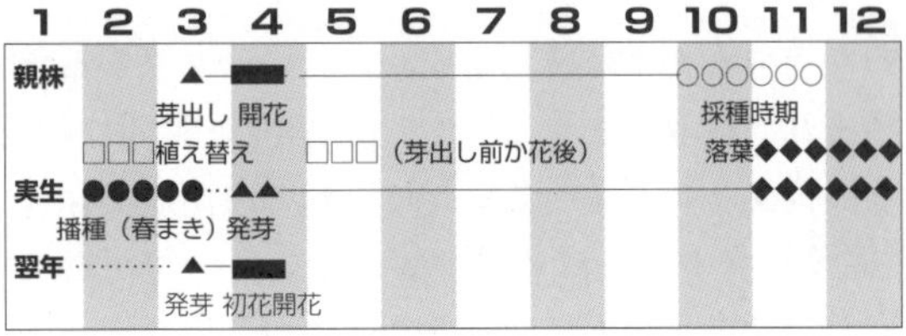

絶滅の危険性●絶滅危惧ⅠB類
分布●徳島県・香川県・愛媛県
自生地●明るい林床
種類●落葉多年草

シコクカッコソウは、その名のごとく四国を代表する名花です。しかし近年、環境の変化や乱獲で自生地は大変少なくなってきました。幸いにもこの花は、実生栽培が容易なので、健全で優良な個体を得るために、ぜひタネをまいてみましょう。

自生地での開花は4月下旬から5月上旬ですが、松山で栽培すると4月中旬に咲きます。ビロード状の花、清楚な白花や酔白花、紅色の強い花、花弁の広いものや切れ込んだ花など大変多彩で、春の展示会ではなくてはならない花です。2003年は絞り花も出品され、話題になりました。

▍実生法

[人工授粉] サクラソウ類のなかには、何もしなくとも結構タネのできる種類もありますが、シコクカッコソウは人工授粉してやらないと、ほとんどタネはできません。

サクラソウ類の花形には、雌しべが雄しべより長い花(長柱花)と、反対に雌しべのほうが雄しべより短い花(短柱花)があります。長柱花同士、短柱花同士と同じ花形の人工授粉では、稔性が大変悪いことはよく知られています。人工授粉は必ず花形の異なるもので行なうことが必要です。花粉を違う花形の雌しべにつけることによって、確実に立派なタネが得られます。

シコクカッコソウ（自生地）

人工授粉の時期は、花が咲いて2～3日くらいが適期です。あまり遅いと花粉がだんだん少なくなってきます。人工授粉するためには、せっかく咲いた花を切り裂かなければなりません。タネまきするためにはどうしてもやらなければならない作業です。受精に成功したタネは、日を追って大きくなっていきまます。

[播種] 実ったタネをどうまくか、大きく分けて3つの方法があります。

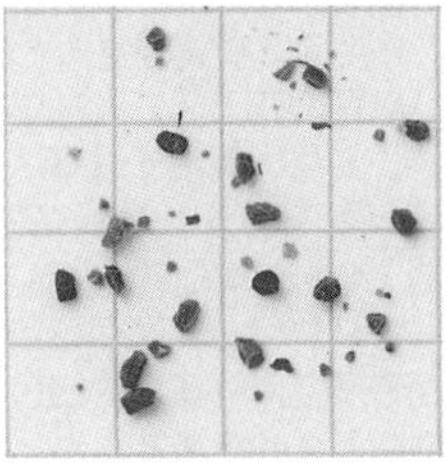

シコクカッコソウのタネ

①採りまき…秋になって今まで緑色をしていたタネが褐色

に変わってくると完熟しています。すぐにまきますが、発芽は翌春になります。発芽するまでの半年間もの長い間、まき床を絶対に乾燥させない注意が必要ですが、発芽率は良いようです。

②春まき…実ったタネを保存しておき、春になってからまく方法で、２～３月にまけば短期間で発芽します。本葉が出れば移植します。肥培に努め、週に２～３回1000倍くらいの液肥をやります。苗の生長によって鉢を大きくしてやります。翌春には十分花を楽しめるようになっています。

ただし、タネの保存方法が問題で、乾かしたまま室内での保存は、極端に発芽が悪くなるか、まったく生えません。

（小川 聖一 / 愛媛県松山市）

シコクカッコソウの苗 / 発芽後４～５カ月

シコクカッコソウの果実

③ジベレリン使う方法

ジベレリンは植物調整剤で、生育促進や果実肥大、落花防止、草丈伸長促進、休眠打破などの目的で、野菜や果実、シクラメン、プリムラ、キク、ユリなどに広く使用されており、最近は園芸コーナーでも売られています。私はこれをサクラソウ（園芸種の日本サクラソウと呼ばれているもの）の実生に使っていましたので、それを参考にしました。

サクラソウもタネが実ってからすぐにまいても発芽は翌年になり、開花はその翌年になります。そこで６月にジベレリン処理をしてまくと、すぐに発芽して翌年には十分開花するので、処理しないものより確実に１年早く花を見ることができます。

シコクカッコソウの場合は、タネの熟成にもう少し時間がかかるので、翌年の開花はちょっと無理のようですが、春まきのものに比べて株はずっと立派になりますので、この方法を主に用いています。

秋までにできるだけ苗を大きくするためには、１日でも早くタネまきをする必要がありますが、未熟なものでは発芽しません。人工授粉後３カ月もすれば十分発根可能となるので、７月20日ころをめどにまいています。

薬の濃度は50～200ppmまで試してみましたが、100ppmくらいの濃度が良いと思います。

７月にはタネはまだ青く，水分たっぷりで非常につぶれやすく、薬を吸う余地がないので、シリカゲルなどの乾燥剤の中へ１日入れて乾かし、翌日ジベレリン溶液の中へ８時間ほど浸した後、まいています。２～３週間すると発芽してきます。それ以後は春まきの項と同じです。

夜間の温度が10℃くらいになると、ハウスなどに取り込み、できるだけ休眠に入るのを遅らせます。11月中旬くらいまでは生長していますが、年が明けたころから葉が黄ばみ始めて休眠に入ります。３月にもなれば目覚めて展葉を始めます。

以後、普通に管理すれば翌年には立派な開花株になります。

Primula sieboldii

サクラソウ科

サクラソウ

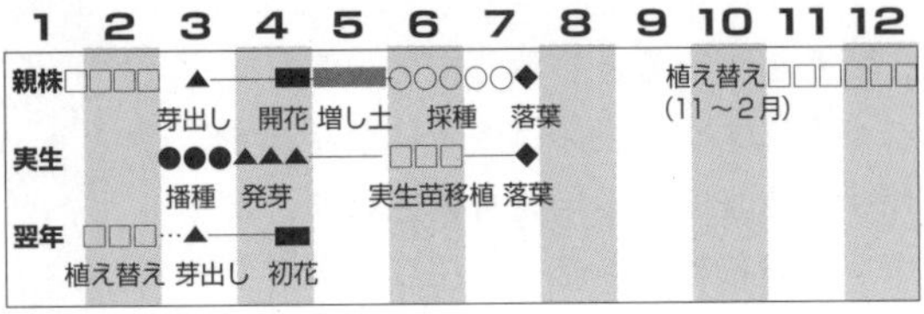

Primulaceae

絶滅の危険性●絶滅危惧Ⅱ類
分布●沖縄・四国を除く29道県
自生地●湿気の多い野原
種類●落葉多年草

日本、朝鮮、中国（東北）、シベリア東部に分布しており、日本では北海道南部、本州、九州の丘陵地や河川敷に自生していました。荒川流域には多くの群落があり、昭和初期ころまでサクラソウの花見も行なわれていました。しかし自然環境の変化や開発により、そのほとんどが消滅しました。さいたま市田島ヶ原のサクラソウは、特別天然記念物として保護されています。江戸時代、この荒川沿いのサクラソウを元に園芸化が行なわれ、現在300種余りの園芸種が栽培されています。

栽培法

植え替えの適期は11～2月で、植え替え前は乾かし気味にしておき、用土を指ではじいて落とし、古根を取り除いてから芽分けを行ないます。同じ程度の芽をそろえて芽を上向きにし、5号鉢で4～5芽を植え付けます。覆土は芽の上1㎝程度、鉢縁から2㎝ほど下でおさまるようにします（増し土のスペースを残す）。用土は赤玉土の小粒に腐葉土を3～4割ほどを混ぜたものがよいでしょう。

花が咲き終わるころから株元が赤くなり、新しい根茎が出始め新芽が形成されるので、発育をよくするために増し土を行ないます。増し土の用土は植え付けと同じ用土を使用し、始めは1㎝ほどとし、さらに根の状況を見て行ないます。

タネを採らない場合は、早めに花ガラを取ります。

置き場所は、春秋は日なた、夏は半日陰に移します。7月から冬期は休眠しますが、水を切らさないように注意します。

施肥は、肥料分を含有している用土の場合は必要ありませんが、無肥料の用土の場合は2000倍の液肥を芽出しから蕾が上がるまでの間に2回ほど、花後から6月までの間に3回ほど施します。

サクラソウ

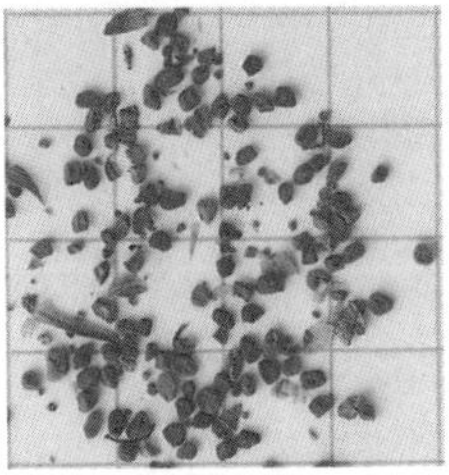
サクラソウのタネ

▌実生法

［タネ］小さなタネで種類により長柱花、短柱花、中間柱花がありますが、自然受粉、人工授粉ともよく結実します。

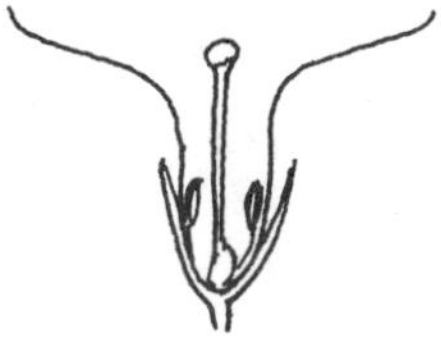

長柱花

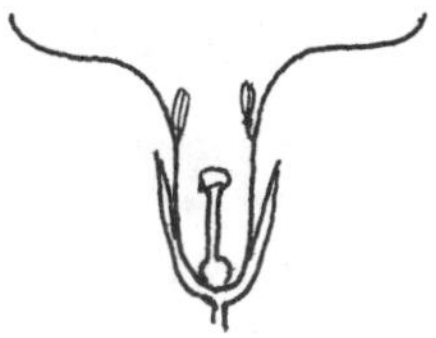

短柱花

［播種］実生では親と同じ形質のものが得られないので、園芸種などの増殖には芽分け、または根伏せを行ない、実生は行ないません。新品種作りなどの場合は実生を行ないます。

実生は、タネが熟する6月下旬ごろに播種する採りまきか、タネを保管して翌春3月ごろに播種しますが、発芽は4月ごろになります。

播種する用土は、鹿沼土2～3㎜粒にミズゴケ粉を1割ほど混ぜたもの、またはバーミキュライトを使用し、あらかじめ湿らせておき、この上に播種します。光発芽種子なので覆土はしません。タネの乾きを防ぐため覆土する場合は、薄く行ないます。用土が乾かないよう腰水で管理し､雨よけのある明るい日陰に置きます。

早期の発芽を望む場合は、ジベレリン溶液に浸すと休眠が破れるので、ジベレリン25～50ppm溶液に一昼夜ほど浸し、前記の用土へ播種します。7～10日ほどで発芽します。

また、ふたのある浅めの底が平らなポリ容器などにティッシュを折り畳んで入れ、前記のジベレリン溶液をティッシュに浸し、この上に播種して乾かないようふたをし、明るい日陰に置きます。3日ほどでタネが膨らみ発根が始まるころ、ピンセットで前記の用土の上に置きます（埋めなくてよい）。

［移植］本葉が2～3枚出たら、間隔を取って植え付けます。

（藪田 久雄 / 埼玉県さいたま市）

サクラソウの発芽

園芸種の基本的な植え付け例

自生地のサクラソウ

Primula modesta var. *fauriei*

サクラソウ科

ユキワリコザクラ

Primulaceae

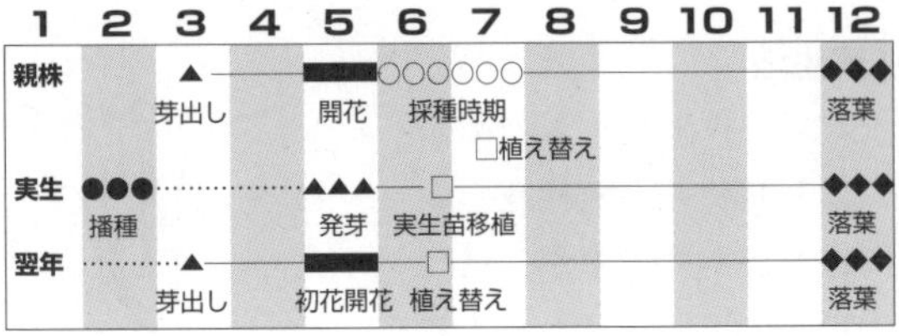

絶滅の危険性●大きくはない
分布●北海道・本州中部以北
自生地●高山の岩場や草地
種類●落葉多年草

本州北部、北海道に自生しており、ユキワリソウ節に属し、ユキワリソウ、サマニユキワリ、レブンコザクラ、ソラチコザクラ、ユウバリコザクラ、ヒメコザクラ、ネムロコザクラなど、この仲間は多くの種類があります。

属名を“プリムラ”といいますが、これは“一番”のといった意味で、春の気配を感じ始めたころに他の植物に先駆けて咲くところから名付けられています。

高山帯の岩場や草地にあり、北海道の釧路から根室地方では海岸の段丘に自生しています。母種のユキワリソウとは葉形が異なり、ユキワリソウの楕円形に対し、ユキワリコザクラは下部が細く、スプーン形です。ともに葉の裏面は淡黄色の粉状物（フラボォン・プリチメチン）があります。高山性のサクラソウは、一般的に低地での栽培は難しく、よほどの自信がなければ避けたほうが無難ですが、ユキワリコザクラは夏越しに少し注意をすれば栽培しやすいものです。

ユキワリコザクラ

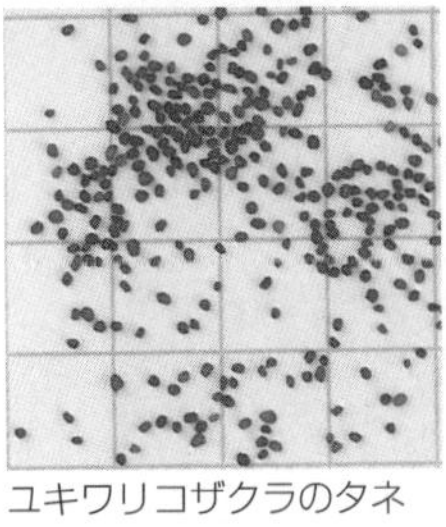
ユキワリコザクラのタネ

栽培法

植え替えは年１回、花後の５月下旬から６月上旬に行ないます。まず用土を落とし、黒くなった古い根を丁寧に取り除いて水洗いをし、株を分けます。

用土は、通気性があり、適当な湿気を保つもの（例：３〜６㎜の蝦夷《えぞ》砂、硬質鹿沼土、軽石砂、焼赤玉土を４：３：１の割合で混合）で植え付けます。

実生法

[タネ] ユキワリコザクラのタネは小さな粒です。苗は流通していますが、タネは市販されていないので人工授粉して結実させ、タネを得るしかありません。

開花２日ほどの花をルーペで調べ、花冠を裂いて雄ずいを先の細いピンセットで摘み取り、雌ずいの柱頭につけます。株によって雄ずいが雌ずいの柱頭の上にあるものと、

2年目春、発芽したユウパリコザクラ

ネムロコザクラのサク果

下にあるものがあり、異株受精のほうが結実が良いので、2種の株の用意も必要です。

人工授粉後は、雨よけのある場所に置きます。また灌水の際も、結実するまでは花に水をかけないよう注意します。

[播種] 開花後2カ月ほどでタネが熟します。採りまきで発芽するものもありますが、通常は翌春4月ごろに発芽します。冷蔵庫で保管して、翌春2月ころ播種してもよいでしょう。播種用土およびジベレリンの使用については、サクラソウ（149ページ）の方法に準じます。

（藪田 久雄／埼玉県さいたま市）

ハクサンコザクラ

[関連種]

●ハクサンコザクラ
P. cuneifolia var. *hakusanensis*
高山の雪田あるいは湿った草地などに群生します。花期は6月から8月で、加賀の白山で最初に見つかったのでこの名前があります。

●コイワザクラ
P. reinii

深山の岩場に生える掌状の葉をもつ多年草で、花期は5月です。草丈は１０cmに満たない小型のサクラソウです。

●ミチノクコザクラ
P. cuneifolia var. *heterodonta*

青森県岩木山の特産で、7月から8月にかけて１５～２０cmの花茎を伸ばして咲きます。

●エゾコザクラ
P. cuneifolia var. *cuneifolia*
北海道特産のサクラソウで、高山帯の湿った場所に群生します。花期は6月から8月で、草丈は１０cmから１５cmになります。

エゾコザクラ

Arisaema sikokianum

サトイモ科

ユキモチソウ

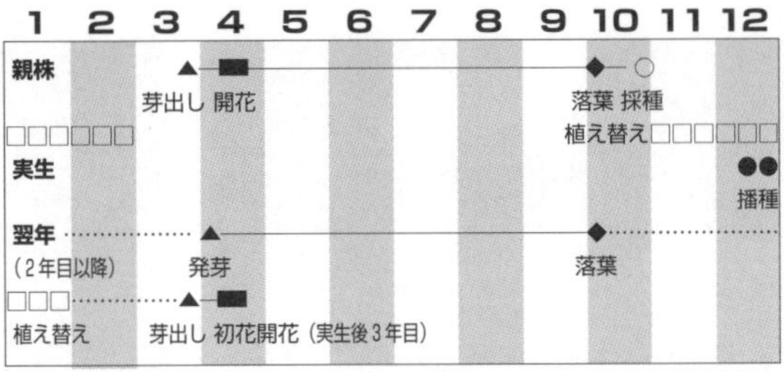

Araceae

絶滅の危険性●絶滅危惧Ⅱ類
分布●近畿・四国1府8県と熊本県
自生地●山中の木陰
種類●落葉多年草

ユキモチソウ

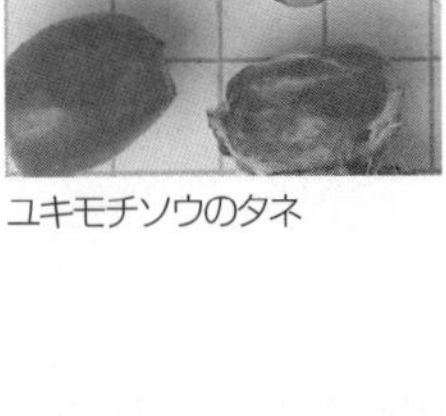

ユキモチソウのタネ

自生地などテンナンショウの仲間は見かけ上の花とみなされるものが、仏炎苞という特異な形をしており、その色合いからもあまり人に好まれないようです。

そうした中にあって、このユキモチソウだけは例外で、おそらく山野草栽培に入門した人は、クマガイソウ、コマクサなどとともに、必ず一度は憧れたことのある懐かしい植物のはずです。

この草の別名を歓喜草ともいいますが、これはこの植物を初めて見た人が一様にその美しさに仰天し、かつ歓喜するところからつけられた名前ということで、実際のところノーブルな気品のある植物で、その美しさの根源は仏炎苞と花穂の付属体とにあります。

すなわち、茶褐色の縦筋のある仏炎苞と、その中のまるでつきたてのお餅のようにも見える純白のやわらかな感じの花穂端とのコントラストが、なんともいえない好ましい雰囲気を醸し出しています。

この美しいユキモチソウは、紀伊半島から南の暖地の平地から低山地の野原・林床・林縁などの比較的薄暗い場所に自生しています。以前は各地に自生が見られましたが、美しい草姿から、愛好者が多く乱獲されたともいわれます。また、自生地の開発などの影響もあって、近年では自生地および自生の数も少なくなり、一説によれば固体数はわずかに2000固体ともいわれ、レッドデータブックによると絶滅危惧種Ⅱ類に指定されています。

幸いにして、ユキモチソウの栽培はちょっとしたコツを知れば比較的容易です。また、実生も容易に行なうことが可能です。

▌栽培法

[用土と鉢] 植え付けの適期は、地上部のない休眠期から2月末日ごろまでです。

この植物は元来水を好みますが、停滞水や鉢内の古い空気をも嫌いますから、保水性のある赤玉土は多く使用しないほうがよいでしょう（用土の配合例：硬質鹿沼土、軽石、桐生砂の等量混合）。

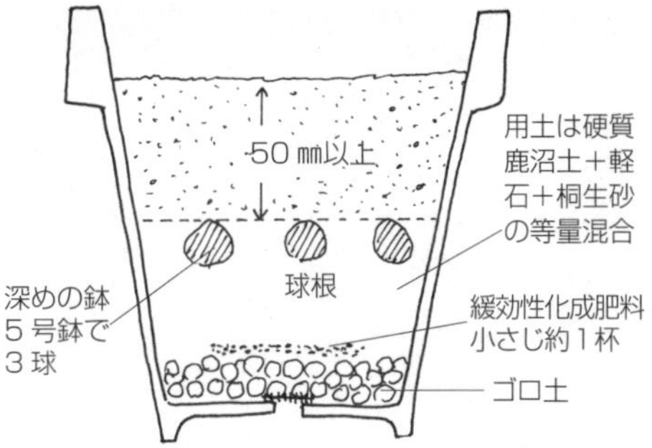

図1　植え付け方

植え付け方は図を参考にしてください。用土の粒子の大きさは5～10㎜程度のものを使用します。また、鉢は通気性の良いやや深めの鉢を用い、5号鉢ならば3球、5～6球以上ならば6号鉢を用いるようにします。球根の上部の覆土は少なくても50㎜程度は必要です。あらかじめ緩効性化成肥料を鉢底付近に小さじ約1杯を2カ所程度入れておくことも必要です。

[植え付け後の管理] 芽出し前と花後の管理には日陰に置きますが、それ以外の地上部のある期間は日当たりの良い場所に置きます。水は好きな植物ですから、地上部のある期間には用土が白く乾燥したら、たっぷりと灌水してやらないといけません。

また、このユキモチソウは雌雄両性の植物で、個体の栄養状態が良ければ雌株になり、栄養状態が貧困ですと雄株になるという特性がありますが、タネは雌花でないと得ることはできません。したがって、地上部のある期間は極力肥料を与えて雌花の株に誘因することが必要となります。

すなわち、3月も上旬になり出芽してきたら、まず固形の有機肥料を鉢の縁に3カ所程度置き肥をします。その後は1週間に1度の割合で1000倍の液体肥料を与えます。このほかに20日に1度の割合で液体肥料と殺虫・殺菌剤を混合したものを葉面散布します。

なお、地上部が流れてしまい、休眠に入ると灌水は中止します。休眠期の灌水は、球根の腐敗を生じる恐れがあります。

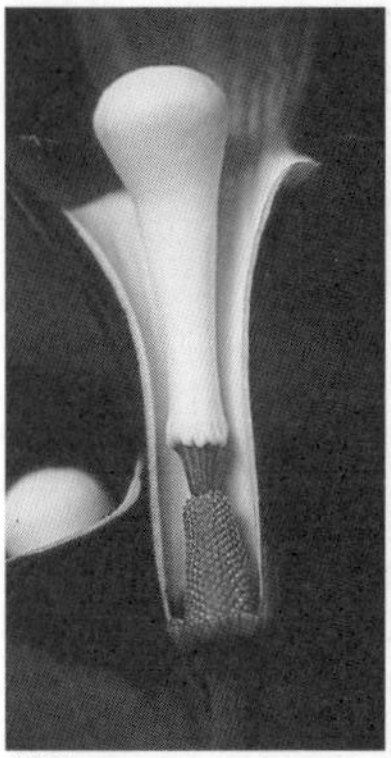

雌花

雄花

ユキモチソウの花序

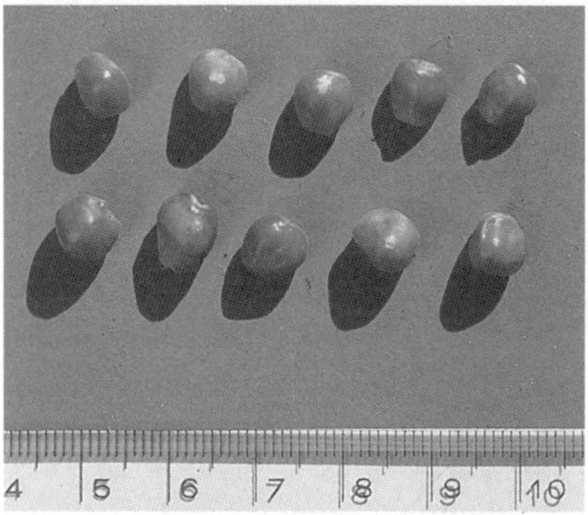

ユキモチソウの果実

ユキモチソウのタネ

実生法

分球のあまり望めないユキモチソウを増殖するには、大量に苗を得ることのできる実生が一番良い方法です。タネさえ得ることができれば実生は容易です。

[タネの採取] 開花した花が雌花であれば、花後に仏炎苞の中の花穂の付属体の下部に花序ができます、花序は始めのうちは緑色をしていますが、寒さが近づくにつれて次第に橙色になり、さらには赤みが増して真っ赤な色になれば完熟です。つまり寒さにあうと完熟するのです。ユキモチソウの花序には通常200～300粒程度の果実があり、その１粒の果実の中には通常数個のタネが入っています。

[播種] タネをまく時期は、だいたい12月中旬から下旬までが目安ですが、翌年の２月に入ってまいてもかまいません。

播種用の鉢は６号程度の半鉢を用意します。用土は親球栽培用土と同じものを使用しますが、上部のタネをまく部分には５～１０㎜程度の粒子のものを使用します。

タネをまく場合、外側の赤い果肉を取り除くのがベストです。以前は果実を洗って果肉を取り除いて播種していましたが、最近では果肉をきれいに洗い流さなくても発芽することが判明しました。かえって果肉を洗い流すと発芽が翌年に持ち越す場合もあるので、果実を指でつまんでブツと中のタネを押し出し、そのまま播種します。この場合、果肉が用土の中に残るようなことがあっても差し支えありません。

[播種後の管理] 播種した鉢は日陰か棚下に置き、用土が乾燥しない程度に灌水します。冬季に多少凍結することがあってもかまいません。ただ、注意することは、霜などでタネが露出しないように管理することです。

播種の状況

翌年の4月を迎えると、気温の上昇とともにかわいい小さい3枚の葉をつけて発芽してきます。発芽してきたら、10日に1度程度の割合で液体肥料の2000倍の水溶液をスプレーで葉面に散布してやります。

この肥培の管理がその後の球根の生育に影響しますので、怠りなく実施してください。さらに20日に1回程度は液肥と殺虫・殺菌剤を同じように葉面にスプレーしてやります。

[移植] 播種時にひどく厚まきであれば、発芽した年に移植をしたほうがよいのですが、そうでなければ実生1年目の移植は行ないません。その理由は、実生1年目の鉢には未発芽のタネが少なからず残っているからです。実生1年目の移植は未発芽のタネをだめにする恐れが多いのです。

実生2年目の休眠期に鉢をあけると、小は米粒大のものから大はパチンコ玉程度まで、千差万別の球根が現われます。

発芽初年苗

発芽初年苗
播種日：.1月5日
掘り上げ日：11月30日

実生3年目の開花

移植の植え付けは親株に準じます。ただ、用土の粒子は移植球の大きさにより変えたほうがベストです。移植時期は休眠期ですが、2月になるとポツポツ根が動き始めますから1月末までに移植するよう心がけてください。

[初花の開花] 前述のような通常の管理を行なっておれば、だいたい実生3年目の春には嬉しい初の開花が見られます。最近では、管理さえ良ければ2年目に開花という素晴らしい報告もあります。

[ジベレリン溶液に球根を浸漬] ユキモチソウは、雌雄両性の植物ですから、単に花が咲けばタネが得られるという植物ではありません。その花が雌花であることがタネを得られる条件です。

最近、愛媛大学農学部の研究により、ユキモチソウの球根をジベレリンの水溶液に浸漬することにより雌花の開花を促進させることが可能になってきています。

この研究をヒントに神戸実生増殖研究会では、その具体的処理方法として、濃度100ppmのジベレリン水溶液に球根を24時間浸漬（もしくは200ppmに12時間）する栽培実験を行ない、ある程度の成果をあげているようです。

この方法によると、従来は球根の重さが25g以上でないと雌花は咲かないとされていたものが、その半分以下の10g程度の重さの球根でも雌花が開花するという好結果が得られています。しかし現在、この方法による副作用と見られる無葉株が出現するなど、まだこの栽培方法は確立されたとはいえませんが、近い将来には確立されることは間違いありません。

その他の増殖法

[分球] ユキモチソウはまれにしか分球しないので、親株からの分球を待っていては増殖は望めません。

（森田 道士 / 岡山県岡山市）

［関連種］

ユキモチソウと同じテンナンショウ属の植物はいくつかありますが、栽培方法は大同小異で大差ありません。ただ注意をすることは、これらの植物は３～４月に出芽し、９月には休眠しますから、生育期間が短いので地上部のある間に十分肥培するよう努めなければいけません。

●ミツバテンナンショウ

A. ternatipartitum

静岡県、四国、九州に分布します。花期は４～５月ころ、花期の様子はミミガタテンナンショウに似ています。

●ウラシマソウ

A. thunbergii

素心

ウラシマソウの仏炎苞内部にある肉穂花序の先は細長い糸のように長く垂れ下がっており、これを浦島太郎の釣り糸になぞらえて植物名がつけられているほどです。この姿が他のテンナンショウとは異なった野趣があり、趣味家に人気がありよく栽培されています。もちろん、この植物はタネからも育てられますが、親の球根の周りに子球がよくできますから、植え替え時にこれを分けて植えることで手軽にふやせます。

栽培はユキモチソウに準じます。

●マイヅルテンナンショウ

A. rigens

岩手県から九州まで分布する大型のテンナンショウです。花期は５～６月、雌雄同株または雄株で、同株の場合、雌花は花軸の下方に密につき、雄花は雌花の上方にまばらにつきます。

●ヒメウラシマソウ

A. kiushianum

一見したところウラシマソウの少し小型のような感じのする植物ですが、仏炎苞の内部に鮮やかな白色のＴの字形があるので容易に区別できます。栽培方法はウラシマソウやユキモチソウと同様です。

●ムサシアブミ

A. rigens

仏炎苞の形が馬の鞍についている足をかける鐙（あぶみ）に似ているところからその名前がついています。このムサシアブミもウラシマソウと同じようによく栽培されていますが、よく分球し、育てやすい植物です。

●マムシグサ

A. serratum

日本全国ほとんどの地域で見られるテンナンショウ属の仲間ですが、この植物の仏炎苞がちょうどヘビがかま首を持ち上げているようにも見え、また、茎にマムシというヘビの胴体の文様に似た文様があるところからマムシグサと呼ばれています。

栽培はユキモチソウと同じです。

●アマミテンナンショウ

A. heterocephalum

奄美大島、徳之島に分布します。花期は１～４月。仏炎苞の内面は緑白色で外面は緑色を帯びます。小型で美しいものです。栽培は冬に寒がります。

シソ科

Salbia japonica

アキノタムラソウ

Labiatae

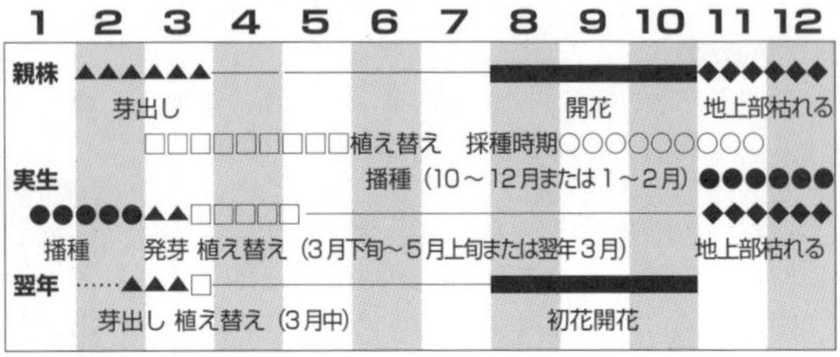

絶滅の危険性●大きくはない
分布●本州・四国・九州
自生地●山野の道ばた
種類●落葉多年草

和名の「秋の田村草」は秋咲きの田村草の意であり、関連種にハルノタムラソウとナツノタムラソウがあり、単にタムラソウと呼ぶキク科タムラソウ属が存在します。このタムラソウとアキノタムラソウの「田村」は同じものか不明です。アキノタムラソウは本州から琉球の山野の林縁や路傍に自生し、中国や朝鮮にも分布しています。

自生地のアキノタムラソウは高さが50㎝から1ｍにもなり、花は淡い青紫色の長さ20㎝ほどの穂を伸ばし唇形花をつけます。1㎝ほどの唇形花をルーペで見ると花冠の外に白色の細かな軟らかい毛があり、ユーモラスな花を実感できます。

開花期が一部異なるナツノタムラソウとアキノタムラソウの区別は、「ナツ」の花冠の長さは6～10㎜なのに対し、「アキ」の花冠は10～13㎜とやや長く、また両者の雄ずい・雌ずいの出方に違いがあります。ハルノタムラソウは「ナツ」「アキ」に比べて草姿が小さく、花期は名前のとおり春で、混同することはありません。

地植えでも鉢でも容易に栽培できる丈夫な植物です。鉢で栽培すると20㎝程度に抑えることができます。花は8月から11月に咲きます。

ハルノタムラソウは紀伊半島に自生するものは矮性タイプですが、なかには極矮性種があって、平鉢や小鉢に植えて楽しむ人が多いようです。小さな草丈のものには奄美諸島自生のヒメタムラソウ（*S. pygmaer*）とその変種のアマミタムラソウ（var. *simplicior*）があります。

近縁種としては、名前に「タムラソウ」とつきませんがアキギリやキバナアキギリ、シナノアキギリなどがあります。

アキノタムラソウ

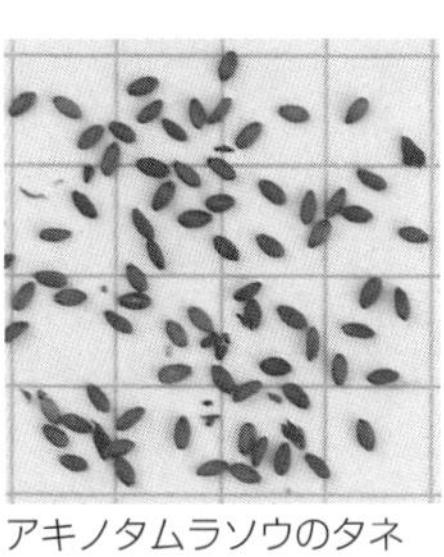

アキノタムラソウのタネ

▌実生法

[播種] まずシソ科の共通点として、タネが完熟するとすぐに落ちてしまうので採種が難しいことがあげられます。タイミング良くタネを採取するためには、完熟する前に花穂を切り取り、ブドウ糖溶液（砂糖の溶液でも代用できます）に挿して、完熟を待ってタネをより簡単に採取することができます。

播種の用土は、清潔なものであれば選びません。発芽後の管理もそれほど難しくはなく、山野草一般の管理方法で十分に生育させることができます。

[移植] 発芽後、3月下旬から5月上旬にかけて4.5号鉢に1回目の移植を行ない、翌年3月に4.5号鉢から6号鉢に植え替えると、その年の8月から10月にかけて順次開花するようになります。

施肥は多く与えると株が大きくなりすぎるので、小柄な姿を保つよう少なめに与えます。

（石川　律／東京都世田谷区）

キバナアキギリ

アキギリ

[関連種]

●ナツノタムラソウ

S. lutescens var. *intermedia*

近畿地方と伊豆、箱根に自生します。雄しべが長く突き出るのが特徴で、花冠は短く、濃い赤紫色をしています。花期は６～８月です。

●ハルノタムラソウ

S. ranzaniana

紀伊半島と四国、九州に自生します。高さ１０～２０cmと矮性で、なかには５cm未満で開花する極矮性タイプが群生する場所もあるといわれます。

●タジマタムラソウ

S. omerocalyx

近畿地方の北部と福井から鳥取にかけて自生します。高さは１０～２０cm、花は５～６月に咲きます。

●シマジタムラソウ

S. isensis

静岡、愛知、三重の蛇紋岩山地の疎林や草地に自生します。高さは２０～８０cm、花は７～８月に咲きます。絶滅危惧Ⅱ類に指定。

●アキギリ

S. glarescens

中部地方から近畿地方の山地の林縁に自生します。花は紅紫色（濃淡の個体差がある）で、茎の先端にサク果や幅広い心臓形の葉が木本のキリ（桐）を連想させるところから秋桐の名がつけられたといわれます。開花は８～１１月、草丈は２０～５０cmです。

●キバナアキギリ

S. nipponica

本州と九州に広く分布します。開花は８～１０月で、淡黄色の花色から愛好者も多く、人気があります。変種にミツデコトジソウ（var. *trisecta*）があります。

●シナノアキギリ

S. koyamae

長野・群馬の両県の山地の木陰に自生します。花色はキバナアキギリよりも薄い黄色で、８～１０月に咲きます。葉は心円形で、草丈は６０cm前後です。鉢栽培では草丈を低く抑えることができます。

Scutellaria abbreviata

シソ科

トウゴクシソバタツナミソウ

Labiatae

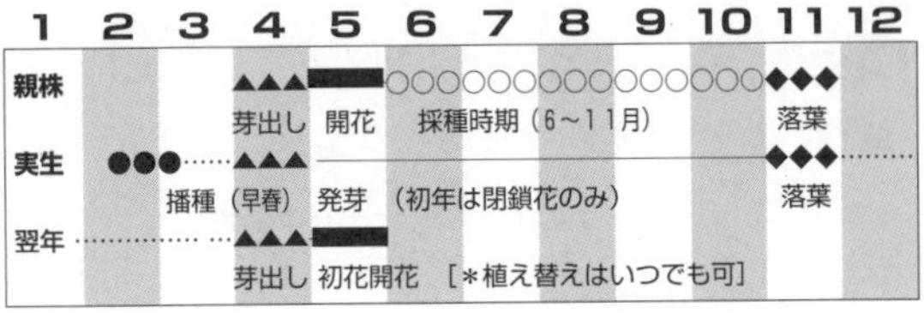

絶滅の危険性●大きくはない
分布●本州福島県以南
自生地●やや湿った木陰
種類●落葉多年草

タツナミソウの仲間は細かい違いで分類されています。自生する地域や環境によって同種でもかなり異なった形態になり、完全に見分けることは私には不可能です。

本種は東日本の丘陵地の林縁に自生します。高さは10cm前後とこの仲間では小型の部類で、葉裏と葉脈などが紫色になりシソの葉を思わせます。自生地の開花期は5月下旬から6月初め、栽培すると5月中旬に咲きます。

タツナミソウの仲間はいずれも閉鎖花《へいさか》（蕾のうちに自家受粉して開花しないままで結実する花）がつき、わざわざ人工授粉をしなくとも多量のタネが得られます。苗の育成、親株の育成とも容易なので、初心者向きのタネから育てる山野草といえます。

トウゴクシソバタツナミソウ

トウゴクシソバタツナミソウのタネ

▍栽培法

自生地は林縁や林内でかなり暗い場合もありますが、夏以外は直射日光に当てると草丈が詰まって、花がたくさんつき見栄えがよくなります。用土は山野草用の普通のものでよいでしょう。丈夫な植物ですが、極端な乾燥過湿を避けるのは当然です。病気はあまり目立ちませんし、害虫は新しい茎葉にアブラムシがつくくらいです。

▍実生法

[採種] 親株がひとつあれば閉鎖花で大量に、しかも長期間タネを生産するので、タネを得ることに苦労はありません。2つの萼《がく》が上下に合わさり、下側の小さな萼に4個ずつタネが収まっています。タネは初め緑褐色、熟すと茶褐色になります。閉鎖花ができて1カ月ほどで熟しますが、様子は外からは見えないので、萼がカサカサと乾いた感じになったころに採種します。萼に触れると上の萼が取れてむき出しになったタネがこぼれてくるので、紙コップなどを置いて受け止めるとよいでしょう。

[播種] 6月中旬ごろから秋までどんどん閉鎖花がつくの

で、そのたび採種してすぐにまいてもよいですし、保存しておいて早春にまいてもよいでしょう。採りまきでも発芽は翌春になります。

[移植] 発芽苗は薄い液肥をたびたび与えると、6月ごろから閉鎖花がつき始めます。開放花（通常の花）が咲くのは2年目からになります。

播種したときに厚まきでなければ、移植は開花までしなくともかまいません。移植時期は特に選びませんが、猛暑や厳寒の時期は避けるのが無難です。

その他の増殖法

短い地下茎を伸ばしして栄養繁殖もします。茎挿しでもふやすことができますが、実生で速やかに大量にふやせるので、私の場合、あまり熱心に栄養繁殖したことはありません。

（清水 尚之／新潟県新津市）

トウゴクシソバタツナミソウの実生苗。発芽２カ月後の６月下旬の状態

トウゴクシソバタツナミソウの果実（6月下旬）。もう少しでまきどき

[関連種]

●シソバタツナミソウ

S. laeteviolacea

西日本の山地林縁に生えます。トウゴクシソバタツナミソウとの違いは微妙です。葉が紫地で葉脈が白く抜け、花がよりたくさんつく傾向があるようで、観賞価値は比較的高いほうでしょう。

●コバノタツナミソウ

S. indica

暖地海岸近くの林縁や崖地に生えます。暖地の自生地では１月から咲いており、初夏まで次々と咲き続けます。閉鎖花は真冬でも次々とつけます。１０cm以内と小型で常緑の葉にビロード状の短毛が密生します。タツナミソウの仲間で最も観賞価値が高く、栽培が容易で親しまれている種類です。冬温暖なところならこぼれダネで雑草化するほどです。

●デワノタツナミソウ

S. Muramatsui

日本海側の山地の林縁や林内に生えます。草丈は自生地によって５cm程度から５０cm以上までとかなり異なります。花の下唇に斑点が入らず白一色なのが大きな特徴とされます。小型の個体はそれなりにかわいいものですが、花も小さめになるようです。

●エゾタツナミソウ

S. pekinensis var. *ussuriensis*

東日本の山地に生えます。草丈は１０～３０cm以上。タツナミソウの他の仲間は花が付け根で９０度に曲がって立ち上がり、本種は６０度くらいに曲がるといわれますが、その差は微妙です。花茎の苞が他の種類に比べて大きく葉状であることも区別点です。草姿が大柄で花は小さめなので、好んで栽培される種ではないようです。

ほかにタツナミソウ、ヤマタツナミソウ、オカタツナミソウなどがありますが、区別は困難です。

シラネアオイ科

Glaucidiaceae

Glaucidium palmatum

シラネアオイ

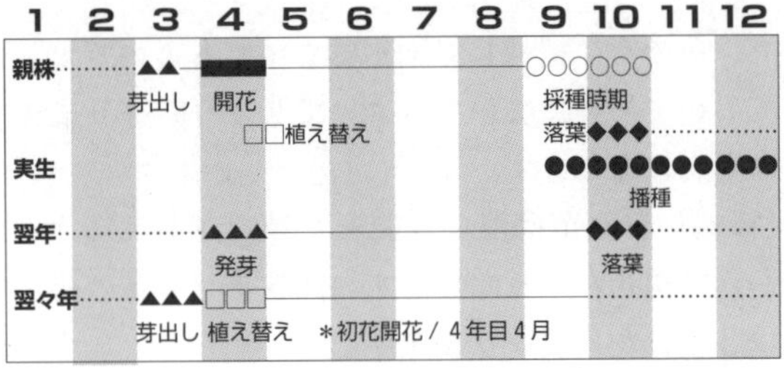

絶滅の危険性●大きくはない
分布●北海道・本州中部以北
自生地●深山の林床
種類●落葉多年草

1属1種で、日本の固有種です。草姿·花ともに控えめ、華美なところはまったくありませんが、見る者にその個性的な美しさを印象づける植物です。それゆえ、自生地でこの花の群落をひと目見て虜になり、手元で咲かせたいと思う人も少なくありません。日本の山草を代表する、世界に誇るべきこの名花は、東京山草会のシンボルマークにもなっています。

シラネアオイは分布も比較的広く、個体数も豊富で、レッドリストには載っていません。山草店での入手も容易ですが、関東以西の暖地での栽培は、そう簡単ではありません。薄紫の高雅な花の魅力に抗しきれず、飛びついたけれど枯らしたという人も多いはずです。

寒冷地に慣らされた株を、暖地に持ってきて栽培するのは難しいものです。ところが、栽培地で実生した苗は、始めからその地の気候に適応していますので、ずっと作りやすくなります。シラネアオイも例外ではなく、実生によって別もののように楽に作れるようになります。

シラネアオイ

シラネアオイのタネ

▍栽培法

寒冷地では山草栽培の基本どおりに行なえば、特に問題はありません。暖地では、なるべく肉厚の透水性のある焼締め鉢を用います。シラネアオイはどちらかというと植え替えを好まないようですので、2、3年そのまま作れるように大きめな鉢を用意します。崩れにくい山草用土を3、4種類混合して植え付けます。用土は特にこだわる必要はありません。用土より鉢のほうが重要です。植え付け、植え替えの適期は、花の直後です。

生長期は午前中の日照を取り、花後は50%くらい、夏季は75%くらいの遮光をします。落葉樹の下は好適な置き場です。通風が欠かせないことはいうまでもありません。水を好むので用土を乾かさないように管理し、生長期には薄い液肥をたびたび与えます（3000倍を週2回、または5000倍を毎日など）。

▎実生法

［タネ］何鉢か作っていれば、虫媒によって自然結実のタネができますが、人工授粉すれば確実にタネを得ることができます。親株がなくても、業者のシードリストや園芸雑誌の交換欄を通じてタネを入手することも可能です。

9月ごろ、タネが熟したら採りまきします。タネを乾燥させて翌春まくと、発芽率が著しく落ちたり、発芽が1、2年遅れたりすることがあります。タネを保存する場合は、固く絞ったミズゴケとともにビニール袋に入れ、冷蔵庫の野菜室に入れますが、カビが生えたり、ビニール袋内で発芽したりすることがあり、採りまきするのがベストです。

［播種］　駄温鉢、プラ鉢などに親株と同じ用土でまきます。東京では翌年4月上旬ごろから発芽し始めますが、この年はそのまま作ります。発芽1年目は、双葉だけで終わり、2年目に本葉が出ます。タネが良ければ発芽率は良いので、1年、2年後の生長を考慮して、あまり密にまかないようにします。親株より遮光を強めにして直射光を避け、水切れさせないように管理し、親株同様に肥培します。

［移植］　生育の良い苗は3年から4年で初花をつけます。始めから栽培に適した鉢に播種して、株が込みすぎていなければ、ここまで移植をしなくても大丈夫です。暖地でプラ鉢やポリポットに播種した場合は、2年目の春、生長が止まった時点で大きい鉢に移植します。

▎その他の増殖法

［株分け］順調に5、6年生育すると大株になり、株分けができます。花後、ただちに根塊をカッターナイフで縦に切り分け、切り口をトップジンMペーストなどで消毒して植え、日陰で養生します。暖地では多少翌年の勢いが落ちますが、あまり大きな株になると突然枯死することもあります。増殖と同時に安全策としての意味でも株分けをおすすめします。　　　　　（三橋 俊治／東京都三鷹市）

発芽：４月上旬

１年目の苗

２年目の苗

初花：４年目

Viola mandshurica var. *boninensis*

スミレ科

アツバスミレ

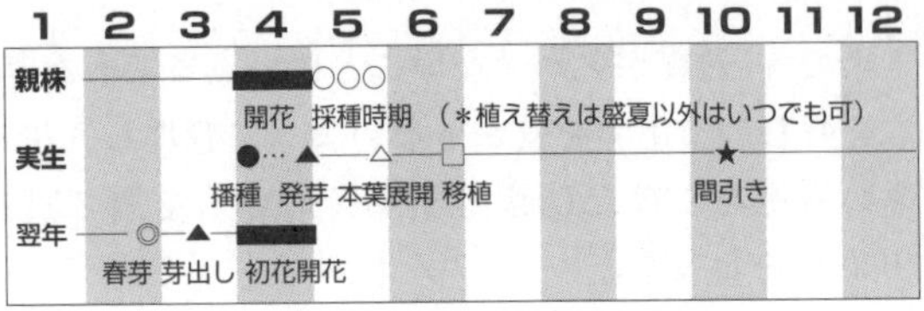

Violaceae

絶滅の危険性●大きくはない
分布●本州太平洋側
自生地●山野の道ばた
種類●落葉多年草

日本の春はスミレ類がつつましく、他の草木とともに混じって、至るところでひと目でスミレの花だとわかる姿をみせてくれます。それは高山から海岸まで、大都市の路傍にもわずかな条件さえあれば生存できる強健種もあり、スミレに興味を抱いて開花期のころに各地を訪れますと、スミレの花のなんと多いことよ？と、気がつきます。

スミレは万葉の昔から多くの人々に愛されてきました。山部赤人の名歌を筆頭に詩歌、文学、季節のニュースにも春の訪れとしてスミレの開花を紹介する例が多く、しかもそのほとんどはスミレ（マンジュリカ）のようです。菫色との言葉があるように、濃紫の極めつきが日本人の好みの色でもあるのでしょう。

アツバスミレは、このマンジュリカに属している１群のひとつです。わが国は南北に長く、山岳、高原、森林、河川に恵まれ、地形も複雑ですから動植物も種類が多く、スミレ類も驚くほど多様です。基本種、亜、変種だけでも85前後になり、これに品種、さらに自然交雑種を併せますと…これはもう専門学者の領域になるでしょう。このほかにも人工交配種が多数作られ、双方の合計は1000を軽く超えていると考えられます。自生種のスミレ類は例外もありますが、ほぼ住み分けています。

北海道、本州·四国·九州、南西諸島、高山、低山丘陵、林内陽地、乾湿地、日本海側、太平洋側など…。多くのスミレ類はそれぞれ生存に適した場所を選んでいますが、タチツボスミレのように生活力の強いものは全国的に見られ、春の山道を歩いているとどこまでもこの花が咲き続いている光景をたびたび経験します。

二色アツバスミレ

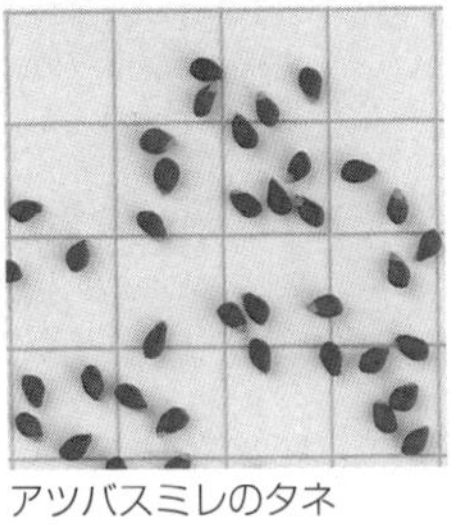
アツバスミレのタネ

分布が広いことは変異品も多く発生する確率が高く、全国的に見られるタチツボスミレが一番多くの有名、無名の変異品を含んでいるでしょう。一方、スミレ〈マンジュリカ〉も高山帯や深林など以外の明るい揚所ならばタチツボスミレにはその数量では及びませんが、数多くの変異品種があります。

アツバスミレは島嶼も含めた太平洋沿岸帯がその自生範囲ですが、基本種との中間的を思わせる個体も見ていますし、自生地の環境の故か花形、花色なども小さな相違が見られます。葉が厚く光沢があり葉の幅も少し広いようですが、発芽してから幼苗のうちは他の仲間と似ていてラベルをつけておかないと見分けにくく、本葉が出ると光沢も現われ葉の厚みも生長とともに増してきます。

現在、私の栽培するアツバスミレはスミレの大家、浜栄助先生が伊豆大島で発見されたといわれ、10年以上も前、東京山草会のスミレ・サクラソウ部会で分譲を受けたものです。

特徴のある二色咲きで上弁の2枚は白色、ほかは明るい紫色で花の大きさもスミレ（マンジュリカ）類の平均より大きく立派な品種です。栽培が容易なのも特徴のひとつで、タネも発芽良好です。山草栽培はタネからといわれますが、アツバスミレをはじめとしたマンジュリカ種の仲間、近縁のアリアケスミレ、ノジスミレ、ヒメスミレ、コスミレなどはよく発芽し、よく生長して花もよく咲きます。タネから始める山野草栽培の手頃な種といえるでしょう。

実生法

［採種］ほかの植物でも同様ですが、スミレ類も時間が経つほど発芽率が悪くなります。一番良いのは、花が終わった後、タネを内蔵した閉鎖花が次第に頭を持ち上げますが、斜上したころから真上になるころまでに採取し、すぐに播種します。この方法が一番発芽率も高いようです。

今年（2003年）の4月3日にアツバスミレを播種（昨年のタネ）しましたが、4月25日には発芽を始め、5月末には本葉が出始めています。生命力も生活力も強いのがわかります。試みに今度は7月3日に播種（今年の5､6月に採取したタネ）をしたところ、10日後には一部のタネが動き始め、その中の2、3は緑が見えています。7月17日は播種してから2週間目になったのでカメラにおさめまし

白花スミレ

6月13日播種のエビチャスミレ
6月26日の発芽状態

6月13日播種のエビチャスミレ
7月17日の状態

6月13日播種のエビチャスミレ
7月31日の状態

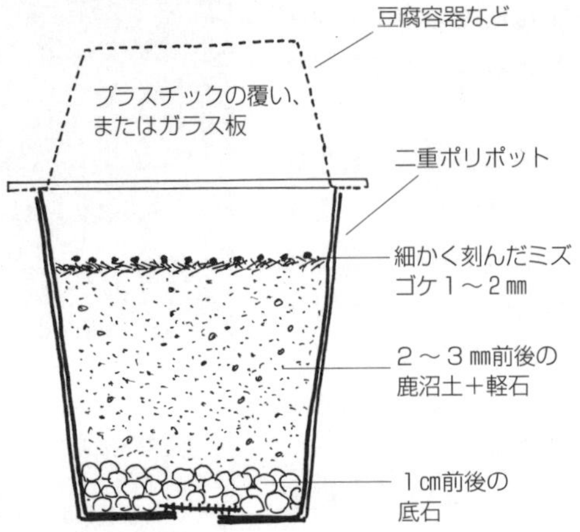

た。幼苗が８本ほど、タネが割れて根が伸び始めているのが30ほど見られました。

一方で発芽不良や忘れたころに芽生えてくるものも少なくありません。

［播種］ 実生からの栽培も、播種の方法も各人、各様で栽培場所の環境が微妙に影響していると思います。長年にわたって成功や失敗を経験するうちに、いつしか体得するような気がします。

アツバスミレは数多いスミレ類の中でも一番容易な部類でしょう。播種から育成についてもあまり神経を使わなくてもよく、私も以上の点を考えて平凡なやり方を行なっています。

まず播種用の鉢ですが、タネも少数（15～16粒くらい）ならば黒いポリポット（縦８㎝、横８㎝）くらいで十分です。このポットは薄くて腰が弱いため２枚重ねにしています。鉢底のゴロは径１㎝くらいの用土を二重に入れます。ゴロ土は鹿沼土、赤玉土、軽石などあり、あわせたものを使っています。

その上に直径２～３㎜の鹿沼と軽石を混合して入れ、十分に灌水し、水で湿らせたミズゴケを細かく刻み表面を薄く（１～２㎜くらい）覆い播種します。スミレの多くはこの方法を用いています。

次に播種の時期ですが、開花期が終わるとやがて閉鎖花が頭を持ち上げます。前に述べましたが、このころに採種して直ちにまきつけたものが発芽率が良く、前記の刻んだミズゴケにまきます。タネの上にはミズゴケも用土も不要ですが、タネがミズゴケの上に浮き上がりすぎたときはピンセットなどでミズゴケ表面と平らになる程度に押さえます。なお、タネはなるべく指で摘まむことを避けてください（筆者の師匠から教えを受けました）。

播種が終わったら再度灌水して、鉢の上にガラス板か食料品などを入れたプラスチックの容器で覆います。スミレ類は発芽するまでは多湿を好みますが、発芽してからは次第に覆いをずらしていきます。アツバスミレは発芽完了の時点で覆いを除いていいでしょう。

鉢の置き場所は明るい日陰がよく、鉢内は湿度を十分に保ってください。種類にもよりますが、順当に発芽するもの、忘れたころに発芽したり、まったく発芽しないものもあります。

[移植] 発芽、生長して本葉が少し大きくなったころ、一部を移植するとよいでしょう。スミレ類は根部が長大になるので少し縦に長い鉢が適しています。

用土もアツバスミレならば鹿沼土を5割くらいと軽石、赤玉土などで十分です。軽石はスミレ類が本来の自生地の影響を受け継ぐため、乾・湿度を調整するのに使用しています。

そのためにもスミレ類の観察旅行は重要で、高度などを含む自生地環境などの見学をおすすめします。

[栽培] このスミレは元々丈夫ですから、大きい鉢なら庭士でも、また、地植えでも育ちます。陽光と乾燥も好みますから陰湿の場所は不適です。春に発芽し生長した株は、秋には閉鎖花を上げる例も多いので、採取・保存して翌年の播種に備えます。

晩秋のころ、地上部は枯れて休眠に入りますが、棚上に置いたままでも越冬できます。鉢内の乾燥が激しければ灌水しますが、休眠中は過湿に注意してください。

厳冬期には春芽が膨らんできて無事芽出しは間違いないでしょう。陽春4月には一斉に開花します。

（渡部　宏／東京都杉並区）

2003年5～7月にかけて採取したタネを7月3日に播種、7月17日の発芽状態

7月3日播種、7月31日の状態

4月3日播種、6月26日の状態

[スミレ（マンジュリカ）の品種群について]

このスミレたちは高山帯を除きほぼ全国的に分布しますので、変異品も多く知られています。その他にも他種との自然交雑も多く、例えば平林寺（東京郊外）のお墓のあたりで発見されたヘイリンジスミレはヒメスミレとの交雑種です。

以下に述べるのは、私が今までに栽培したことのある種類です。

東京·杉並区内で採取したスミレ（マンジュリカ）のタネから…

●スミレ（マンジュリカ）

V. mandshurica

ただスミレと書きますと何のスミレやらわかりにくいので学名で区別していますが、他のものは和名です。前述のとおり本種が昔から日本を代表するスミレですが満州（中国の東北部）のスミレの意味です。

この基本種にも花形、花色など多少の変異があります、花の中央部が白く抜けるもの、中央部まで濃紫色に染まるタイプ、花色も濃紫、少し紅を含んだ紫色など、ほかにも小さな相違はたくさんあります。距はずんぐり型で長さは８㎜くらいまでですが、スミレ類は参考書の説明に反するような例外が多々あります。根は生長するにしたがって茶褐色になり濃度を増していきます。葉柄には翼が目立ち、葉との接合部がくびれるのも特徴ですが、時期や個体により判然としない個体もあります。本種はミヤマスミレ節のコスミレ系に入り、この仲間は夏葉がかなり大きくねるのも特徴のひとつです。栽培もアツバスミレに次いでやさしいほうです。

●アナマスミレ

V. mandshurica var. *crassa*

アツバスミレ型の日本海沿岸帯に自生していて、礼文島のアナマ山（岩）麓で発見されたのが名の由来です。

ある山の本で知床半島の根元にある斜里町の海岸近くでスミレの大群落に出会った投稿者のスミレの写真が載っていましたが、葉の形状を見るとアナマスミレに間違いありません。葉の表面が強く内側に巻き込むのも特徴で、アツバスミレも個体により巻くことがありますが、アナマスミレには及びません。葉の幅もアツバスミレのほうが広いようですが、個体差もあると思います。極めて近縁だと思います。

●ホコバスミレ

V. mandshurica var. *ikedaeana*

西日本の高原、山地が主な自生地で東日本ではほとんど見かけません。全体に小型で花もこの仲間では小さいほう、花弁も狭いようです。葉の形状が古代の武器に使用された鉾の形に似ているので名がついたといわれます。

以前にタネを分譲で入手したことがあり、数年間は持ちこたえました。

近年にもタネをいただき半分ほどが発芽しましたが、ほかの仲間に比べ少し弱いようなので過湿を避けたほうがよいでしょう、また、ひと目見て同属群とは形状が相違していてマンジュリカの変種とされています。

●エビチャスミレ

"Ebichasumire"

戦前に今の東京·新宿区大久保で発見された品種ですが、丸弁大輪の美花で観賞価値も群を抜いています、葉の表裏も赤味を帯び、葉脈のくぼみも目立ちますし基本種より葉幅が少し狭いようです、開花前後の素晴らしい眺め、栽培も容易で発芽良好、長い年月栽培を重ねて丈夫な品種になったものと思います

●シロガネスミレ

V. mandshurica f. hasegawae

今の東京・港区白金台にある国立白金自然教育園内で資生堂の福原氏が発見したマンジュリカの白花品で下弁に紫条があります、先祖返りと思われますが、近年は色が出て白花とはいえません。年により濃淡が現われ不安定な面もあります。花は少し細弁で大輪、観賞価値もあり栽培も容易です。

余談になりますが、地名から採用したのならば濁音のないシロカネが本当ですが、スミレ関係の図書はどれもシロガネにしてあるので濁音をつけました、

●ミョウジンスミレ

"Myojinsumire"

山草界では大御所的存在だった鈴木吉五郎さんの弟、文五郎さんが箱根の明神岳で発見したそうです。少し小型で花、葉の縁、葉脈にも光沢のある赤茶色が入る、花の中心部は黒味を帯びた濃紫色、夏葉もあまり大きくなりません。葉は少し厚みがあり光沢もありますが、アツバスミレの葉とは違う感じです。

栽培は容易です。

●コモロスミレ

V. mandshurica f. plena

小諸市にある海應院の境内で発見された八重〜重弁、ときには普通花弁のものもあります。その年の生育の好し悪しが影響するのでしょうか、同じ株が翌年には多弁にもなります。八重咲き状に開花しているときは頭が重いので、雨に打たれますと皆うなだれてしまい見るかげもありません。小鉢に十数花も一斉に咲いた時は豪華な感じもします。

小諸市の花に指定され、小諸城祉、懐古園前の一画に保存栽培されています。閉鎖花からタネが採れますし栽培も容易です。

●ニシキスミレ

V. mandshurica f. albo-variegata

葉に白、黄、赤の斑が入りますが、開花期をすぎると消えてしまいます。花色は冴えたスミレ色ではありませんが、他種との交配には利用価値があります。トミオカスミレは本種とゲンジスミレ（太陸原産）の交配で葉に複雑な斑模様が見られます。

●純白種

長い間、基本種には純白（アルビノ）品が現れなかったそうですが１０年ほど前でしょうか部会でタネの分譲がありました。栽培は容易なので今では広く出回っているようです。入手したころの花より現在の花のほうが、ふくよかで少し大きくなっていると思います。タネもよくできますし、すぐ播種すれば発芽率も良く、後世に残したい品種です。

●藤色種

この品種も部会での分譲で入手したもので、花は全体にムラのない藤色です。おだやかな優しい雰囲気があります。花色のほかは基本種とほとんど変わりません。

●淡紅色種

部会で分譲されたタネから出たもので、花弁の先のほうが淡紅色になり中心部にかけて次第に白くなります。他種との交雑？とも思いましたが、各部も基本種の特徴があり、閉鎖花にはタネも入って（通常、交雑種にはタネができません）いるので基本種の花色変わりと思います。コスミレに花のよく似た種がありますが葉の形、根の色がまったく違います。

●芳香種

見学会で千葉県の伊予ケ岳に行った折、山麓の草叢に多数のマンジュリカが咲いていました。私はスミレ類の芳香が好きなので、このときもなんとなく鼻を近づけたところ芳香がありました。先輩に多くのスミレ類に芳香の出る可能性があると教えられ、以後は他の山草の花でも芳香の有無を確かめる癖がついてしまいました。数年後、部会に有香のマンジュリカ苗を分譲してくれた方がいましたので、普通では芳香のないはずであるのに、と改めて先輩の言葉に教えられました。

●二色アツバスミレ

アツバスミレは上弁だけが白ですが、この種は花弁全部の周辺が白く中心部は濃紫で、その割合は白３、濃紫７くらいで年により少し不安定です。裏面も表面と同様の色になり距も濃紫色です。丘陵地帯の南斜面の草原で数十の花がかたまって咲いていましたが、その美しさにしばらくの間は身動きができませんでした。基本種と比較して少し小型、葉の色も濃く夏葉もわずかに小さいようです。

ほかの特徴はマンジュリカと同じですが、閉鎖花の先端はアツバスミレ、コモロスミレに似て鋭頭になりません。

ほかにも多くの変異品が記録されています。発芽良く、栽培も楽なものを記しましたが、難かしい種類もたくさんあります。

Persicaria viscosa

タデ科

ニオイタデ

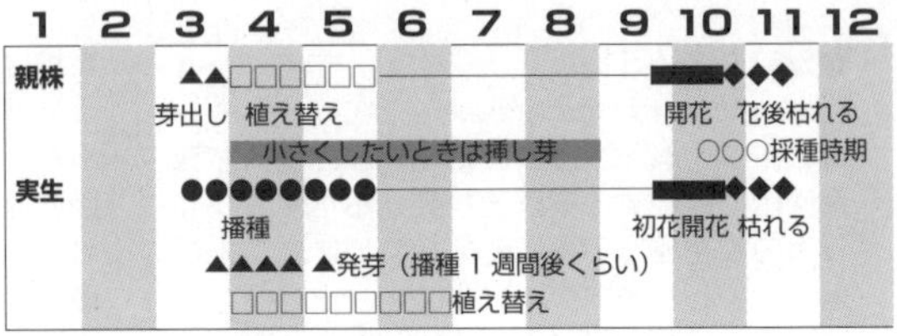

Polygonaceae

絶滅の危険性●大きくはない
分布●本州関東以南・四国・九州
自生地●草地
種類●一年草

関東以西に生える一年草。クサヨシ、クサネム、ガマなどと混じり合って自生したり、農家が水田栽培を放棄したようなところにたくさん生えていることもあります。

自生地では1～1.5 mにもなる草で、鉢の大きさや深さによってかなり大きくなります。

栽培法

実生と茎挿しがあります。水と太陽が大好きな草で水切れに注意が必要です。また、虫も多く油断すると茎だけの丸坊主になってしまいます。大きくなってからでは再び葉が出ますが、芽出し後の小さな苗では葉が出ないまま枯れてしまうことがあります。鉢の上にパラパラとまく殺虫剤を時々まいて虫を予防します。水切れが心配なときは、浅い皿のような物を置いて太陽に当てるとよくできます。

ニオイタデは一年草ですから、毎年まくか、茎挿しをします。ほかの草のように1鉢に1本植える方法ではあまり見栄えがしないので、5 cmくらいの深さの丸鉢などに播種します。植え替えもできますが、そのままのほうが自生状態に近くよいものです。

実生法

タネは、ほかのタデと比べると少し大きめですが、発芽の悪いときがあるので少し厚まき気味にし、発芽が多すぎたときは間引きます。苗は捨てずにヨシやホタルイなどの

ニオイタデ

ニオイタデのタネ

5月1日播種、発芽（5/13）後、別の鉢に移植した状態（白く見えるのはオルトラン）

5月1日播種、
6月10日の状態

中に入れると水辺の寄せ植えになります。

播種用のタネを採るには、大きめの鉢に植えて肥培しないと良いタネはできません。近くに自生地があるとベストです。

その他の増殖法

［茎差し］ 6～8月上旬ころまでに生長部分を挿します。水分を含んだ早朝に10～15㎝くらいをカッターナイフなどで切り、水を入れたバケツに入れて水を吸わせてから挿します。植え替えをしないので初めから観賞鉢にまいたり、挿したりします。

用土は赤玉土だけでも、桐生砂や鹿沼土を1～2割入れたものでもよくできます。

実生でも茎挿しでも、初めから肥料を入れます。ゴロ土の上に少し用土を入れ、マグァンプKをパラパラ（あまり多すぎないよう）と入れます。挿した鉢は直接日や風の当たらないところに置き、できれば霧吹きでかけてやれば早く発根します。

栽培上注意することは、太陽によく当てる、水切れに気をつける、虫には特に気をつけてオルトランなどを時々まく、などです。

観賞

水辺植物の鉢の中に入れると自然な感じがでます。3～5本植えでスーと伸びた姿を楽しむほか、平鉢でたくさん植えた中にヌカビキやコブナグサなどを鉢縁から這わせ鉢こぼれを楽しむなど、栽培の仕方でいろいろのバリエーションが楽しめます。一番の見所は、秋に茎が真っ赤に染まり、タネも赤く、葉が黄色に色づき良いものです。

（田中　清／埼玉県坂戸市）

［タデの仲間］

●サクラタデ

P. conspicua

水辺に生える雌雄異株の多年草で、このタデは花がきれいなので栽培している人も多いのではないでしょうか。

多年草ですが、地下茎の生長が旺盛で2年もすると鉢の中いっぱいに地下茎の塊になっています。毎年か1年おきくらいで茎挿しして栽培したほうがよくできます。

●シロバナサクラタデ

P. japonica

雌雄異株の多年草で、シロバナサクラタデの名前がついていますが、サクラタデの白花ではなく別の種です。

●ポントクタデ

P. pubescens

水辺に生える一年草で、あまりきれいなタデではありませんが、水辺の鉢物の中に入れたり、単独でもよく、タネを採り忘れても自然のこぼれダネで毎年生えてきます。

●ヤナギタデ
（マタデ、ホンタデ）

P. hydropiper

水っぽいところに生える一年草で、このタデは横に広がるタイプです。大変辛いタデで「蓼喰う虫も好きずき」といわれるタデはこのタデで、刺身のつまにするのは有名です。秋の草紅葉を楽しみます。

タヌキモ科 *Lentibulariaceae*

Utricularir bifida

ミミカキグサ

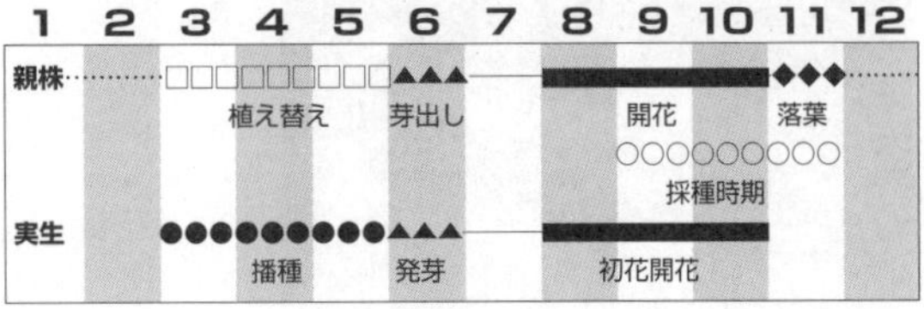

絶滅の危険性●大きくはない
分布●本州・四国・九州
自生地●湿地
種類●落葉多年草

観賞価値が高く、栽培容易でよくふえ、山草の入門種です。食虫植物の仲間ですが、捕虫嚢（袋）は地中にあるため通常は見えません。かつては日本各地の湿地に普通に見られたものの、近年は減少しています。

ミミカキグサに限らず湿地の植物は、湿地の水抜きによる水位低下、人間活動の影響による富栄養化、周辺樹林の伐採による流入水の減少により、年々危機的状況が増大しています。

ミミカキグサの仲間（タヌキモ属）は砂漠を除く全世界に約300種が知られており、地上に生えるもの、水中を浮遊するもの、あるいは樹上に着生するものと自生状態もさまざまです。日本に樹上着生種はなく、地上に生えるものをミミカキグサの仲間、水中を浮遊するものをタヌキモの仲間と山草愛好家は呼び分けています。

ミミカキグサは多年草で、6月ごろからルーペでやっと確認できるほどの小さな小さな葉をポツリポツリと展開してきます。他の鉢では山草が元気よく生長している時期なので、枯れてしまったと勘違いして鉢を捨てないように気をつけましょう。7月ごろから葉の数が急激にふえ、8月になると鉢全面が葉で覆われるようになります。

ミミカキグサの花と果実

8月下旬から10月いっぱいぐらい、高さ約15㎝の糸のように細い花茎に径5㎜程度の黄色の花を数個咲かせます。日本のミミカキグサは花茎が林立し多数の花が群れ咲くのが見所なので、小鉢植えやまばらな花茎では観賞価値がありません。

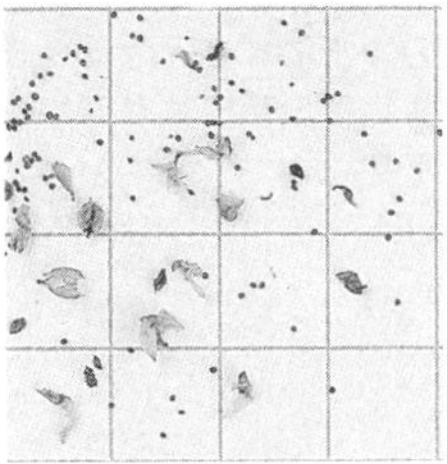
ミミカキグサのタネ

園芸店では外国産の花の大きなミミカキグサが多く並び、日本のミミカキグサを扱う店は少ないです。湿地植物専門通信販売のカタログには載っています。

栽培法

6月から花が終了するまでを除けばいつでも植え替え可

能です。強いていえば、3～5月が植え替えの最適期です。

植え替えるといっても鉢の用土を幾つかに切り分けて、用土ごと他の鉢に入れるだけです。用土を洗い流してミミカキグサの草体だけを植え替えるということはしません。用土はミズゴケ単用か、ミズゴケにケト土を3割ほど練り込んだものが一般的です。水切れは致命傷となるので、鉢は1年中腰水にします。

ミミカキグサの実生苗

日のよく当たる棚の上に置き、真夏も真冬も特に保護する必要はありません。肥料はまったくいりません。

11月ごろに地上部は全部枯れ、地中の芽だけで冬を越します。

実生法

[タネ] ホコリのような小さい粒です。タネだけが販売されることはないので、親株から自分でタネを採ります。花は小さく構造もやや複雑なので人工授粉するのは困難ですが、通常の屋外の栽培場所なら放っておいても虫が受粉してくれます。

結実は早く、開花後2週間程度で小さな二枚貝のようなサヤ（果実）となります。サヤの中には10粒程度のタネが入っています。気付かずに二枚貝が割れてタネを散らしてしまうことが多いので、早め早めにサヤを採り集め紙袋に保存します。

[播種] 9月ごろに採りまきするか、保存したタネを3～5月にまきます。どちらでもよく発芽しますし、採り忘れで飛び散ったタネが、ほかの鉢から雑草のように生えてくることも多いです。発芽は、親株の芽出しと同じ6月ごろで、最初はルーペで見ないと確認できません。

実生苗は、その年に開花します。

その他の増殖法

実生でも株分けでもよくふえ、その他の特殊な増殖法は必要ありません。

（小田倉 正圀 / 東京都新宿区）

[関連種]

●ムラサキミミカキグサ

U. yakusimensis

ミミカキグサと同じ環境に自生し、紫色の花を咲かせます。栽培法もまったく同じで、実生でも株分けでもよくふえます。レッドデータブックでは絶滅危惧Ⅱ類で、湿地開発が絶滅の主要因とのことです。

●ホザキノミミカキグサ

U. racemosa

ミミカキグサと同じ環境に自生し紫色の花を咲かせます。ムラサキミミカキグサより背が高く花数も多いですが、非常によく似ていて慣れない人は区別するのが困難でしょう。栽培法は同じで、よくふえます。

●イトタヌキモ

U. exoleta

ミカワタヌキモの別名もあり、静岡県以南の湿地や浅い沼に自生し、秋に黄色い花を咲かせます。栽培法はミミカキグサと同じで、株でよくふえます。花が大輪の変種**オオバナイトタヌキモ**が園芸店で多量に販売されています。

タヌキモ科

Lentibulariaceae

Pinguicula vulgaris

ムシトリスミレ

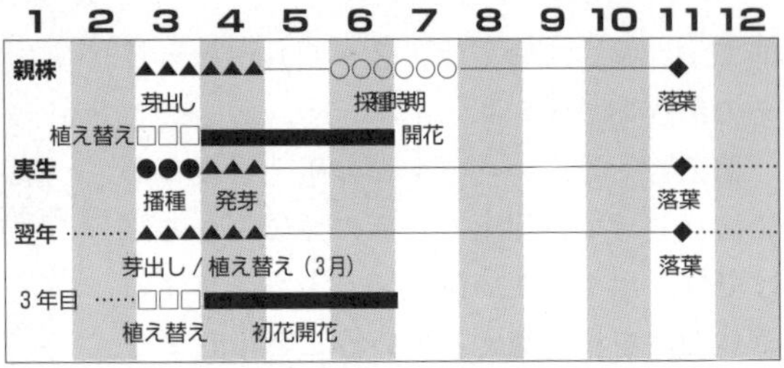

絶滅の危険性●大きくはない
分布●北海道・本州中部以北・四国
自生地●高山の湿った斜面
種類●落葉多年草

ムシトリスミレ

ムシトリスミレの果実

ムシトリスミレのタネ

日本各地の亜高山帯や寒冷地の湿地あるいは湿った斜面に自生し、温暖地では見ることができません。名前のとおりスミレによく似た薄紫色のかわいい花を咲かせ山草愛好家に人気があり、春の山草展示会にも出品されます。葉が平らな系統と葉の縁が巻き込む系統の２系統ありますが、花の構造や栽培法にはなんら違いはありません。

食虫植物の園芸専門書では「栽培は難しく満足に３～４年以上栽培できた人は一人もいないだろう」と書かれているものの、タネから育てれば栽培はやさしく、容易にふやせます。寒冷自生地の花期は７～８月、東京で栽培すれば４～６月が花期となります。

栽培法

ムシトリスミレの植え替えの適期は、小さなドングリのような冬眠芽を形成した11月ごろか、芽出し前の３月ごろです。新芽を展開してからの植え替えは、やわらかい新根を折損してしまう危険性が高いので避けます。

新鮮なミズゴケを湿らせて表面を平らにし、割り箸などで小さな穴をあけ、その穴の中に冬眠芽を１個ずつ入れるだけです。穴の深さは、冬眠芽の先端が地上すれすれになるくらいが目安です。

水不足と日照不足は絶対に避けます。鉢は腰水にして、明るい棚上に１年中置きっぱなしにします。冬ガチガチに凍っても心配ありませんが、真夏だけは50％程度の遮光をするのが安全です。肥料はまったく必要ありません。

実生法

［タネ］ 左の写真のような黒い小さな粒で、タネだけが販売されることはまずありません。親株を栽培し自分でタネを採るのが現実的なタネの入手法です。

高さ10㎝程度の花茎の先端に、直径1.5㎝ぐらいの花を1個だけ咲かせます。花の構造はちょっと複雑で、交配に失敗することもあります。花粉袋からピンセットで花粉を取り出し柱頭につけて交配しますが、柱頭の下にはカーテン状の付属物があり、ここに花粉をつけてもタネは採れません。しかし、屋外の通常の栽培場所なら虫が受粉してくれるので放っておいてもタネは採れます。

受粉して1カ月ぐらいでサヤ（果実）は完熟し、1サヤには数十粒のタネが入っています。タネを散らす前に完熟したサヤを切り取り紙袋（封筒）に入れ、冷蔵庫などの冷暗所に保存します。

［播種］ 3月ごろに冷蔵庫から取り出し、播種します。まき方は簡単で、湿らしたミズゴケを鉢に詰めて表面を平らにし、その上にタネをパラパラと散らすだけで、覆土はしません。タネの密度は1サヤを3号鉢2個にまくのが目安です。4～5月に小さな双葉が芽生え、ルーペで見ると小さいながらも食虫腺毛が確認できます。

親株と同じく腰水にして日のよく当たる場所に置きますが、雨で実生子苗が飛び散ることもあるので屋根の下に置くのが安全です。同じ理由で、水やりも頭上散水は避け、腰水容器に注水とします。肥料はまったく与えません。肥料による腐れやノロの発生で全滅となることがあります。

春から秋にかけて2～3枚の葉を展開し11月までに冬眠芽を形成しますが、あまりに小さくて見失いやすいので植え替えは避けます。翌年も4月ごろから葉を展開し生長しますが、開花には至りません。大きな冬眠芽を形成した実生苗は親株と同じく新鮮なミズゴケに植え替えます。

3年目になると開花する株が現われます。

その他の増殖法

大きな冬眠芽の基部（腰）には小さな冬眠芽が幾つかついているので、植え替えのときにこれらを取り外してミズゴケの上にばらまいておきます。4月ごろから小さな新葉を展開します。その後の管理は実生苗と同じです。

外国産のムシトリスミレには葉挿しで多量にふやせる種類が多いのですが、日本のムシトリスミレでは成功例を聞いていません。　（小田倉 正圀／東京都新宿区）

［関連種］

●コウシンソウ

P. ramosa

栃木県・庚申山周辺に希産し、環境省レッドデータブックでは絶滅危惧Ⅱ類です。

ムシトリスミレをやや小形にした草姿で、元気の良い株は花茎が2股に分かれ2花咲きとなるのが特徴です。

栽培経験はありませんが、タネさえ手に入れば栽培はそれほど難しくはないだろうと推定しています。

ムシトリスミレの仲間は日本に2種が産し、世界中には約80種が知られています。

園芸店で「ムシトリスミレ」と称して販売されているもののほとんどは外国産のムシトリスミレで、日本原産のムシトリスミレが売られることはまれです。

ムシトリスミレの実生苗

Lychnis wilfordii

ナデシコ科

エンビセンノウ

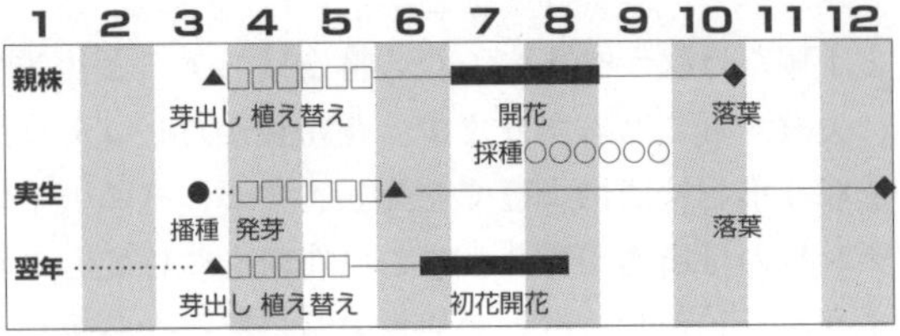

Caryophyllaceae

絶滅の危険性●絶滅危惧ⅠB類
分布●北海道・青森県・埼玉県・山梨県・長野県
自生地●山地の草原
種類●落葉多年草

北海道、青森県、長野県に自生する多年草で、山梨県、埼玉県の一部にも自生の報告があります。山地の林縁、林床にまれに見られ、名前の由来となった燕尾のような切れ目のある、真っ赤な花弁がとても魅力的な植物です。

古くから栽培されている種も多く、園芸店、山草店、種苗店で比較的容易にタネや苗を入手することができます。

▌栽培法

栽培はさほど難しくなく、容易にふやせ、鉢植え、地植えともに楽しめます。植え替えの適期は4月ごろですが、花茎が伸びる時期以外、いつでも可能です。根の生長が活発で根詰まりしやすく、根腐れすることもあるので毎年植え替えます。水分の要求度も高いので水もちの良い用土に植え替え、鉢の表面の乾き具合を見てたっぷりと与えます。丈が高くなると花期に倒れやすいので、春先より日によく当て、コンパクトに育てます。生長期に施肥をしますが、花後、地上部が枯れると株元に、越冬芽が出始めるので、このころ、少量の施肥も有効です。

5月ごろ、摘芯を兼ねて挿し芽をすると、側芽が伸びて花数が増し、株もふやすことができます。

▌実生法

鉢栽培の場合、花期は6月下旬から8月ごろです。茎の先端より花茎を伸ばし花を開きますが、次の花は花茎の基部より対生に2本花茎を伸ばして花をつけます。その花の基部からも対生に花茎を伸ばします。また、それと同時に下部の対生葉の基部それぞれからも対生に花茎を伸ばした花を咲かせます。頂部はとてもにぎやかになり、分岐が多いのでとても豪華です。

[タネ] 花の基部（子房）から花弁、雄ずい、雌ずいが5組束になっています。花弁が開いた中央部に雄ずいが飛び出し、続いて雌ずいが出ます。翌日には花粉袋が裂開して

エンビセンノウ（初花）

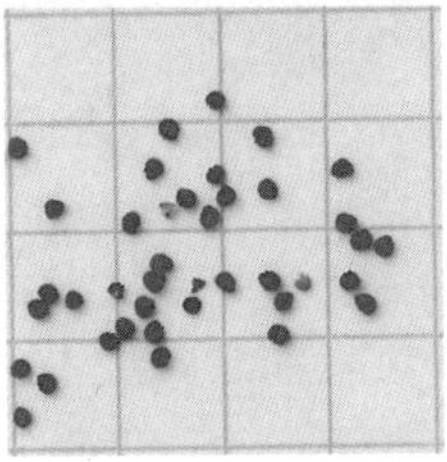
エンビセンノウのタネ

花粉が出始めます。このころに綿棒を利用して、花粉を次々とつけていきます。新品種作出交配の場合は、花粉袋が裂開する前に除雄をし、交配後は袋掛けをします。

本種は自然受粉で容易に結実します。1カ月ほどで子房が硬くなり、色が変わって完熟するので、袋掛けするか、果実が裂開するころを見計らって収穫します。

フシグロセンノウ
4月30日播種、翌年4月14日の状態

[タネ] センノウ属のタネは黒い腎臓形の粒で、表面にたくさんの突起があります。種類によって、大きさ、形状、突起の模様などが若干異なります。

フシグロセンノウ

[播種] 春まきも採りまきも可能です。

一般的な栽培用土（小粒）に播種し、薄く覆土します。十分水やりをして、半日陰で乾燥させないようにします。発芽したら日に当てるようにし、少量の施肥をします。

その他の増殖法

実生のほか、株分け、挿し芽ができますが、どれも容易です。株分けは植え替え時に行なうと都合がよいでしょう。

挿し芽は4～6月が発根も良く、親株の草丈も低くでき、花芽もふえます。（小林 俊英 / 埼玉県大井町）

その他の外国種と園芸種

センノウ、クルマガンピなど古くから中国系のものが栽培されています。また近年ではカッコウセンノウ、ヒロハマンテマ、バーゲアナ、スイセンノウなど数多く出回っています。

[関連種]

●フシグロセンノウ

L. miqueliana

山地の林縁、林床に生える多年草で、本州～九州に分布し、目にする機会の一番多い種です。8～10月ごろ、4～5.5 ㎝ほどの大きなオレンジ橙色の花を咲かせ、とても目立ちます。茎節の黒褐色なところが和名の由来ですが、黒軸というほどに葉茎ともに黒味が濃いものから、青軸といえる緑色の個体まで、段階的にあります。白花の個体もあります。

●マツモトセンノウ

L. sieboldii

富山県と熊本県（阿蘇）に自生する珍しい種です。別名マツモトと呼んで古くから栽培されているものは茎葉が黒褐色ですが、九州の草原で見つかるものは緑色の個体で、区別のためツクシマツモトと呼びます。ほかに交配種、園芸種があります。絶滅危惧ⅠＢ類で、熊本県条例でも保護されています。

●オグラセンノウ

L. kiusiana

岡山県、広島県と大分県、熊本県に自生する珍しい種で、絶滅危惧ⅠＢ類で、広島県と熊本県の条例でも保護されています。古くから観賞用に栽培されていて入手は容易です。7～8月ごろ、切れ込みのある赤色の花を咲かせます。

●エゾセンノウ

L. fulgens

北海道と長野県の一部に自生する珍しい種です。山草店にも苗が出回るようになりました。7～8月ごろ、赤紫色の切れ込みのある花を咲かせます。

●センジュガンピ

L. gracillima

本州中北部の山地に自生し、6～8月ごろ、切れ込みのある白い花を咲かせます。

ナデシコ科

Caryophyllaceae

Silene keiskei

オオビランジ

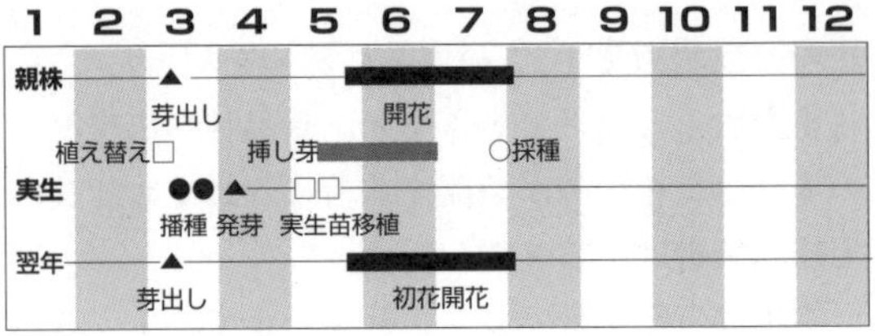

絶滅の危険性●絶滅危惧Ⅱ類
分布●関東・信越・東海7県
自生地●山地の崖
種類●常緑多年草

低山性のビランジで、草丈は20～30㎝、本州中部の山地に分布が限られ、日当たりの良い岩場や裸地に見られます。花は淡い紅紫色のサクラ形で美しく、多花性です。萼《がく》と花柄には毛がありません。当地では6月になると花が見られるようになります。

▍栽培法

用土は日向土と桐生砂の小粒を等量で植え付けます。排水に気をつけて乾き気味に管理し、日なたに置くようにします。過湿と日光不足、風通しが悪いと根腐れやネマトーダの害が出やすいので注意します。対策としてベノミル剤(バイデート)をひとつまみ鉢の上にまくとよいでしょう。生育が良いので、根詰まりにも注意してください。

▍実生法

[タネ] 小さな丸い粒で茶褐色をしています。ほかのビランジ類のタネもだいたい同じようなので、タネからの推察は難しいでしょう。

自家受粉でよいので暇を見つけて人工授粉したら、よいタネを入手できる楽しみもふえます。雌ずいは筒の奥のほうにありますから、花を広げて人工授粉します。タネはおよそ1カ月ぐらいで熟すので、サヤの先が割れてきたらなくさないように採り込みます。

[播種] 用土は砂であれば何でもよいのですが、私は桐生砂の小粒（2～4㎜）を下にして、上にそれより細かい砂を1㎝くらい並べ､そこにタネをまきます。採りまきでも、翌年までタネを保管して3月にまいてもかまいません。3月にまけば、4月上旬にはかわいい芽が見えてきます。

[発芽後の管理] 双葉が出たら、規定より薄い肥料を与えます。液肥であれば2000～3000倍くらいの濃度でよいでしょう。そして、5月になったら植え替えて1本立ちにすると生育が良く、しっかりとした苗が出来上がります。肥

オオビランジ

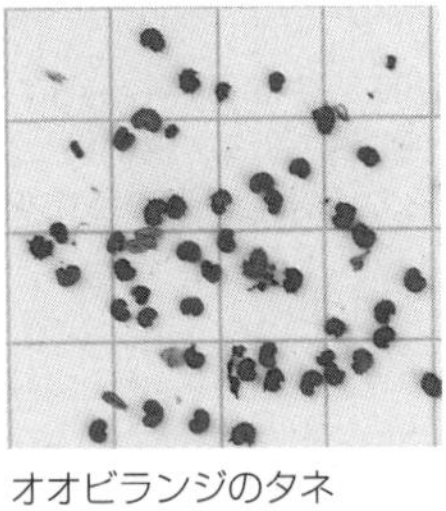
オオビランジのタネ

料は薄い肥料を引き続き与えます。

6月になると右の写真のように根が伸びてしっかりと張り、地上部もそれに伴い伸びていきます。これからの暑さに向かい少しずつ乾かし、梅雨明けに向けて乾燥状態に慣れさせます。

移植1カ月後の根の状態

2003年、当地の気温は3月の彼岸前後では、前1週間は最高気温の平均が11.8℃、最低気温の平均が3.6℃、後の1週間では、最高気温の平均が17.8℃、最低気温の平均が6.5℃となっています。また発芽が見られる4月10日前後では、前1週間の最高気温の平均が14.9℃、最低気温の平均が5.7℃、後の最高気温の平均が20.2℃、最低気温の平均が9.5℃となっていて、過去5年間のそれぞれの最高気温と最低気温の平均は、彼岸前1週間が16.8℃、5.06℃、後の1週間が16.24℃、5.92℃、4月10日前後では前の1週間が18.1℃、7.32℃、後の1週間が19.66℃、9.2℃となっています。

▍その他の増殖法

[挿し芽] 長く伸びた茎を1～2対の葉をつけて切り取り30分ほど水揚げして砂床に挿します。この時、ペットボトルを使うと大変便利です。2Lのボトルを半分くらいに切ります。底になる部分の真ん中に5㎜ほどの穴をあけ水抜きとします。さらに2～3㎝上の横側にも穴をあけます。中に用土を入れ横の穴より2～3㎝上になるまで入れます。そこに挿し穂を挿して、切った半分の上の部分をふたとしてかぶせます。この時、キャップははずしておきます。キャップをしたままですと密閉状態となって穂が軟弱になり、ふたを取るときに慣らす作業が必要になります。

根が張ったら取り出して鉢に取ります、この時にキャップをしていなかったボトルの穂は通常の植え出しとなります。およそ2週間ほどすると発根が見られるようになるので、ふたははずしても大丈夫です。この方法はいつでも行なえるという点でとても便利です。砂床に挿す場合に挿し穂が傷まないように水中挿しをするとよいでしょう。

（町田　實／東京都あきる野市）

[関連種]

●ビランジ

S. keiskei var. *minor*

関東および中部地方の高山の岩場に自生します。茎は根茎から叢生し微毛があり葉と共に紫色を帯び、草丈は２０～３０㎝くらいで花色は淡紅紫色で、萼と花柄に微毛があります。

●タカネビランジ

S. keiskei var. *akaishialpina*

自生地は南アルプスの高山です。茎は根茎から数本叢生し、草丈は５～１０㎝くらいで、花は１茎に１～２花つけ、花色は淡紅色が普通です。

植え替えは花後に行ない木質化した根や腐った根は取り除き、花を観賞する株はあまり小さく株を割らずに植え付けます。

●ツルビランジ

S. keiskei form. *rocumbens*

自生地は関東地方の深山の岩壁で、イワヒバと共生することが多い山草。茎は根茎から数本叢生し長く、つる状で岸壁などに垂れ下がります。花の色は濃紅色が普通です。

●カムイビランジ

S. hidakaalpina

自生地は北海道の十勝地方の高山。オオビランジに似ていますが、根出葉が発達しているのと萼筒が太い点が違い、茎に上向する毛があります。

ナデシコ科

Caryophyllaceae

Dianthus superbus var. *speciosus*

タカネナデシコ

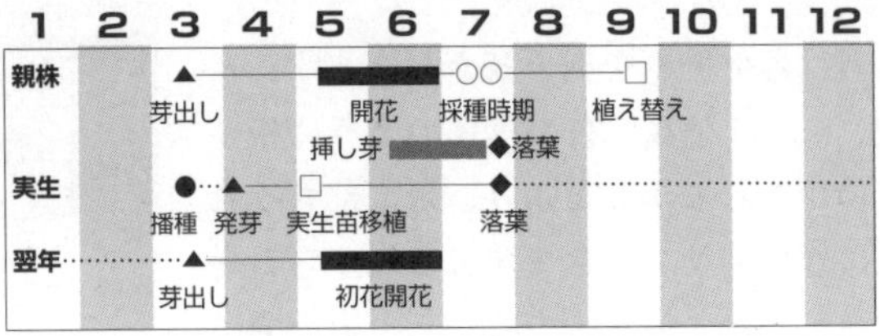

絶滅の危険性●大きくはない
分布●北海道・本州中部以北
自生地●高山の岩の間
種類●落葉多年草

エゾカワラナデシコの高山型で、草丈は30㎝ほど、北海道や本州中・北部に生育しています。花はカワラナデシコより大きく、色も濃いのが特徴です。また変化も多く、花の中央部が白抜けするもの、花弁の切れ込みの深いものなどさまざまです。

栽培法

高山植物ですが栽培は容易です。年間を通して日当たりを良くし、乾き気味に育てます。

筆者の用土は日向土、桐生砂の小粒を6：4の割合で混合して植えています。親株は疲れて枯れやすいので、花後に古根を短く切って挿し芽に近い状態にして、新しい用土に植え込みます。また、草丈が伸びすぎて型崩れした株も同様にして作り直すとよいでしょう。

タカネナデシコ

タカネナデシコのサヤ

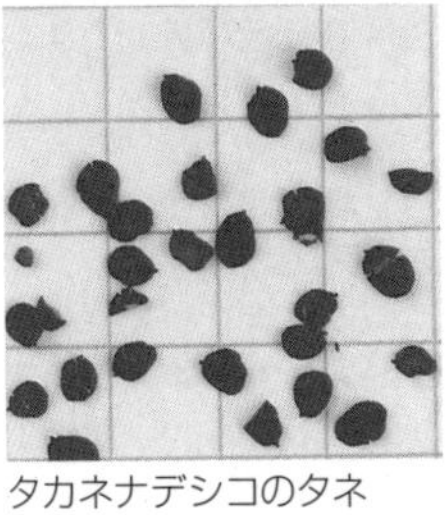
タカネナデシコのタネ

実生法

[タネ] タネは薄い扁平な形で黒色です。7月になるとタネも充実して採取できます。サヤの先が割れたときにこぼれないうちに採り込みます。採りまきでも翌春まで保存して3月になってまいても、どちらでもよく発芽します。保存する場合は紙の封筒に入れて、強い乾燥は避けられるところに置きます。

[播種]用土は桐生砂の小粒で2～4㎜くらいを下に入れ、上により小粒の砂を入れてまき、軽く覆土をします。

[移植] 4月になると発芽してくるので、本葉が出たら込み合っているようなら植え替えます、植え替えたほうが育ちも良く、その年のうちに大きな株になります。

6月になると写真（右ページ上）のように根がしっかりと張り、地上部の生育もそれに伴ってわき芽もふえてくるので、そのまま翌年までに充実した株に育てます。

採りまきは、7月にまくと7～10日で発芽してくるので、込んでいるようなら9月になって暑さが和らいだころに移

4月発芽、6月の状態（タカネナデシコ）

植します（当地の気温等はオオビランジの項・179ページを参照）。

その他の増殖方法

［挿し芽］時期は4月中旬～5月上旬、または6月中旬～7月中旬がよいでしょう。4～5月に行なうときは長く伸びた芽を切り取り、2～3対の葉をつけて砂床に挿します。

挿すにはペットボトルが便利です。通常ですと乾燥に対してビニール袋で挿し床を覆って対処しますが、ボトルですとふたになる部分があるのでそのまま使えますし、通気に関してはキャップを取ればそのまま使えます（179ページ参照）。

発根は早いので1カ月もすれば植え付けられます。6～7月に行なうには花後の更新となるので、古根を少しつけて挿し穂に近い状態にして新しい用土に植え付けます。

（町田　實／東京都あきる野市）

ハマナデシコ

［関連種］

●カワラナデシコ

D. superbus var. *longicalycinus*

本州、四国、九州の山野の日当たりの良い草地、河原、岩場などに自生しています。

秋の七草のひとつとされていますが、花は6月ごろには咲き出します。草丈は50㎝を超え、ひょろひょろした茎に葉を対生させます。花は花弁が裂けて、花色は濃淡いろいろと変化があります。丈夫な草で作りやすくどんな土でもよいのですが水はけに注意します。

●エゾカワラナデシコ

D. superbus var. *superbus*

北海道、本州中北部に自生し、花は6～9月に咲きます。

カワラナデシコは苞が4枚ですが、この種は2枚で、区別できます。

●ハマナデシコ

D. japonicus

沖縄県から東北南部まで自生し、7～10月に紫紅色の花を咲かせます。

ハナシノブ科

Polemoniaceae

Polemonium kiushianum

ハナシノブ

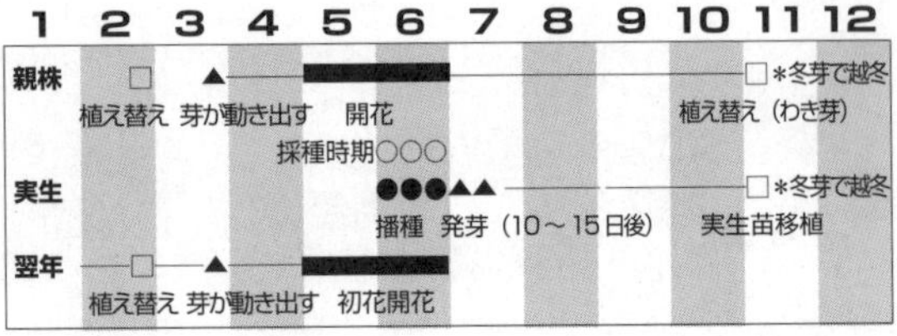

絶滅の危険性●絶滅危惧ＩＡ類
分布●熊本県・大分県・宮崎県
自生地●山地・草原
種類●落葉多年草

自生地は九州の山の日当たりの良い草原です。草丈80～100㎝で、花は青紫色で大きさは1.5～2.0㎝ほどです。花期は自生地では6～8月ごろ、栽培では5月下旬～7月ごろです。

栽培はそれほど難しくなく容易に増殖できますが、大型のせいか栽培している人が少ないようです。山草店で販売されているのを見ても、エゾノハナシノブ、カラフトハナシノブ、洋種の小型種が主で、あまり見受けられません。

北極圏原産のポレモニウム・ボレアレ、北アメリカ原産のポレモニウム・ハイデニーなどの小型種や、同じく北アメリカ原産の草丈は大きいのですが黄花のポレモニウム・パウキフロールムなどが好まれて栽培されています。

シダ植物のシノブに似た葉の植物として名付けられたハナシノブの花は、播種した翌年に茎の先端に円錐状につきます。花は5弁花に見えますが基部は離れていません。

レッドデータブックでは絶滅危惧ＩＡ類に指定されています。減少の原因は草地の開発、園芸採取、および管理放棄などとされています。

ハナシノブ

ハナシノブのタネ

▎栽培法

この種は多湿を嫌いますので、水はけの良い用土に植えれば容易に栽培できます。植え替えは年1度行ないますが、適期は10月または2月ごろです。

用土は手に入りやすい用土を2～3種類混合して使います。例えば硬質鹿沼土を主体とし、桐生砂、蝦夷砂、日向砂、軽石などを混合し、各自の栽培に適した用土を作ることです。鉢は通気性の良い焼締め鉢、駄温鉢などを使えばよく育ちます。

置き場所は、年間を通して日当たり、風通しの良い棚上に置き、真夏は20～30%程度の遮光すれば理想的です。冬は乾燥した北風は避け、梅雨時期の過湿には注意します。

肥料は、植え替え・植え付け時に鉢底に緩効性の化成肥料を入れるほか、有機質肥料を春秋に置き肥します。また、液肥を生長過程に合わせて施すと効果があります。

▎実生法

タネは採りまきします。採りまきですと播種後10日前後で発芽します。本葉が2～3枚出たら鉢上げをし、肥培して、秋に側芽が出れば翌年開花します。

採りまきができない場合は2月ごろ播種しますが、採りまきに比べて開花まで日数を要します。

丈夫な草ですが苗のうちは、真夏は50%程度の遮光をしたほうが安全です。

（桑原 義仁／埼玉県上福岡市）

[関連種]

●ミヤマハナシノブ
P. nipponicum
中部地方の高山の草原に自生します。

●エゾノハナシノブ
P. caeruleum, ssp. *yezoense*
北海道東部と東北の一部山地に自生します。花冠が大きく、植物体に毛が少ないのが特徴です。

●カラフトハナシノブ
P. caerulum. ssp. Laxiflorum
北海道東部の湿原やサハリン、中国東北部などに自生します。
この植物の湿原に適応したものがクシロハナシノブ、風当たりの強い草原に適応したのがレブンハナシノブです。

このほかセイヨウハナシノブ、キョクチハナシノブなど洋種がたくさんあります。
栽培方法はハナシノブに準じますが、高山型の小型種の栽培は難しいでしょう。

減少要因	メッシュ数	%
森林伐採	2339	13.7
池沼開発	811	4.7
河川開発	502	2.9
海岸開発	353	2.1
湿地開発	947	5.5
草地開発	845	4.9
石灰採掘	45	0.3
ゴルフ場	37	0.2
スキー場	5	0.0
土地造成	125	7.4
道路工事	1283	7.5
ダム建設	30	0.2
水質汚濁	371	2.2
農薬汚染	217	1.3
園芸採取	40	0.2
踏みつけ	365	2.1
動物食害	12	0.1
管理放棄	218	1.3
自然変遷	2514	14.7
火山噴火	3	0.0
帰化競合	45	0.3
産地極限	476	2.8
そ の 他	238	1.4
不　　明	0	0
合　　計	17090	100

絶滅危惧種とは―減少の要因-1

レッドデータブックでは野生植物減少の要因を25に分類し、各調査部分（メッシュ）について減少要因の上位1位、2位、3位を集計しています。

表は、減少要因ごとの1位から3位までのメッシュ数の合計と、その百分率です。

（小田倉 正圀）

ハマウツボ科

Aeginetia indica

ナンバンギセル

Orobanchaceae

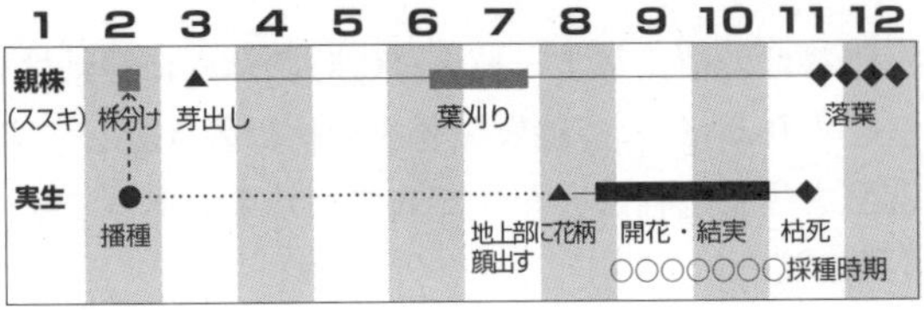

絶滅の危険性●大きくはない
分布●北海道・本州・四国・九州
自生地●草地
種類●一年草

ナンバンギセル属は日本を含むアジア東部、南部の熱帯、および温帯地域に10種ほど分布している一年草で、葉緑素をもたず、ススキ、イネ、ミョウガ、サトウキビなどのイネ科の植物に寄生します。

ナンバンギセルという植物和名は、南蛮煙管（キセル）の形をとってつけられました。日本で初めて長崎にタバコやキセルを輸入したのはポルトガル人で、1572年（室町幕府末期）ころですから、それ以後につけられた名称です。いつのころから用いられたものか知りたいものですが…。したがって、この植物和名以前は「思い草」と呼ばれ、万葉集巻10の秋相聞の項に草に寄すと題して、

道の辺の尾花が下の思い草
今さらになぞ物か念はん　(2270)

と詠じてあります。読み人不詳ですが、1200余年も前にすでに「思い草」として名が通じていたに相違ありません。いつごろからか惜しくも外来品の名称に植物名まで変えられたのは心外です。

昭和7年5月、東京神田誠文堂発行の『実際園芸』増刊号『山草と高山植物』には、ナンバンギセルは記されていません。好事家が栽培していたものか、山草栽培書にも昭和50年以降に載っているものが多く、図鑑としては昭和32年発行の北村四郎他共著の『原色日本植物図鑑草本編』に載っています。観賞するようになったのも昭和のバブル期以降と推察しています。

ナンバンギセル（白花）

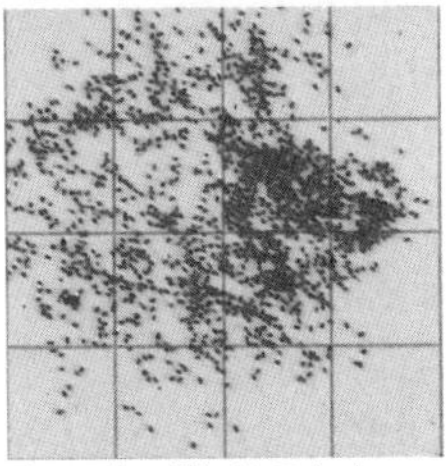
ナンバンギセルのタネ

栽培法（実生法）

まず寄生主の作り込みから始めます。晩秋に小型の屋久島ススキを求め、2月下旬ごろに植え替えます。その方法は、まず株分けし、茎を1㎝くらい残して切りそろえます。さらに、保存していたナンバンギセルの粉状のタネを少量（小指の先くらい）の粘土かミズゴケの丸めたものにすり

つけたものを作り、根に添わせて3カ所くらい置いて植え替えます。

梅雨のころ、ススキが出そろったころに根元から全部刈り取ります。ナンバンギセルはススキに寄生して地下で生長し根や茎を伸ばしています。忘れたころ（8月上旬）にナンバンギセルの花柄が地上に出てきますが、あまり多く伸ばさないで間引きすることも肝要です。花が咲き始める8月下旬ごろにはススキとのバランスもよくなります。

日当たり､風通しともに良いところに置き、肥料は与えません。散水は過湿にならないように十分注意してください。

花は10月の終わりごろまで次々に咲きます。ときには写真のように白花も出ます。

ナンバンギセルが林のようにたくさん生えると、寄生主のススキが養分を取られ枯れ葉が出てきます。一年草で寄生植物ですから、ススキの鉢をふやし、毎年前述の要領でタネまきを繰り返して更新したほうがよいでしょう。

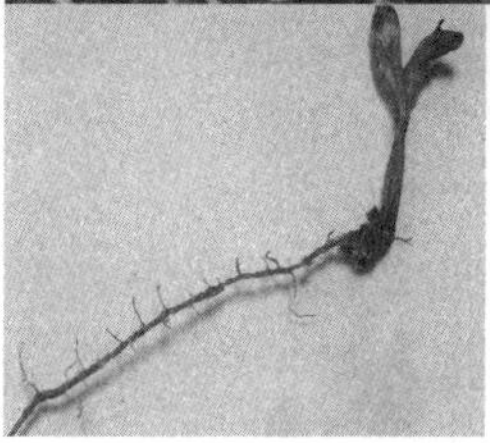

ナンバンギセルの寄生

[タネ] 長い間栽培していますが、人工授粉しなくてもタネができています。花数を制限したほうが、タネがたくさん入った大きなサク果になります。

開花後、2～3週間で卵球形のサク果が黒く熟してきたら、花梗をつけたまま採取して袋に入れ、翌春まで保存します。タネは保存さえよければ、冷蔵庫に入れなくても5年くらいは生きていて使用できます。

＊

古い話になりますが、終戦後、昭和22年～26年ごろに外地から引き揚げた方々が、原野の開拓地を開墾、幾多の辛酸をなめ苦労して陸稲《おかぼ》の作付け栽培にこぎつけ、タネをまいて花が咲き、出穂の時期にナンバシギセルが出て陸稲を枯死させる事件が地方によって起き、引揚げ開拓者たちを恐慌に落としいれたことがありました。

（佐々木 恒四郎 / 東京都北区）

[ナンバンギセルの仲間]

わが国には3種あり、ナンバンギセルは全土にわたって自生し、オオナンバンギセルは北海道を除く各地に、ヒメナンバンギセルはナンバンギセルの亜種で関東地方の山地に生育しています。ただし、地球温暖化に伴いオオナンバンギセルは北海道でも生育していると推察されます。

オオナンバンギセルは花弁の先が外側に開いて細かな歯があるのに対して、ナンバンギセルとヒメナンバンギセルは花の先がめくれません。しかし通常に入手できるものでは、花弁の先が開いたり、開かなかったりします。たぶん、長い間栽培されているうちに、交雑したものと思われます。

Potentilla dickinsii

バラ科

イワキンバイ

Rosaceae

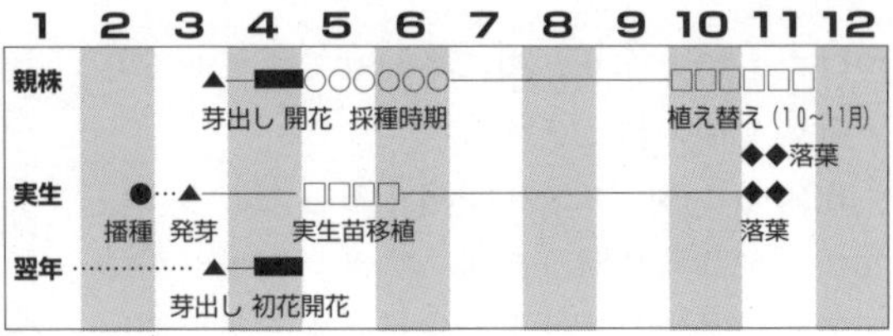

絶滅の危険性●大きくはない
分布●北海道・本州・四国・九州
自生地●山地の岩上
種類●落葉多年草

イワキンバイは、九州から北海道までの亜高山帯の岩場で、岩の裂け目などに生えています。草丈は10～20㎝程度、5弁の黄色い花を、自生地で7月、当地では4～5月ごろ咲かせます。葉の色が濃くしわがあり、茎が木質化することが、この仲間のほかの草との違いです。

栽培法

高山植物の栽培法である排水を考え乾燥気味に育てる方法ならば、それほど難しくありません。

毎年1回は植え替えたほうがよいようです。新芽の動き出す前の春先か、花が終わった初秋に、株分けを兼ねて行ないます。鉢は中深のものを使ったほうが楽でしょう。用土は、やや粗めの山砂や火山礫などを主体とします。品種や置き場などの状況により1～3割の硬質の赤玉土や鹿沼土の混入程度を加減します(例:硬質鹿沼土または日光砂、軽石砂、蝦夷砂の等量配合)。

日照を好む仲間なので、基本的には日当たりと風通しの良い場所で育てます。もちろん、暑さを嫌う高山種ですから、真夏の猛暑対策としての日よけは必要になります。目立つような病虫害もありませんし、肥料も薄い液肥を春と秋に与える程度でよいでしょう。

イワキンバイ

実生法

[タネ] 花が終わると、特別なことをしなくてもよく結実します。タネの色が緑から黒っぽく変わるころに、指で摘めばポロポロと簡単に採れます。メアカンキンバイのタネだけは綿毛がついているので、ピンセットなどで丁寧に扱ったほうがよく採れます。

[播種] 採りまき、翌春まきともにまき方は同じです。

鉢に親株と同じ用土を入れ、表面5㎜程度に鹿沼土、軽石などの微粒砂を敷きます。タネがあまり密にならないようにまき、タネが隠れる程度に覆土します。

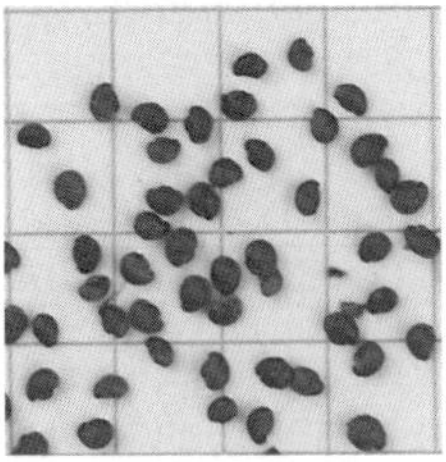

イワキンバイのタネ

メアカンキンバイ
9月10日播種、9月20日の状態

イワキンバイ
9月播種、翌年7月の状態

まき床が乾燥しないよう、また、用土の表面を動かさないように鉢底から給水するなどの工夫をします。

［発芽］ 温度があれば2週間くらいで、比較的そろって発芽します。発芽率は、品種よりタネそのものの質によると思いますが、チシマキンバイはいつもよく発芽しています。

［移植］ 手間を惜しまなければ、小さいうちに、かつ複数回移植したほうが後の生育はよくなります。苗丈1～2㎝くらいでの移植がよいのですが、暑さを嫌うものは遅くとも6月前半までに終えるようにします。実生苗鉢のまま夏を越す恐れがあるときは、播種時に密にまかないよう気をつけます。

その他の増殖法

この仲間は、小さな株がたくさんかたまっているような大株にはならないので、それほど多くには分かれません。ふやすという観点からは、実生に限ります。

（中瀬 達雄／神奈川県平塚市）

［関連種］

●アポイキンバイ
P. matsumurae var. *apoiensis*
北海道アポイ岳の日当たりの良い草地だけに生えている固有種で、ミヤマキンバイの変種です。葉は切れ込みが深く、無毛で光沢があります。黄色い花も明るく、やや大きめです。栽培意欲をそそられますが、他に比べ暑さを嫌い、過湿による根腐れなどを起こしやすい種です。用土の山砂・礫を多くし、置き場の日照などに注意します。

●ウラジロキンバイ
P. nivea var. *camtschatics*
葉裏の綿毛が白く見えるのでこの名があります。北海道から本州中部の高山帯の日当たりの良い適湿地に生えています。草丈10㎝で黄花を数個つけますが、花つきはよくないので肥培します。

●チシマキンバイ
P. megalantha
自生地は、北海道から千島方面ですが、礼文島では海岸の岩地に生えています。ほかの仲間より全般的に大型です。
大株になると突然枯れてしまうことがあるので、実生で毎年、株の更新に努めます。

●ミヤマキンバイ
P. matsumurae
北海道・本州の高山帯の日当たりの良い場所に生え、山地では一番多く見る種類です。草丈は10㎝ほどで、2㎝くらいの明るい黄色の花をたくさんつけます。イワキンバイと同様に栽培します。

●メアカンキンバイ
P. miyabei
もちろん雌阿寒岳には多数ありますが、大雪山一帯はじめ北海道全域の高山帯の砂礫地に自生しています。銀色ぽい灰緑色の葉は形も小さく、草姿自体もコンパクトで、魅力的な山草といえます。ただ、これも暑さには弱いようなので、用土や置場に注意を要します。
このタネには綿毛がついているのが特徴で、**エゾミヤマキンバイ**と呼ぶこともあります。

フウロソウ科

Geraniaceae

Geranium yesoense var. *pseudopalustre*

ハマフウロ

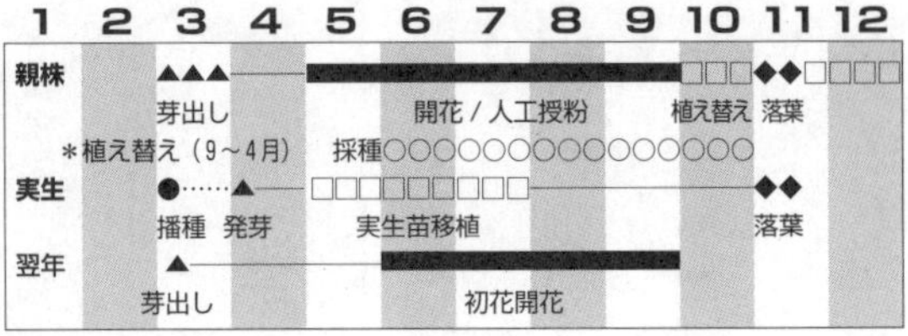

絶滅の危険性●大きくはない
分布●北海道・本州東北
自生地●海岸の草地
種類●落葉多年草

印象的なのか北海道の浜辺の旅行記によく出てくる紅色の花です。基本種のエゾフウロ (*G. yesoense*) は本州中部以北、北海道、千島に分布しており、高さ 30 ～ 80 cmで横にも広がります。本州中部以北に分布するハクサンフウロ (*G. yesoense* var. *nipponicum*) も近縁種で、高さ 30～80 cmで、紅紫色の花です。ハマフウロもハクサンフウロとほとんど同じで、葉の裂片の幅が少し広い点が異なり、本州北部と北海道の海岸に分布しています。草丈は、山砂系の山野草栽培用土で鉢栽培すると 20 ～ 30 cmで、横に広がります。

なお、オガフウロはハクサンフウロと同じとされたり、エゾフウロの変種とされたりします。

❙栽培法

用土は、鹿沼土、軽石砂の等量混合物に、消し炭、ヤシ殻チップを、それぞれ 1 ～ 2 割程度加えたものを一般山野草栽培用土として使用しています。その他の山野草栽培用の用土でも栽培したことがありますが、問題ありませんでした。全日照の場所に置きます。真夏には、暑さで若干勢いが弱りますが、強健です。

根張りが良いので、大きめの鉢（6 号以上）やプランターを使用します。根詰まりすると調子が悪くなり、根が腐りやすくなり、下葉が枯れ始めたら危機で植え替える必要があります。水切れと多湿に弱い点にも注意します。吸水テープを鉢底から外に出して、鉢底の停滞水を排出する方法があります。

東京では花期は長く、肥料切れしなければ 5 月から 9 月まで咲き続けます。冬越しは過湿と、逆の長期水切れに注意します。

❙実生法

［タネ］ フウロソウ属のタネは、左の写真のように径 2 mm程度の豆形です。内部構造は大豆と同じで、子葉に養分が

ハマフウロの花

ハマフウロのタネ

蓄えられています。

フウロソウ属のタネは、一般には販売されていませんが、タネ専門店のリストに載っていることがあります。山草会のタネの交換会にも出ていることがあります。ただし、提供されたとしても少量の場合がほとんどです。理由は、タネは１花で５個しか実らないこと、成熟すると弾けて飛んでしまうこと、訪花昆虫が少ない都市部では自然受粉はほとんどないので人工授粉する必要があるためです。

［採種］人工授粉をすれば、自家受粉でもほとんど確実に受精します。花粉は写真１の状態の花の葯にあります。この状態は咲き始めてから２～３日までです。その後は写真２のように葯が脱落し、それまでまとまって立っていた５本の雌しべが成熟して開平します。

人工授粉は、綿棒でもよいのですが、葯が脱落しやすいので、手のひらなどで受けて、そこへ成熟して開平した雌しべを押しつけます。確実に受精させるには１回でなく、１～２日後にさらにもう１回花粉をつけてやります。受精した花は、めしべが上向きになり、受精しなかった花の雌しべは下向きです（写真３）。タネは１花に５個つきます。１カ月以内に白緑のタネが黒くなって成熟しますが、完全に成熟すると、写真４のようにバネ作用で弾き飛ばされてしまいます。

これを防止するため、草友に教わった方法ですが、タネが熟す前に、雌しべの先の部分を切り取って、バネが働かないようにします。この場合、雌しべの上の部分でバネが弾ければ、採種時期です（写真５）。採種後、バネの先の袋の中のタネを取り出し、冷蔵庫に保管します。

［播種］フウロソウのタネは難発芽として知られ、その原因は透水性が低い種皮で覆われている（硬実種子）ことにあります。水がタネにしみこむように、種皮の一部をカッターや紙ヤスリなどで軽く、緑色が見えるまで削り取ります。これがすぐに発芽させるために肝心な処理です。海外の種苗店では、剥皮《はくひ》処理済みのタネを販売しているところもあります。

「採りまきのほうが発芽率が高い」ということはありま

1- 雌しべ未熟

2- 雌しべ成熟

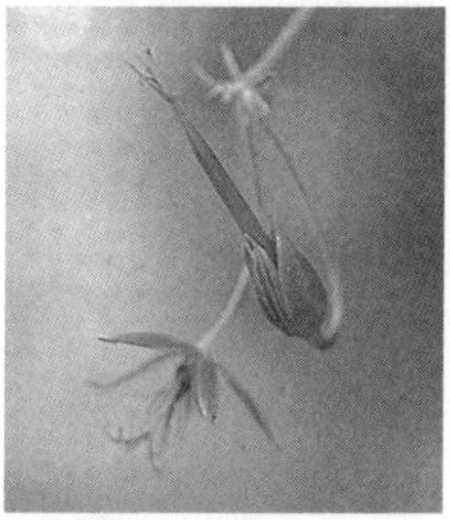
3- 受精した果実（上）と
受精しなかった花（下）

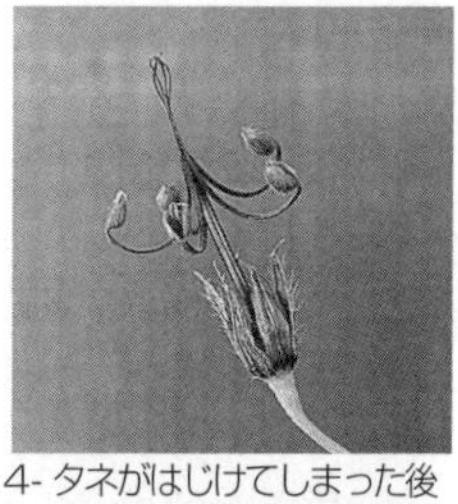
4- タネがはじけてしまった後

5- バネの上部がはじけた状態

せん。硬実種子は長寿です。海外のタネを入手２～３年後に播種しても、剥皮すれば、ほとんど確実に発芽します。ただし、冷蔵庫に入れて保管してください。

播種の用土は栽培用のものでかまいません。このような大きなタネは、タネの径の２～３倍の厚さの覆土をします。剥皮《はくひ》処理をして播種すれば、いつでも、ほとんどのタネが２～３週間後に発芽します。しかし、なかには４週間以上経って発芽するものもあります。いつでも移植することができます。

その他の増殖法

根は赤みを帯び、太く（株元で直径２㎝以上）、途中で何本にも分岐し４～８㎜程度の直径長さ数㎝以上になり、さらに分岐しています。植え替え時に、茎や根の連結部を切り分けて株分けします。さらに整理を兼ねて太い根を分岐点で切り取って、根伏せすることができます。

切り口には、トップジンＭペーストを塗っています。気温が高いときの株分けは、若干腐りやすいので涼しくなってから行なうほうが安全です。

（秋本靖匡／千葉県松戸市）

6- ハマフウロの発芽

7- オガフウロ

実生の結果●写真６は、ハマフウロを７月１０日に採種し、８月１２日に剥皮してキッチンタオル上に播種し、発芽が確認できた３粒と未確認の１粒を９月２３日に鉢に植え直したものの、１０月４日の状態です。
写真７は２００２年６月６日に８粒播種、２００３年５月７日に５株植え替えし、６月には開花しました。その後、ずっと開花し続けた株の２００３年１０月５日のものです。

[関連種]

フウロソウ属は日本には１３種あり、高山や北方のものでも、夏は暑がりますが、東京で栽培できます。

タカネグンナイフウロは夏に何度かダメにしています。鉢が暑くならない工夫が必要であると思っています。例えば、丈の短い草を密生させたり、西日や鉢側面に日が当たらないようにしたり、素焼き鉢を２重にして使ったり、です。日陰に置くと勢いが悪くなり、花つきも悪くなります。白花もあり、品がよいと好まれることがあります。

チシマフウロ、ヤクシマフウロは小型ですが、他は自生では大型です。しかし、丈夫なので鉢で締めて作れば、２０～３０cmで開花します。

●アサマフウロ

G. soboliferum

日本、韓国、中国に自生し、濃い赤紫色の径３～４cmの花をつけます。九州中部には変種のツクシフウロ（var. *kiusianum*）があります。

●イブキフウロ

G. yesoense var. *lobato-dentatum*

エゾフウロの変種。本州中部以北に自生し、花弁に切れ込みがあります。

●イヨフウロ（シコクフウロ）

G. shikokianum

東海地方以西の本州、四国、九州に自生し、紅紫色の径２．５～３cmの花をつけます。

変種に白花品と八重咲き品のあるカイフウロ（var. *kai-montanum*）、ヤマトフウロ（var. *yamatense*）、小型で、花径２cmのヤクシマフウロ（var. *yoshiianum*）があります。

●グンナイフウロ

G. eriostemon var. *reinii*

本州中部と北海道のブナ帯上部からシラビソ帯の肥沃な草地に自生し、径２．５～３cmの青紫色の花をつけます。

変種のタカネグンナイフウロ（*G. eriostemon* var. *reinii* form. *onoei*）は本州の太平洋側の雪崩草原に生え、花色が基本種より濃色で、やや小型でロックガーデン用として最適とされています。

エゾグンナイフウロ（*G. eriostemon* form. *yesoense*）も基本種より濃色です。

●ゲンノショウコ

G. nepalense ssp. *thunbergii*

花径１～１．５cm。東日本には白花、西日本には紅花が多く、１度花をつけると、こぼれダネで生えてふえます。

●チシマフウロ

G. erianthum

東シベリアから北アメリカ北西部に分布し、日本では本州北部と北海道のシラビソ帯の雪崩草原などに自生しており、濃色の青筋の入った青紫花の径２．５～３cmの花です。

品種に花色が薄いトカチフウロ（form. *pallescens*）、白花のシロバナノチシマフウロ（form. *leucanthum*）があります。

●ヒメフウロ

G. robertianum

日本では本州の石灰岩地帯の一部に自生しますが、北半球に広く分布します。花は淡紅色で、径約１．５cmの一年草です。こぼれダネでふえます。

●ビッチュウフウロ

G. yoshinoi

長野県南部、東海地方、近畿地方北部、中国地方に自生します。淡紅紫色の花です。

●ミツバフウロ

G. wilfordii

北海道～九州に生え、朝鮮、アムール、中国本土にも自生しています。淡紅色の径１～１．５cmの花をつけます。

変種にタカオフウロ（var. *chinense*）、ホコガタフウロ（var. *hastatum*）、ブコウミツバフウロ（var. *bukoense*）があります。

ホシクサ科

Eriocaulon nudicuspe

シラタマホシクサ

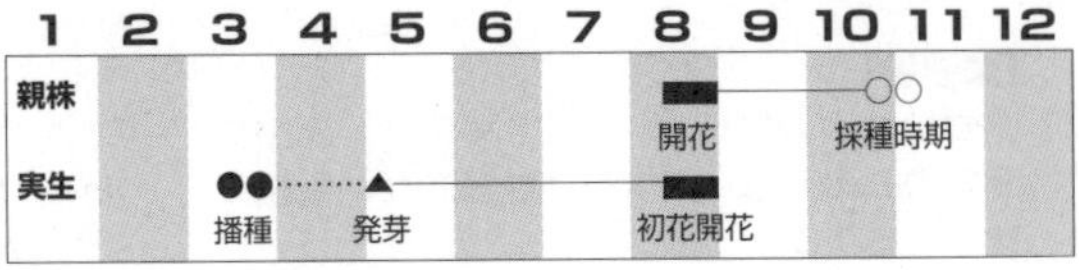

Eriocaulaceae

絶滅の危険性●絶滅危惧Ⅱ類
分布●岐阜県・静岡県・愛知県・三重県
自生地●湿地
種類●一年草

自生地は、本州の岐阜、静岡、愛知、三重の4県にまたがり、伊勢湾、三河湾の非常に狭い地域に集中していて、ほかには見られないという大変興味をそそる植物です。

湿地に生える一年草の植物で、春に発芽したものが秋に花をつけ、実を結び、枯れるというサイクルを繰り返しています。花は白くごく小さい花が集まって半球状になって咲き、ちょうどおまんじゅうのような形をしていてなかなか品のある花です。自生地では夏の花が終わった8月中～下旬の残暑の季節に咲き始め、白いかわいい花穂が風に揺れる姿は涼しさを感じさせてくれます。

▍栽培（実生）法

特に難しいということはありませんが、湿地にあるものなので水を切らさないということが必須条件です。病虫害の心配も特にありませんが、場所によっては幼苗のとき鳥が好んで啄んでいきますので気をつけましょう。

[鉢と用土] 鉢は浅鉢、深鉢、小鉢、寄せ植え用など好みで何でもよく、大きくても小さくてもそれなりの姿に作れますが、前述のように湿地にあるということをふまえて水切れをさせないことです。

用土も特に選ぶことはなく、水もちの良い桐生砂、赤玉土、ケト土、ミズゴケなどを主体に、また、これらの混合土でももちろんよく、水切れの心配の少ない用土のほうが管理が楽です。粒の大きさなども一般の山野草用土と特に変わりありません。

[播種] 山野草のタネは発芽時期のそろわないものも多いのですが、シラタマホシクサの場合その心配はほとんどありません。自然の姿からいえば「採りまき」が一番良いのでしょうが、発芽までの間の管理のことなど考えると、ほかの山草のタネと同じように冷蔵庫などで保管しておき、春にまいたらよいでしょう。

シラタマホシクサ

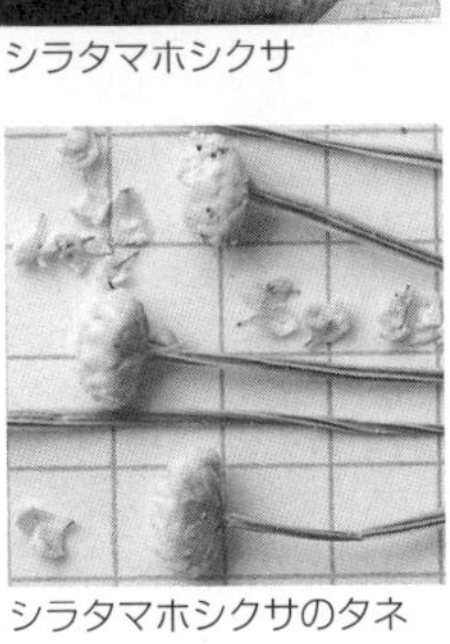

シラタマホシクサのタネ

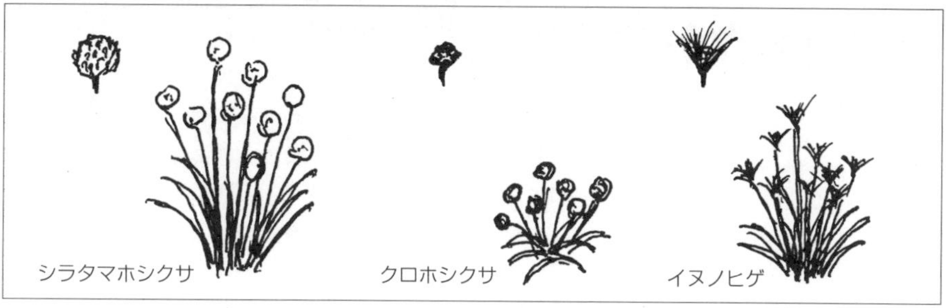

まく時期は3月中〜下旬ころ。これも一般山草と同じころか早めのほうが好成績のようです。また、厚まきも避けます。

［移植］ ひとつの方法として、とにかくまいておいて発芽の兆しが見えてきたら、まだ根の出る前にあらかじめ用意しておいた仕立て鉢にピンセットで移植すると、むだなくたくさんの苗を得ることができ、また、移植による傷みもまぬがれます。腰水をして全日照のところで育てます。

肥料はやらなくてもよいのですが、大きく育てたい場合にはハイポネックスの1000倍液（薄い化学肥料）を月に1〜2回程度やるのもよいでしょう。8月に入ると造花のような雪白の球状の花が出てきます。

［採種］ 一年草のためタネの採取は、翌年の増殖のためにも是非欠かすことのできない作業です。10月に入ると花もなんとなく生気を失い、黄色味を帯びてかさついてくると同時に、茎や葉も末枯れてきてタネも完熟してくるので、茎ごと切り取り紙袋に入れ保存します。よく乾いたら指先で花をもんでタネだけを収穫します。

タネの数は少なく、立派に育った株でないと採れないことが多いので、採種株は別に肥培して作ることをおすすめします。

この植物はどちらかというと地味な植物でもあり、秋の山草展などではよく見かけることができますが、タネや苗はめったに市販していることはありません。したがって、入手するには、山草会などの愛好者の集まりに入り分譲を受けるとよいでしょう。

（末岡 妙子 / 静岡県熱海市）

［関連種］

●クロホシクサ

E. parvum

日本各地の湿地に生える一年草でしょうか。小型に仕立てられる上、入手が楽なのでよく栽培されています。

●イヌノヒゲ

E. miquelianum

ホシクサの仲間は北海道から沖縄に至るまで、それぞれの地区で特有の形質をもったものがありますが、分類も難しく、あまり栽培されていません。

●ヤクシマホシクサ

E. hananoegoense

高さ2㎝の屋久島の湿地に生える一年草です。全草が小さく葉は線形で、頭花は径約2㎜です。

ボタン科

Paeoniaceae

Paeonia japonica

ヤマシャクヤク

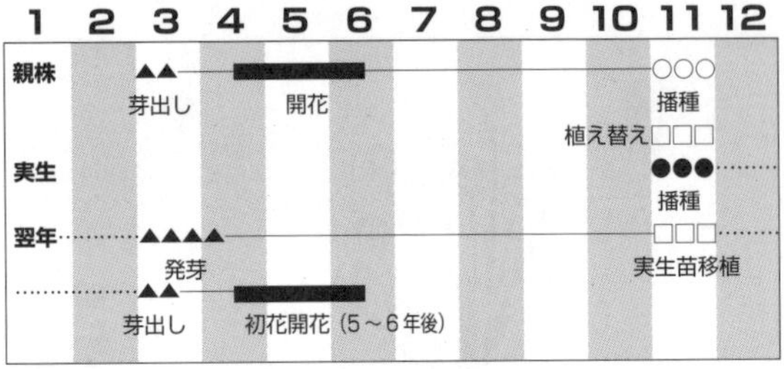

絶滅の危険性●絶滅危惧Ⅱ類
分布●沖縄を除く全国
自生地●落葉樹林下
種類●落葉多年草

本州・四国・九州の山地の落葉樹林に自生しており、5～6月ころに白く美しい花が咲きます。1日花といわれるようにすぐ散ってしまう花で、写真撮影をしようと思うと、最高のシャッターチャンスはほんの一瞬なので苦労します。花は抱え咲きとでもいうのでしょうか上品でかわいいものです。茶花にもよく使われています。

栽培法

鉢の中では、自然に育っている状態で育てるのが難しいので、用土に注意を払う必要があります。また、灌水に気を遣い、肥培を心がけます。病虫害については、特に気にすることはありません。

[用土] 用土は赤玉土、硬質鹿沼土、軽石、桐生砂を3：3：3：1の割合で混合して使っています。粒の大きさは3～8㎜です。底土にはゴロ玉を敷き、鉢は深鉢など通気の良いものを使います。

[肥料] とても肥料が好きです。発芽後すぐに追肥として1000倍液肥を与えます。花後には置き肥（有機質肥料）を与えます。葉面散布も良いようです。7、8月は休み、9月に入ったら11月中旬まで1000倍液肥を週1回与え、最後に置き肥をします。

[四季の管理] 3月ごろから6月までは日当たりの良い場所で十分日光を当てます。7月からは風通しの良い木陰か日よけの下に入れます。この間の灌水は過湿にならないように注意してください。9月中旬以降は日光に十分当て、リン酸・カリの多い肥料を与えます。

植え替えは11月中に行ないます。12月になったら棚下などに入れて保護してやりますが、乾きすぎないよう注意も必要です。

ヤマシャクヤク

ヤマシャクヤクのタネ

〈植え付け方〉

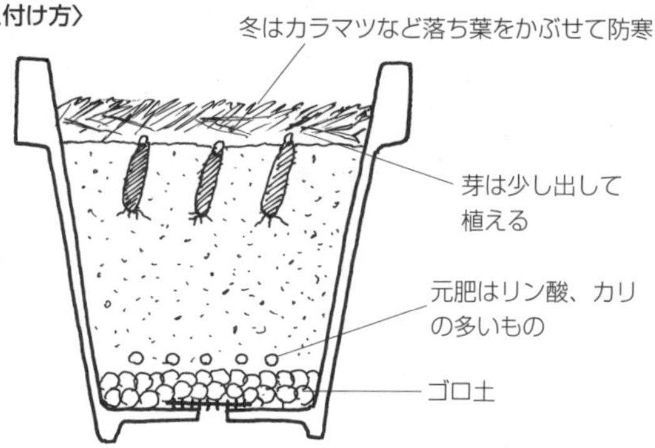

実生法

[播種] 清楚な花に比べて、タネは赤と濃紺のびっくりするくらい奇抜な色彩をしています。

11月に完熟したタネを採りまきします。翌年の春に発芽しますが、場合によっては2～3年かかり、忘れたころに発芽することもあります。

私はリン酸・カリの多い1000倍液肥を週1回くらい与えると同時に、チッソの多い肥料を規定の4倍に薄めて葉面散布しています。

初花は、播種後5～6年目になります。

（戸張 恵司 / 東京都稲城市）

[関連種]

●ベニバナヤマシャクヤク

P. obovata

北海道・本州・四国・九州ほかに分布し、樹林下や湿った草原に自生します。

絶滅危惧種とは—減少の要因 -2

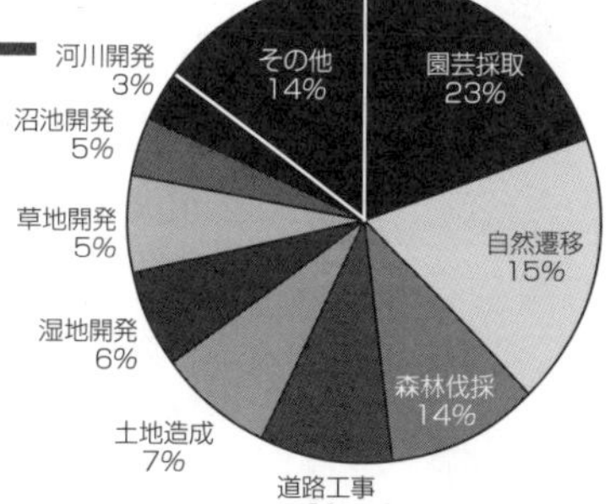

円グラフは、減少の上位9要因と、10位以下をその他としてまとめたものです。

減少要因の第1位が園芸採取であることを、山草愛好家は真摯に受け止めなければなりません。森林伐採が悪いのだ、道路工事が悪いのだ、と言い訳をしたところで社会は聞く耳を持ちません。

これからの山草園芸は山採りを断ち、実生増殖・栽培増殖品のみを入手するようにしないと山草栽培そのものが否定されてしまいます。（小田倉 正圀）

Scabiosa japonica var. *alpina*

タカネマツムシソウ

マツムシソウ科

Dipsacaceae

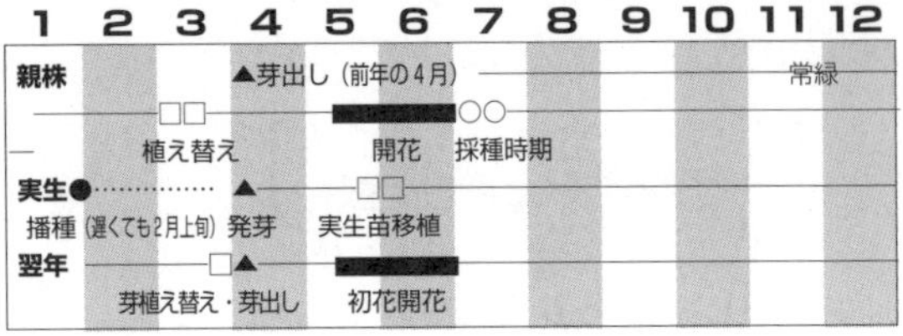

絶滅の危険性●大きくはない
分布●本州・四国・九州
自生地●高山の草地
種類●常緑多年草

低山性のマツムシソウよりも高い山に生えるマツムシソウという意味でタカネの名前がついています。生育地は本州、四国の高山草地です。マツムシソウが花茎を60～90㎝に伸ばすのに対して、タカネマツムシソウは30～35㎝程度と小型です。

また、マツムシソウハはハイキングやドライブで訪れることができる高原地帯に群生し、初秋のころワレモコウなどと一緒に風にそよぐ様は見ごたえがあります。一方、タカネマツムシソウは、がんばって山に登りようやく出会える花なので、これまた格別の感動があります。

マツムシソウは二年草で、花が咲いたらその株は終わりですが､こちらは多年草のように株の脇に新芽を生じます。花は当地では5月中旬ごろになると咲いてきます。大きさは5㎝くらいの花ですが､鉢植えでは草丈が小さくなる分、花の大きさも小さくなります。

タカネマツムシソウ

タカネマツムシソウのタネ

▎栽培法

植え替えの時期は、芽が動き出す3月になったら行ないます。前年より一回り大きな鉢に植え付けるか、鉢から抜いたときに株分けができるなら分けて植え付けます。小鉢でもできますが株が大きいほうが花つきも良いので、できれば大きめの鉢に植え付けたほうが見事に咲きます。

植え付ける用土は、私の場合は日向土の小粒と桐生砂の小粒の等量混合で植え付けています。

植え付け後3週間ほどしたら、肥料を与え始めます。濃度は規定量の2倍くらい薄めの液肥を10日に1回くらい与えます。花が咲くころに株元には翌年の芽ができていますので、それを大事に育てるようにします。

▎実生法

[タネ] タネは紡錘状で、片側には袴のように細い毛が並んでいます。タネは7月になると熟してきますので、採り

タカネマツムシソウの果実

タカネマツムシソウの２年目苗

まきか、2月までにまいたほうがよいでしょう。寒さに当てたほうが発芽が良いので、入手したらなるべく早い時期にまきます。

熟せば球状になった穂に触れるとポロポロと落ちてくるので、これを採ります。

［播種］ 用土は砂ならば何でもよいのですが、私は桐生砂の２～３㎜の大きさに、同じぐらいの大きさの花崗岩の風化砂を等量混ぜて使っています。タネをまいたら、その上に軽く用土をかぶせ、その後は極端に乾かないように水やりをします。

［移植］ 4月になると発芽してくるので、規定量より薄い2000倍くらいの液肥を与えます。5月下旬～6月になったら植え替えると、その年は地面の上に広げたロゼット状の葉で過ごすので、肥培をすれば株を大きくできます。

翌年の3月になると根生葉の中に切れ込みの多い葉が出てきますので、大事にします。その中から花茎を2～3本出し、15㎝くらい伸ばしてその先に花がつきます（当地の気温等は179ページ参照）。

（町田　實／東京都あきる野市）

［関連種］

●マツムシソウ

S. japonica

北海道から九州までの山地の草原に生育する二年生の草本です。

●ソナレマツムシソウ

S. japonica form. *littoralis*

関東南部や伊豆の海岸に生育します。草丈は１０～２５㎝で葉が厚く、暗緑色で光沢があるのが特徴です。

●エゾマツムシソウ

S. japonica var. *acutiloba*

北海道、本州北部や朝鮮、中国東北部に生育します。草丈はマツムシソウと変わりませんが、葉の裂片の先端がより鋭いので見分けられます。

マメ科

Oxytropis megalantha

レブンソウ

Leguminosae

絶滅の危険性●絶滅危惧ⅠＡ類
分布●北海道固有種
自生地●草地
種類●落葉多年草

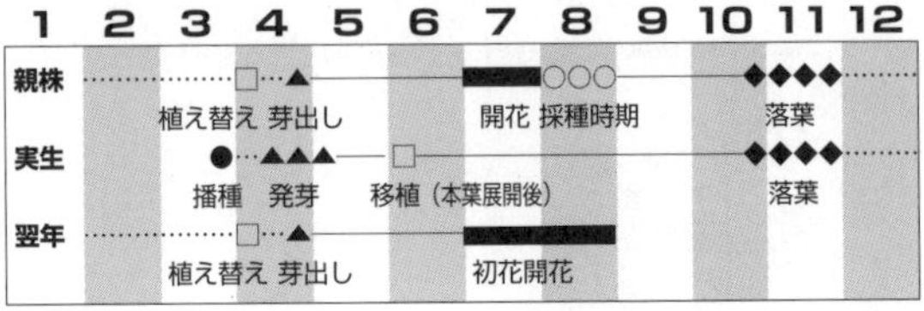

礼文島や利尻島、知床半島に産するオヤマノエンドウ属で、この仲間は7種が知られています。花は紅紫色です。自生地はごく限られており、絶滅危惧ⅠＡ類にランクされ自生個体数100以下とされています。しかし、このような植物でも、実生生産が容易なため流通量も多く、ほとんど園芸品種化されています。まさに、タネでふやす日本の山野草の優等生といってよいでしょう。

栽培法

［植え替え］ 植え替えの適期は、早春の芽が動き始める直前です。用土は２～５㎜の火山礫（軽石砂）単用か、またはそれにピートモスを１～２割混合したものを用います。鉢は深鉢か中深鉢の一回り大きめのものを準備します。

前年の枯れ葉を取り除き、株を鉢から抜き出して根の周りの古い用土を丁寧に取り除きます。周囲だけにとどめ、中央部分は残しておきます。根には根粒菌が寄生し、こぶを作っていることがありますが、この根粒菌は空気中のチッソからチッソ化合物を作り、チッソ肥料として植物に与える働きがあるので取り除かずつけておきます。鉢にゴロ土（10～20㎜㎜の火山礫）を中高に入れ、５㎜程度の火山礫を薄く入れて目つぶしをします。その上に植え込み用土を少し入れ、株を据えます。

周囲にもすき間ができないように注意しながら用土を入れます。植え終わったら、鉢の上面にゴロ土を２段くらい乗せて株元の空気の流通と蒸れ防止を図ります。

［管理］ 置き場所は、風通しが良く、午前中日の当たる場所が最適です。梅雨時や秋の長雨には当てないようにします。肥料は、芽出し時期に有機質の置き肥を施し、リン酸・カリ分の多い液肥を併用します。夏場は肥料を与えません。涼しくなってきたら液肥を月２回ほど、休眠するまで与えます。

レブンソウ

レブンソウのタネ

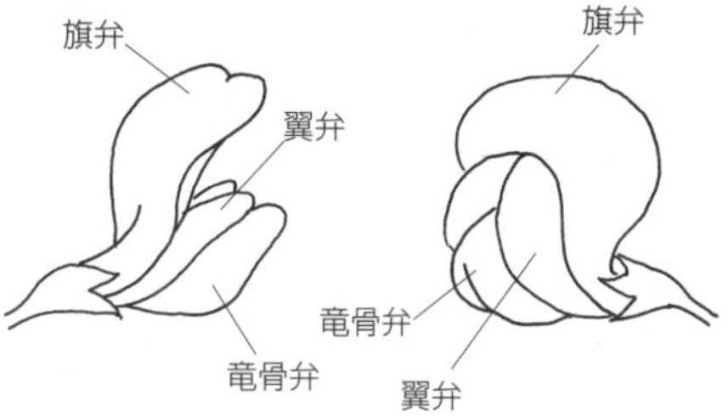

マメ科の蝶形花の構造

レブンソウの発芽

実生法

ハナバチが飛来しない場所では人工授粉が必要です。人工授粉するには、花の下側にある花弁（竜骨弁、舟弁）の先を下に引き下げます。すると雌しべとそれを囲む雄しべが露出します。花粉が出ていれば、この動作だけで受精します。雄しべを指で触れて花粉が出ていなければ２～３日後に再び触れてみます。また、雄しべ・雌しべがある花の先端部分を外側から指でつまんで人工授粉することもできます。しかし、好ましいのは他花受粉です。

レブンソウの移植適期苗

タネは受紛後１カ月ほどで完熟します。サヤが褐色に色がついたら採種適期です。

［播種］ 用土は特に選びませんが、植え込み用土に準じたやや細かめのものを用いて（例：２～５㎜の火山礫にピートモスを２割混入）播種するとよいでしょう。

寒冷地では､移植した苗が十分に根を張る前に冬を迎え､霜柱で根が浮き上がって枯死してしまうので、冷蔵庫に保管しておき、秋遅くか翌春早く播種します。

播種したタネは、必ず１㎝程度覆土します。オヤマノエンドウ属は不器用で、覆土しないと根が用土中に入ることができずに枯れてしまうものがあります。

根粒菌が共生していると生長がよくなります｡農協では、マメ用の根粒菌を農家用に販売しています。これを使ったことがありますが、良い成績でした。しかし、販売時期がマメのタネまき時期に限定されているようで、一般には入手困難と思われます。

レブンソウのサク果

簡単にできる方法として、親株を植え替える時に根粒を少々採り、すりつぶしたものを水に溶いて播種床にかけてやることにより、根粒菌を接種する方法があります。

[発芽と移植] 採りまきをすると10日ほどで発芽してきます。移植は本葉が4枚程度出たころに行ないます。

秋まきの場合、雪が消えて間もなく発芽してきます。発芽温度は、ほかのものに比べて低いようです。

移植したものは、親株と同様の管理をします。開花は翌年の7月ごろになります。

その他の増殖法

[挿し芽] レブンソウには白花やピンク花の変わり者がいます。これらのタネをまいても同じ花色になりません。そこで登場するのが挿し芽による増殖です。オヤマノエンドウ属のほとんどが挿し芽による増殖が可能です。5月下旬から6月中旬ごろに前年の茎から伸びた今年の芽を、前年の茎を1㎝ほどつけて切り取ります。

用土は1～3㎜の火山礫に、そのミジンを2割程度加えたものを使います。鹿沼土の細粒でもかまいません。

採取した挿し穂は、1時間程度水揚げをします。案内棒で湿らせた用土に挿すための穴をあけ、挿し穂を差し込みます。挿し終わったら、用土と挿し穂をなじませるためやや強めに灌水します。

明るい風の当たらない場所で管理します。2カ月ほどで発根するので、発根したら定植します。あとは親株の管理に準じます。　　　　（足立 興紀／北海道江別市）

[関連種]

●リシリゲンゲ

O. rishiriensis

絶滅危惧ⅠA類
利尻島や夕張岳に産します。日本産のオヤマノエンドウ属の中で黄白色の花色は本種だけです。
栽培はレブンソウに準じます。

●ヒダカゲンゲ

O. kudoana

北海道の日高山系に分布します。

●マシケゲンゲ

O. shokanbetsuensis

絶滅危惧ⅠB類
北海道日本海側増毛山地に分布します。花色は青紫色です。
栽培はレブンソウに準じます。

●オヤマノエンドウ

O. japonica

本州の高山に分布する日本固有種です。草姿の割に大きな旗弁で目立ちます。栽培はやや困難な部類に入ります。

●ヒダカミヤマノエンドウ

O. hidaka - montana

北海道の日高山系に分布します。

●エゾオヤマノエンドウ

O. japonica var. *sericea*

絶滅危惧ⅠB類
北海道の中央高地に分布します。母種のオヤマノエンドウに比べて茎や葉に長軟毛が多く全体的に白っぽく見えます。変種名のsericeaは絹毛のあるという意味です。
栽培は困難な部類に入ります。

エゾオヤマノエンドウ

コゴメキノエラン

Liparis elliptica

ラン科

Orchidaceae

絶滅危惧ＩＡ類

イヌガシの幹についていたコゴメキノエラン（奄美大島）

奄美大島などの南西諸島の極々限られた場所に自生する常緑の着生ランで、1月ごろ細い花茎を垂れ下げて名前（小米）のとおり米粒のような小さな黄緑色の花を多数咲かせます。

平成11年11月に、コゴメキノエランがヤドリコケモモとともに、種の保存法に基づき国内稀少野生動植物に指定されました。この指定を受けた植物は、採取はもちろん、譲渡、移動も禁止されます。

ラン科稀少種の増殖に力を入れていたラン・ユリ部会は、この指定が決まる以前からコゴメキノエランの国内での1カ所の自生地が絶滅の恐れが大きいと判断し、無菌発芽による増殖に取り組んでいました。

指定前から栽培していた株は、譲渡はできませんが保有は認められます。

幸いコゴメキノエランは、たいした設備なしに栽培が可能です。コゴメキノエランが指定を受けた時点では、実生増殖委員会は8本のフラスコに約50苗を培養しており、すでにフラスコから出して順化させた苗20数株が順調に生育していました。

この年の12月、そのうち4株に花がつき、国内での初の成功例で新聞でも報道されました。特に地元各紙は大きな扱いで、称賛と歓迎の記事を掲載しました。

趣味の会のもつ栽培増殖技術をもって社会貢献するという、東京山草会の方針の基に部会をあげて努力してきたことがひとつ実を結びました。

（三橋 俊治 / 東京都三鷹市）

モウセンゴケ科

Drocera anglica

ナガバノモウセンゴケ

Droseraceae

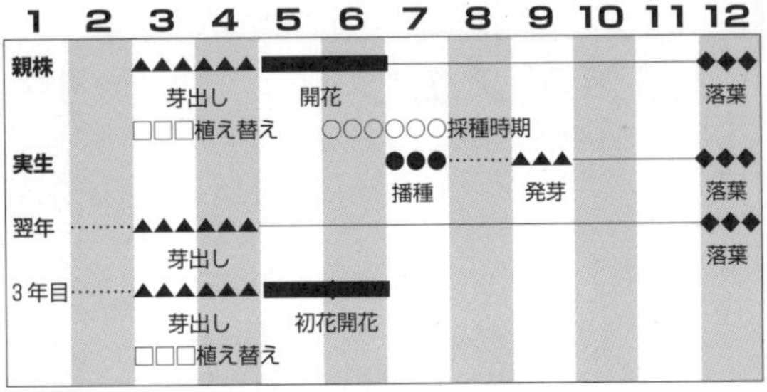

絶滅の危険性●絶滅危惧Ⅱ類
分布●北海道・福島県・群馬県
自生地●湿地
種類●落葉多年草

自生地としては尾瀬ヶ原が有名で、北海道の一部にも生えます。真っ赤な葉に粘液をつやつやと光らせたナガバノモウセンゴケが群生する光景は、尾瀬ヶ原の見所のひとつでしょう。レッドデータブックでは絶滅危惧Ⅱ類で、湿地の開発、踏みつけ、排水工事後の湿地の管理放棄が減少の主要因とのことです。当会では、展示規制により実生増殖以外の鉢は山草展に出品できません。

温暖地で栽培すると葉がやや短くなり、赤の発色も弱くなってしまいます。気温が高い、昼夜の温度差が少ない、紫外線が弱いなどが原因と考えられます。今のところ山草愛好家にはあまり栽培されていませんが、これから人気が出ると思います。タネから育てれば栽培はそれほど難しくなく、容易にふやせます。

ナガバノモウセンゴケと称して園芸店で多量に販売されているものは、南アフリカ原産のアフリカナガバノモウセンゴケ（*D. capensis*）で、赤い花を咲かせ本種とは異なる種類です。

ナガバノモウセンゴケ

ナガバノモウセンゴケ

ナガバノモウセンゴケのタネ

▍栽培法

ナガバノモウセンゴケの植え替えの適期は、冬眠芽が動き出す３月ごろですが、真夏と真冬を除けばいつでも植え替えは可能です。

ミズゴケの中に根の部分だけをピンセットなどで押し込み、十分に散水して根とミズゴケをなじませます。水切れは致命傷となるので腰水をするのが安全です。表面に生きたミズゴケをちぎって並べておくと、夏までには生きたミズゴケの中から長い葉を伸ばす姿になります。見た目が良くなるばかりでなく、株元が涼しくなるので夏越しに有効です。１年中よく日の当たる棚の上に置き、夏の日よけや冬の保護は必要ありません。

12月ごろに葉は枯れ落ち、小さな握り拳のような冬眠芽となって冬を迎えます。

▍実生法

尾瀬ヶ原の自生地では7～8月が花期ですが、東京で栽培すると5～6月が花期となります。

高さ10～20㎝の細い花茎の上部に、直径約1㎝の白い花を10輪ぐらい咲かせます。真ん中に柱頭（雌しべ）があり、その周りを花粉（雄しべ）が囲むというわかりやすい構造で、綿棒で咲いている花をチョンチョンとたたいていけば容易に授粉し、結実率も良いです。普通の栽培場所なら虫が受粉してくれるので、放っておいてもタネは採れます。

[タネ]人工授粉して1カ月ぐらいでサヤ(果実)は完熟し、1サヤには数十粒のタネが入っています。タネを散らす前に完熟したサヤを切り取り、紙袋（封筒）に保存します。ビニール袋はサヤが腐ったりカビが生えたりするので避けたいです。

[播種] タネのまき方には、7月ごろの採りまきと3月ごろの春まきの2つの方法がありますが、採りまきのほうが成績は良いです。

まき方は簡単です。濡らしたミズゴケを詰めた鉢の表面を平らにし、その上にパラパラとタネを散らすだけで、覆土はしません。タネの密度は1サヤを3号鉢2個にまくのが目安ですが、それほど気にしなくてもかまいません。

親株より水切れに弱いので腰水にします。よく日の当たる場所に置き、通常の頭上散水を続け、ミズゴケが腐る可能性があるので肥料はまったく与えません。

[発芽] 7月に採りまきすると9月に発芽してきます。寒冷地の植物では冬の寒さを経験（低温湿潤処理）させないと発芽しない種類が多いですが、ナガバノモウセンゴケは例外です。鉢によりバラツキは現われますが、発芽率は良いほうです。ルーペでやっとわかるような小さな実生苗なのに、一人前に腺毛《せんもう》の先に粘液を光らせているのがかわいいです。11月までには2～4枚の通常の葉を展開するよ

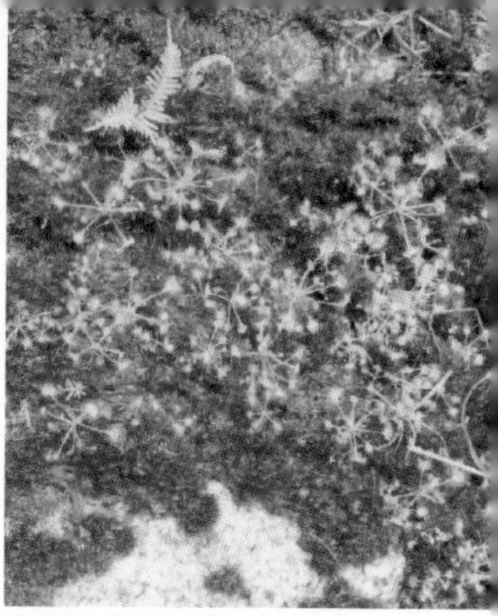

自生地（屋久島）のモウセンゴケ

ナガバノモウセンゴケの果実

ナガバノモウセンゴケの実生苗。小さいうちは丸い葉をしている

ナガバノイシモチソウの発芽。一年草なので毎年タネをまく

うになり、間もなく冬眠芽を形成します。

翌年３月ごろから葉を展開し生長を開始しますが、この年に咲くことはまれです。もう１年後、すなわち、実生してから２年目に開花を始めます。

保存したタネを３月にまくと５月ごろ芽を出してきますが、採りまきに比べると発芽率は悪くなります。

[移植] 発芽１年目は移植をせず、２年目である程度大きくなった株から新しいミズゴケに移植します。

その他の増殖法

[葉挿し] ６～７月に元気のよい葉を基部から外し、ミズゴケの上に表面を上向きにして並べておくと約１カ月で不定芽が葉の葉脈から現われ、間もなく発根してきます。この増殖法は「葉挿し」と呼ばれ、モウセンゴケ属のほとんどに適用可能です。

[根伏せ] モウセンゴケ属の中でも太くて長い根をもつ種類は根伏せによる増殖も可能です。２～３㎝に切った根をミズゴケの上に並べ、１㎝程度の厚さでミズゴケを覆います。発芽時期は種類によりかなりの差があります。

ただし、ナガバノモウセンゴケは元気な葉や根を犠牲にしない実生増殖法が適しています。

（小田倉 正圀 / 東京都新宿区）

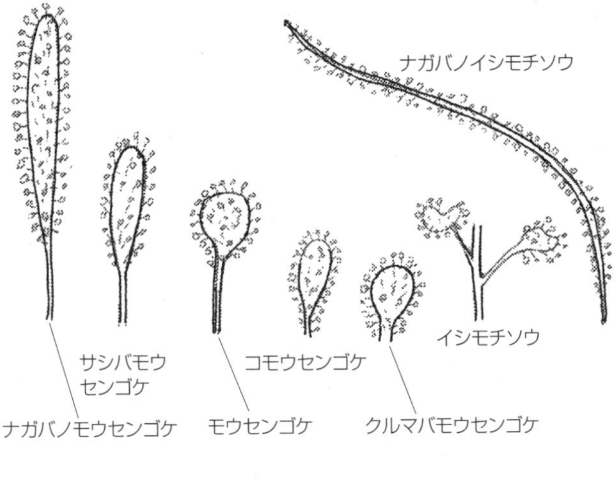

[関連種]

●モウセンゴケ

D. rotundifolia

最も身近に見られる食虫植物で、日本全国の湿った明るい場所に群生します。産地により葉の大きさや葉色に差が現われ、神津島の一部に見られる小型の系統などが山草愛好家に好まれます。

６～７月に白い花を咲かせ、約１カ月でタネは完熟します。８月ごろの採りまきでも保存したタネの３月まきでも、発芽時期は４月ごろです。

●コモウセンゴケ

D. rotundifolia

関東地方以南の暖地から亜熱帯にかけての明るい湿った場所に群生し、文字通り真っ赤な毛氈を敷き詰めたように見える自生地もあります。東京で栽培すると産地により花期にはかなりの差が現われ、６～10月に赤い花を咲かせます。冬眠芽を作らないので、冬の寒さには弱いです。採りまきして、冬は温室などで加温して早く発芽させればその年の内に花をつけます。一年草のように扱うのが楽です。

●クルマバモウセンゴケ

D. burmanii

日本の亜熱帯地方に分布する、ころころとした可愛いモウセンゴケですが、寒さには非常に弱いです。白または桃色の花を咲かせますが、栽培温度環境や芽出し時期によって花期はまちまちです。毎年採りまきして１５℃以上の温室に入れ、一年草として栽培するのが一般的です。

●サジバモウセンゴケ

D. ×obovata

ナガバノモウセンゴケとモウセンゴケの交雑種で、尾瀬ヶ原で見られます。両者の中間の中途半端な草姿で、観賞価値は低いです。交雑種なのでタネは採れません。

●イシモチソウ

D. peltata var. *nipponica*

関東地方以南の明るい場所に自生しますが、湿地とは限りません。レッドデータブックでは絶滅危惧Ⅱ類で、湿地開発、土地造成が減少の主要因とのことです。高さ１０〜２０㎝の茎が立ち上がり、丸い感じの捕虫葉を多数つけ、地中には球があります。６〜７月に枝の先に白い花を数輪咲かせ、結実率は良いです。タネをまいてから開花までには３年ぐらいかかります。

●ナガバノイシモチソウ 赤花

D. indica

日本のモウセンゴケ属ではただひとつの一年草で、基本種は白花、まれに赤花があります。ごく限られた地域にのみ分布し、天然記念物に指定されている自生地もあります。レッドデータブックでは絶滅危惧ⅠＢ類で、土地造成、園芸用の採取が減少の主要因とのことです。

当会の展示規制種で、出品されることもありますが、一年草なので展示されればそれはすべて実生増殖株なので問題となることはありません。

草丈は３０㎝にも達する日本で最も大型の食虫植物で、チョウやトンボまで捕まえます。長さ１０㎝程度の糸のように細く長い葉を１０本以上展開し、無数の粘液を光らせます。採りまき、あるいは春にまいても発芽は遅く６月ごろで、その後は急速に生長します。発芽率は良いです。

８〜１０月に次々と花を咲かせ結実率は抜群です。咲いた花はすべて実を結ぶような感じです。

ユキノシタ科

Parnassia palustris

ウメバチソウ

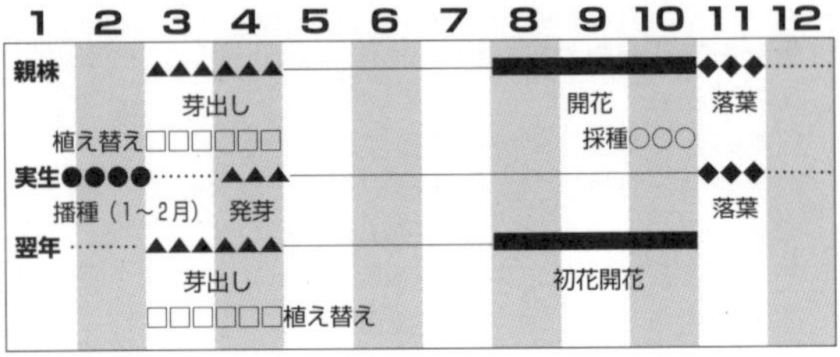

Saxifragaceae

絶滅の危険性●大きくはない
分布●北海道・本州・四国・九州
自生地●山の湿地
種類●落葉多年草

ウメバチソウ属の無毛の多年草で、この仲間は世界に約50種あり、北半球の極地から温帯まで広く分布しています。そのうち日本には3種があり、変種と品種を合わせると7種で､北海道から九州までの日の当たる湿った草地や、水の滴る崖地・高山の湿った草原など、広い範囲に自生しています。花期は8～10月ごろ、花は約2㎝のウメの花に似た白い5弁花に、緑色の平行脈があって美しく、天満宮の紋所である梅鉢紋に似ていることからこの名があります。雄しべは10個で、その半分の花弁に対生する5個は仮雄しべの不稔性ですが、糸状に細かく15～22裂し、先端に黄色の腺体があります。これは蜜を出さない見せかけの雄しべで、美しくにぎやかなため虫を呼ぶようです。雌しべは1個で、柱頭は4裂します。タネは約1㎜の楕円形で、種皮はわずかに翼状となります。

エゾウメバチソウ、コウメバチソウ、ヒメウメバチソウなどの高山性の花は、暑さに弱く、栽培困難です。

ウメバチソウ

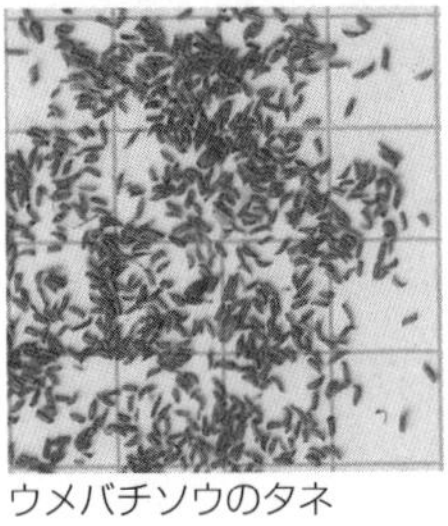
ウメバチソウのタネ

❙栽培法

低地にも見られる花ですが夏の暑さに弱く、暖地の栽培では花期まで葉を美しく保つことが難しく、湿度を好みますが腰水栽培は根が傷みます。可憐な花ですが、栽培は楽ではありません。「神津島ウメバチソウ」の名で売られているものは、葉の傷みが少なく育てやすいものです。

置き場所は、春と秋は日に当て、5月ごろより半日陰の風の通る涼しい、空中湿度の高いところに置きます。日差しが強いと葉焼けし、また葉ダニがついて枯れます。少ないと花つきが悪くなります。冬は棚下などに置き、適湿を保つようにします。栽培の良否は、置き場所が適しているかどうかにかかっていると言えます。

用土は特に選びません。硬質鹿沼土、桐生砂、軽石砂な

ヒマラヤウメバチソウ（パルナシア・ヌビコラ）の実生苗

花の構造

どの混合にミズゴケの刻んだものを加え、表土の上に生ミズゴケを乗せておきます。

植え替えは1～2年に1回、3～4月ごろが適期です。大株になったものも小割りにせず、大きく分けて植え替えます。ベニチガヤやリンドウなど他の山草との寄せ植えは育てやすく、観賞上もよいものです。抗火石の鉢は水はけ・水もち良く、断熱鉢や水冷鉢は、鉢の湿度を下げるので育てやすい鉢です。

肥料は可憐に咲かせたいので少なめにし、芽出しのころより2000倍の液肥を月1～2回、同時に木酢液の1000倍液を与えます。ふやし方は株分けと実生ですが、元来短命のため、常にタネをまいておく必要があります。

▎実生法

[タネ] この花は雄性先熟で、始め雄しべと雌しべが集まっていますが、やがて雄しべは離れ、先熟して自家受粉を難しくしています。しかし、すべての花が他家受粉するわけではないようです。タネをたくさん得るためには、人の手で他家受粉させる必要があります。

[播種] タネが熟すのは11月ごろで、採りまき、または冷蔵庫で保管して翌春にまきます。用土は親と同じで少し細かいものにミズゴケ粉を多くし、下にマグァンプKの細粒を入れます。覆土はしません。

[発芽から開花] 発芽は4月ごろで、始めは小さく生長が遅いものの花時に急に伸びて、花も少し見られます。2年目には草丈が伸びて15～20㎝となり、花もたくさん咲きます。そのころまで葉を美しく保つことが大変です。

（石黒 ゆり子 / 東京都練馬区）

[関連種]

●ヤクシマウメバチソウ

P. palustris form. *minima*

ヤクシマに自生する小型種です。照り葉で美しい姿の花ですが、栽培は難しく、冬は戸外で過ごせるものの、夏の暑さに弱い花です。

栽培はウメバチソウと同じです。

●シラヒゲソウ

P. foliosa

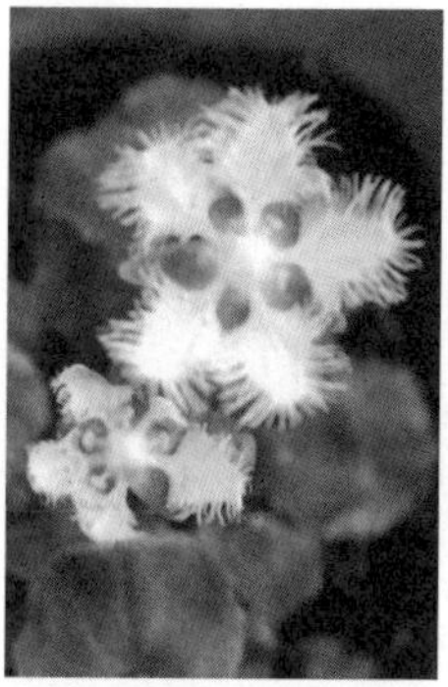

山地の湿地や水の滴る崖地に生える美しい花です。白花は大きく先が糸状に切れて白髭草の名の由来です。

栽培は難しく置き場の環境作りが大切です。

ユリ科

Fritillaria

コバイモの仲間

Liliaceae

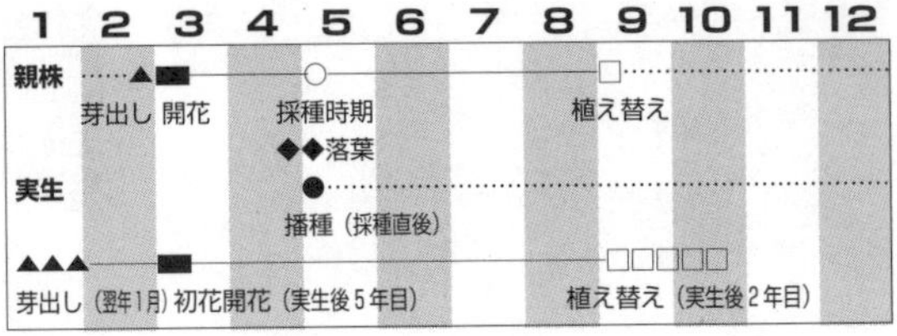

例：アワコバイモ
絶滅の危険性●絶滅危惧ⅠB類
分布●東海・四国7県と熊本県
自生地●落葉樹林下
種類●落葉多年草

早春のまだ昆虫類の活動もあまり活発でない時期に1本の花茎をするすると伸ばし、茎頂に地味な花を1個ぶらさげて、折からの微風にゆらゆらと揺れているコバイモは一幅の日本画そのものです。

このような日本的雅味のあるコバイモは、温和な雰囲気に囲まれた里山を好み、決して人里から遠く離れた深山幽谷の地には自生していません。冬季には落葉しますが、春と共に新緑が覆いかぶさるような樹陰にひっそりと自生しています。ときにはセップンソウやカタクリなどとも仲良く共生していることもありますし、たまにキバナノアマナとも一緒のこともあります。

コバイモの自生している土地は例外なく湿気の多い場所ですし、前述のように樹木に覆われていますから、いわば少々陰気な場所ともいえます。そのせいか付近に墓地のある場所も少なくありません。また、全体的にみてなだらかな傾斜地であることも事実です。

したがって、自生地は年間を通じて適度の湿気があり、また、岩石の崩れた小石まじりのどちらかというと粘土質の土地なので、土地は年中湿気で黒っぽくなっていて、どんな真夏の時期でも白っぽく乾燥することはありません。なお、岡山県のコバイモはせいぜい標高200～300m以下の低地に自生していますが、四国では標高600ないし1,200mの高地に自生が認められます。

アワコバイモ

コバイモのタネ

このようなコバイモは、現在邦産ではコシ・カイ・ミノ・ホソバナ・イズモ・アワ・トサの7種類あることが確認されておりますが、これらはそれぞれの花形や葯の色などにより分類は容易です。

レッドデータブックによると、このうちカイが絶滅危惧ⅠA類にランクされているほか、アワ、トサが絶滅危惧ⅠB類に、またミノ、ホソバナ、イズモが絶滅危惧Ⅱ類にそれぞれランクされています。

このようにコバイモが絶滅の危惧にさらされているのは、元々コバイモの自生地そのものが極めて局限された地域であり、固体数そのものが少量であつたばかりでなく、前述のように人里近くの自生であったせいもあり、開発の犠牲となり消滅した自生地も少なくありません。

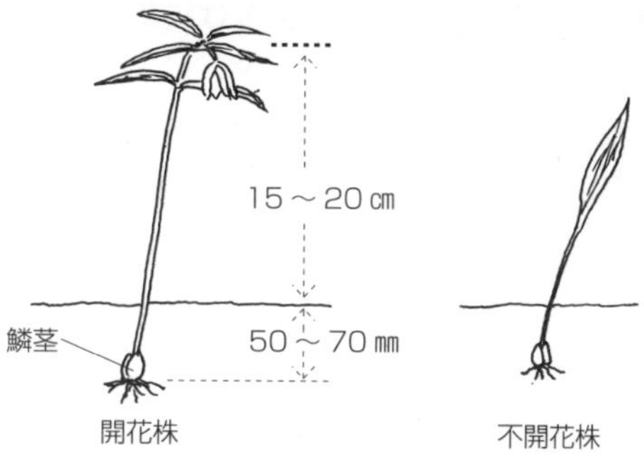

図１　開花株と不開花株

［コバイモの草姿］ コバイモを栽培するには、まずコバイモの草姿をはっきりと認識しておく必要があります。すなわち、コバイモは開花株と不開花株とでは大きく草の姿が変わります。

開花株は高さ 15 ないし 20 ㎝程度の茎の上部に対生する２枚の細い葉があり、その少し上に輪生する３枚の細い葉があり、さらにその１㎝程度の上部にうつむいた乳白色の人差し指程度の大きさの花を１個つけています。これに対し、不開花株はぺろっとした葉が１枚あるだけです。これは実生１年目のものでも何回も開花を繰り返したものでも花がなければ等しく１枚の葉があるだけです。つまり複数（正しくは５枚の葉）の葉があれば必ず花がつきますし、花がなければ必ず１枚の葉だけしかありません(図１参照)。

花芽の全草姿

このコバイモの草姿をはっきりと認識しておかないと、コバイモとして長年栽培しても一向に花がつかないということにもなりかねません。コバイモとよく混同される植物にバイモがありますが、バイモとコバイモとでは草姿がまったく異なります。

▍栽培法

栽培にあたって注意することは、コバイモの鱗茎（球根）の特徴を把握することです。鱗茎の特徴としては次のようなことがあげられます。

①成球は２枚の鱗片をもち、直径約 10 ㎜内外の純白の鱗茎です。

②鱗茎は毎年春に新しく更新し、生長して大きくなります。

[日本のコバイモ]

●ミノコバイモ

F. japonica

福井県、石川県と岐阜県以西、岡山県に分布し、花は広釣鐘形で葯の色は淡黄色です。

●コシノコバイモ

F. koidzumiocna

新潟県から島根県までの日本海側、山形県から岐阜県まで分布。花はアワコバイモと同じですが、花弁に突起が見られます。葯の色は淡黄色です。

●ホソバナコバイモ

F. amabilis

岡山県から西の瀬戸内海と九州の一部に分布します。花は筒形で、葯の色は淡黄色です。

③鱗茎は湿気には非常に強いものの、乾燥には極めて弱いです。

④特に肥料を好み、決して肥料負けするようなことはありません。

⑤糖分を非常に好み、鱗茎の肥大には糖分を欠くことはできません。

⑥一部のコバイモは夏季の暑さにやや弱いです。

[栽培用土] 自生地が湿気の多い土地であり、肥料も好むので、用土もそのような組み合わせにします。また、用土の大きさは5～6㎜程度のものを用います（例：赤玉土、硬質鹿沼土、軽石の等量混合土)。

栽培鉢は駄温鉢が最適ですが、ほかに焼締め鉢・釉薬鉢なども使用できます。ただし、ラン栽培用の素焼き鉢は乾燥しすぎるのでコバイモ栽培には不向きです。鉢の大きさは植え付ける鱗茎の数量にもよりますが、できる限り大きめの鉢（5号以上）を使用してください。

栽培法

通常、コバイモの鱗茎は遅くても9月上旬ころまでには植え付けることが望ましいのです。その理由は、そのころには大部分の鱗茎が休眠から目覚めて発根してくるからです。発根してからの鱗茎の移動は、その後の生育に悪影響を及ぼす恐れが多分にあります。さらに発根すれば2つに合わさった鱗茎の中心から新芽を伸ばし始めるのもあります。なお、植え付けの際には、元肥として緩効性の化成肥料を入れておきます（5号鉢：小さじ1杯を2カ所、6号鉢：大さじ1杯を3カ所)。

覆土は鱗茎の上5㎝程度あれば十分ですが、これより少ないとよくありません。

[植え替えの頻度] 植え替えは、通常の場合3年ないし5年はしなくてもかまいません。コバイモは他の植物のような頻繁な植え替えは嫌い、作落ちを生ずる恐れがありますからなるべく避けてください。

長年植え替えをしないと、用土が細かくなって水分の透過を妨げるようになり、灌水すると用土の表面に水がたまりまるで水盤のようになる場合があります。しかし、このような状態でも結構花が見られますし、このため鱗茎が腐敗するようなことはありませんでした。

［植え替え時の注意点］ 通常の球根植物ですと、鉢の用土をひっくり返して転がり出た球根を拾い集めればそれでことが足りるのですが、コバイモはそうはゆきません。

コバイモの場合には、長年植え替えをしていないせいもあり、鱗茎の分球がありますから、大ざっぱな植え替えをするとせっかくの分球を見逃す恐れが多分にあるからです。成球でも直径10㎜内外のもので、分球した鱗茎の大きさはせいぜいマッチ棒の頭程度からその半分程度の大きさです。この点に留意して慎重に用土内の鱗茎を調べながら植え替えする必要があります。

［施肥］ 肥料は10月に入れば、液体肥料の1000倍の水溶液を10日に1回程度の割合で与えます。このころは地上部がありませんからチッソ分のないものでかまいません。さらに、これと平行してブドウ糖の1000倍液（ブドウ糖1gを水1000 ccに溶解）を同じく10日目ごとに与えます。この液肥とブドウ糖の給与は、翌春、地上部が現われても同じペースか1週間に1回のペースに切り替えて継続します。また、春に地上部が現われると固形肥料を置き肥として与えます。

これらの肥料は5月に入り地上部が消えても5月いっぱいは継続する必要があります。

▍実生法

絶滅危惧種であるコバイモの栽培には、実生は重要で、タネを得るためには人工授粉してやる必要があります。幸いなことにコバイモの花は大きいので人工授粉は簡単ですから、必ず行なってください。

［人工授粉］ 開花して数日経過するとオシベの先端の葯が粉をふく感じになります。この時が人工授粉の最適時です。楊枝の先を少し湿らせるか、綿棒の先で葯からふいた花粉を採取し、別の花の雌しべの先端につけてやります。人工授粉が完全に行なわれると10日もたてば花の根元の子房が膨らんでくるのがわかります。

子房は三角錐状の緑色をしたきれいなものです。これが

●イズモコバイモ
F. ayakoana

島根県に分布し、花は傘形で、葯の色は淡黄色です。

●トサコバイモ
F. shikokiana
四国と九州の一部に分布し、花は筒形で、葯の色は紫色です。

●カイコバイモ
F. kaiensis
東京都、山梨県、静岡県の一部に分布し、花は傘形、葯の色は淡黄色です。

ホソバナコバイモ

コバイモのサク果

日一日と膨らむ様子を見るのは、コバイモ栽培の醍醐味のひとつであるといっても過言ではありません。

[タネの採取と保存] この子房はサク果といい、サク果が完熟するのを待って採取しますが、タネの採取には特に注意しないといけないことがあります。

まず、タネに直接手などで触れてはいけません。手などで触ると発芽率が低下しますし、場合によっては発芽しないこともあります。そのため、サク果が緑色から黄色に変色し完熟の時期が近づいら、毎日朝晩観察を怠らないようにします。

サク果が黄色から茶色に変色すれば完熟していますから、これを採取します。この場合、不用意にサク果に直接手を触れると、そのはずみでサク果が割れてタネがこぼれることがあります。サク果の採取には、フィルムの空ケースなどで受け止めてからサク果の根元をハサミなどで切って採取する、といつた細心の注意が必要となります。

また、採りまきしないで数日保管するような場合には、必ず湿らせたティッシュなどにくるむことが必要です。これは必ず実行してください。さもないとせっかくのタネも乾燥してしまい、無発芽という結果に終わります。

[播種] 採取したタネは、親球と同じように乾燥を嫌いますから、数日内に播種します。

通常、タネをまく場合には、移植することを前提にしてポリポットが使用されます。コバイモの播種の場合もそれでよいのですが、実生1年目の球根がマッチ棒の頭の半分以下という小さい点や、移植を嫌うという性質を考慮して、最近では播種後の数年間はそのまま育成してもかまわないことが明らかになり、当分そのまま栽培可能な鉢、例えば4号駄温鉢が播種用に使用

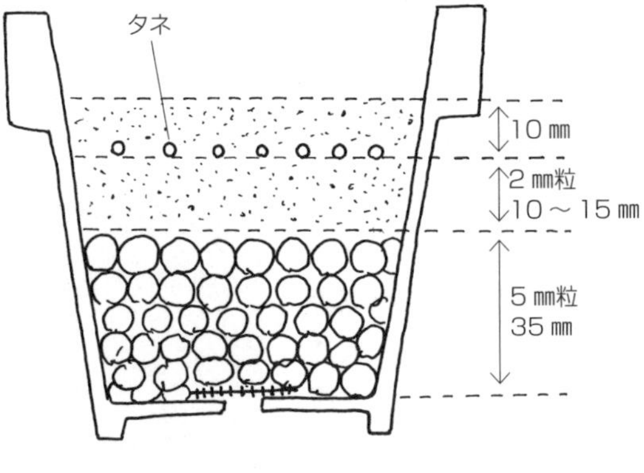

図2　タネのまき方

され効果をあげています。

播種用の用土は、親球栽培と同じものを使用します。鉢の下部半分程度に5㎜前後、その上部には同じ用土の2㎜程度の粒子のものを使用します。

イズモコバイモ
左は実生2年生、右は実生1年生

播種後の覆土は10㎜程度は必要となります。これより少ない場合には灌水などによりタネが露出する恐れがあります。なお、播種の際に緩効性化成肥料を小さじに半杯程度を鉢の縁2カ所入れておきます（播種例は図2を参照）。

実生初年度苗

播種後には必ず灌水をしますが、ジョウロで上から水をかけるようなことはしないでください。水を入れた深めの鉢受け皿に播種鉢を置き、鉢底から吸水させるようにします。10日もたてば鉢の表面の用土も落ち着き、ジョウロでの灌水も可能になります。

播種鉢は日陰か棚下に置きます。用土が乾燥しないよう給水には十分留意してください。

［発芽から開花］ 通常は翌年の1月下旬ころには発芽してきます。まるで緑色の絹針のような細い芽が上がってきます。

実生2年苗

発芽が始まると、すぐに親球の管理と同じように液肥とブドウ糖の水溶液の給与を始めます。濃度は親球の場合と同様にいずれも1000倍とし、1週間に1回程度の割合で与えます。発芽苗に対するブドウ糖溶液の給与は目を見張るような効果がありますが、毎年このように肥培を行なえば、通常の場合4年から5年で初花が見られます。最近では実生後3年目の開花も珍しくありません。

（森田 道士／岡山県岡山市）

Hosta longipes

ユリ科

イワギボウシ

Liliaceae

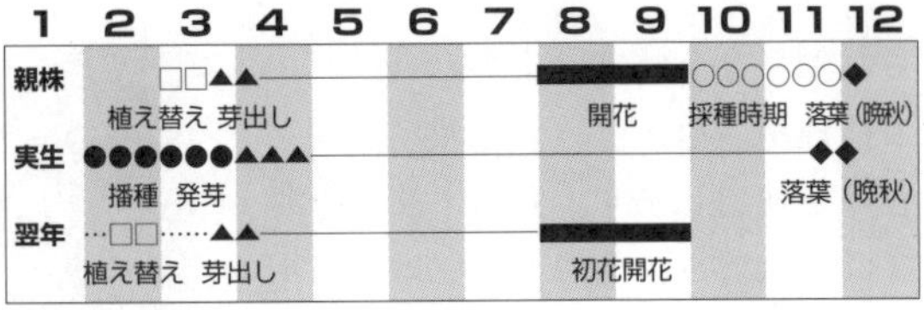

絶滅の危険性●大きくはない
分布●関東から近畿
自生地●湿った岩や木
種類●落葉多年草

ギボウシは地域によって変異が大きく、たくさんの種類が全国各地に自生しています。日陰の林床や水の流れる岩場、日当たりの良い道端や湿地など、生えているところも多彩です。イワギボウシは山中の湿った岩場などに生え、本州（関東、東海地方）に産します。自生地での花期は8～9月ですが、栽培するともう少し早く咲きます。

イワギボウシの変異は多く、四国から九州にあるサイコクイワギボウシ、伊豆諸島にあるイズイワギボウシ、四国南西部のヒメイワギボウシなどがあります。

栽培法

春の芽出しから梅雨ごろまでは、できるだけ日に当てて作るほうが丈夫で締まった姿になりますが、いかに丈夫なギボウシといえども、夏の直射は葉焼けを起こします。その前に半日陰のところに取り込まなければなりませんが、あまり暗いところでは葉は軟弱になりますし、花上がりも悪くなります。

用土は、山野草に使っているものなら何でも利用できます。小型の種類なら石付けなどもよく似合います。品種によっては6月から咲き始め、10月くらいまで長期間楽しむことができます。晩秋には葉は枯れてしまいます。

実生法

［人工授粉］ギボウシの咲くころは、虫やハチも多く何もしなくても結構タネは実りますが、雑交を防いだり、目的を持った交配をする場合は、必ず人為的に花粉をつけてやりましょう。白花や変わり花などの貴重品や、原種を保護するための交配は、自分の花粉や同種類の花粉をつけてやればよいでしょう。ギボウシの花は早朝に咲き一日花ですから、人工授粉するのも朝が適しています。

斑入り種の作出を狙った交配で最も重要なことは、母株の選択が一番大切になります。ギボウシの斑の遺伝は、母

ギボウシ

イワギボウシのタネ

性遺伝であり、雄株の斑はどんなに素晴らしい斑入りであっても遺伝しないことが確かめられています。また、斑入り種であっても、覆輪の斑は、まず遺伝しません。ですから、交配によって斑入りを作ろうと思えば、中斑か縞斑の母株がどうしても必要になります。

ギボウシのサヤ

人工授粉は、翌日咲く花の雄しべを取り除いておきます。そのころにはハチやガなどがよく飛んで来るので、楊枝などで小さく穴をあけたチャック付きのポリ袋や、パラフィン紙などで作った袋を掛けて雑交を防ぎます。咲いている花に人工授粉しようとする雄しべを引き抜いて、雌しべの柱頭に十分色がつくくらいたっぷりとつけてやります。再び袋を掛け、翌日くらいまでそのままにしておきます。ギボウシの雄しべ、雌しべは大変大きくて初心者にもよくわかるでしょう。

秋になってサヤが褐色になってきたら完熟です。サヤを割ってタネを選別し、品種名を書いて紙に包み春まで保存します。ギボウシのタネは大変丈夫なので、室内での保存で大丈夫です。

発芽5カ月のギボウシ（8月）

［播種］ 保存していたタネは、翌年の２～３月にまきます。ギボウシは大変丈夫な植物なので、まき床の用土も腐葉土なども使い、マグァンプＫなどの肥料も入れたほうが生育も良いようです。タネは結構大きいほうなので、タネが隠れるくらい覆土をします。

発芽するまでは、絶対まき床は乾かしてはいけません。

発芽後6カ月、植え替え後
のギボウシ（9月）

［発芽後の管理］ 発芽してきた苗は、チッソ分の多い液肥を中心に肥培に努めます。苗のうちはほとんど肥料あたりはしません。最近の実生苗への施肥方法は、ひと昔前なら考えられないくらい進歩しています。苗の小さいうちは、チッソ分の多い肥料を与えて葉をできるだけ大きくします。以後、次第にリン酸とカリ分の多い肥料を与えて開花を促進します。私は、ほとんどの実生苗に水やり代わりに1000倍の液肥をやっています。

翌春、芽出ししてきたら、よく日に当て、十分肥料を与えると、その年にはほとんど開花するようになります。

（小川 聖一／愛媛県松山市）

Tricyrtis nana

ユリ科

チャボ
ホトトギス

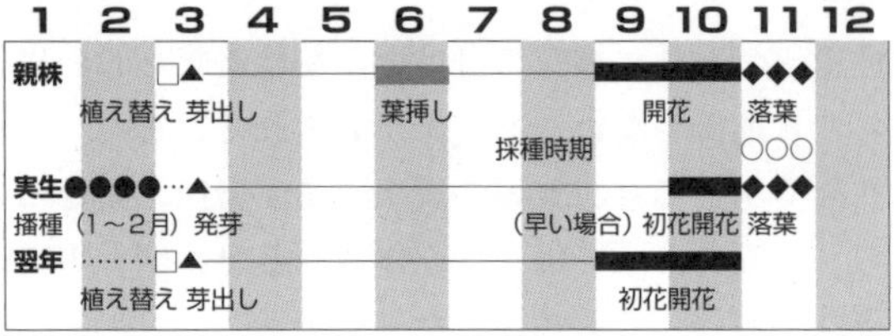

Liliaceae

絶滅の危険性●大きくはない
分布●本州・四国・九州
自生地●深山の林内
種類●落葉多年草

ホトトギスと聞くと、「鳥の名」と思われる方が世間一般的には多いことでしょう。その鳥と同じ名をもつのがユリ科のホトトギスです。この仲間の代表種であるホトトギスの花が、白地に赤紫色の斑点を散らせる様子から鳥の胸の斑点模様を思い浮かべて、この名がつけられました。

ホトトギス属の植物は、ヒマラヤの山麓あたりから中国·台湾、そして日本に分布するアジア特有の植物で、約20種あるといわれています。そのなかで日本には約12種と多くあり、花色、花形、草丈、草姿など変化に富んでいます。

また、古くにタイワンホトトギスと交配され作出された“東雲《しののめ》”という品種などは強健で、切り花としても使えるまっすぐに伸びる丈夫な草姿をもち、上部に群がって咲く花の美しさから、花屋さんでホトトギスといえば、これを指すほどになってしまいました。

さらに、日本産同士の交配種が出回りだしたほか、斑入り葉の個体も多く見いだされていて、秋の花はもちろん、春の芽出し時から楽しめるようになり、コレクションの対象としても人気を集めています。

そうしたなかから、ここではチャボホトトギスを中心に、私の経験を基に記します。

チャボホトトギス（*T.nana*）は、和名、学名ともに、矮性《わいせい》であることから名付けられているように、この仲間では草丈は最も低く、5㎝から15㎝程度であり、小鉢に植えて観賞するには最も適したものといえます。しかし、花は必ずしも小さいわけではなく、他種と比べても遜色のないものだけに、かわいらしさもひとしおです。

花は葉腋につき、黄色の地に赤い小斑点が散っています。草姿、花とも近縁種のキバナホトトギスに酷似しますが、こちらが20～30㎝ほどとやや草丈が高いのと、葉腋から咲く花に2～3㎝ほどの花柄がある点で区別できます。

チャボホトトギス
発芽翌年秋に花開いた

ホトトギスのタネ

岩から垂れ下がっていた
自生地のホトトギス

ホトトギスとタイワンホトトギスの
交配品種"東雲"

❙栽培法

春3月半ば、陽気が暖かくなりだしたころに芽を出し始めます。右、左と葉を繰り出してきますが、他種のように茎が立って、それに葉がつくというのではなく、葉が重なるような状態でつきます。葉数も多くはなく、10枚程度を6月末くらいまでに順次展開します。1枚の葉は長さ6～10㎝、幅は3㎝くらいです。

ホトトギスの別名として「油点草」がありますが、チャボホトトギスも春先から葉に油のしみ状の模様が浮かびます。ほかの種が葉の生長、伸展とともに油点が消えていくのに対し、チャボホトトギスは開花期になってもずっと油点草の状態が続きます。

5月上旬以降は、落葉樹の下の日がチラチラと差す半日陰、もしくは朝日が10時くらいまで当たる東向きの棚に置きます。肥料は春3月と5月に油粕の固形肥料などを、葉に触れないように置き肥します。夏期は強い陽光による日焼けに注意するとともに、空中湿度を高めるように棚の周りなどにも散水をしてやります。

8月末になると、そろそろ蕾がついたのがわかります。そして10月上～中旬に開花します。

❙実生法

[タネの入手] 普通にはタネが市販されることはありません。自分の栽培株から採種されてはいかがでしょうか。6本ある雄しべの先の葯を採って、花の真ん中に噴水のように3つに分かれ、さらにそれぞれの先が2つに分かれている雌しべのネバネバした部分に花粉をつけてやります。

[関連種]

観賞・栽培の見地から3つのグループに分けてみました。

1 白地に赤紫斑点花のグループ

●ホトトギス

T. hirta

関東以西、九州までの林床林縁に自生。茎はふつう直立しますが、崖縁に生育するものは斜上もしくは斜め下向きに伸びることがあります。茎に生える毛は上向きです。

●ヤマホトトギス

T. macropoda

中部地方以西の太平洋側に自生。茎頂および上部の葉腋から枝分かれする花序を出します。花弁は下方に反り返ります。

●ヤマジノホホトトギス

T. affinis

分布は広く北海道から九州。花は葉腋に1～3花ずつつき、花びらは、ほぼ平らに開きます。

●タイワンホトトギス

T. formosana

その名のように台湾に自生する種ですが、青紫色花"藤娘"、淡桃色花"桃源"などの品種名がつけられ、市販されています。

2 上向きの黄花をつけるグループ

●タマガワホトトギス

T. latifolia

やや標高の高い山地の沢沿いなど水分の多いところに自生。ときに群落を作っています。

タマガワは“玉川”で、京都・山城の井手の玉川のことで、古くからヤマブキの名所として知られ、その名を借りて黄花の意味を表現したものです。多くが秋に咲くホトトギスの中にあって、自生地でも7～8月、下界で栽培すると、真夏前に開花します。

チャボホトトギス、キバナホトトギス（*T.flava*）、タカクマホトトギス（*T.flava subsp. ohsumiensis*）などは、西日本以西に自生します。

やがて、長さ3㎝ほどの三角形のサク果が緑色から薄茶に変色し、先端がわずかに割れるころ、11月下旬に採種します。ユリ科ですのでサクは3室よりなり、それぞれにタネがぎっしりと積み重なっています。

タネは縦、横とも約2㎜のやや長円形で、一方の先端が多少尖っていて、茶褐色で偏平です。おもしろいなと思ったのは、“白楽天”という白花を咲かせるホトトギスのアルビノ品種は、タネも白色だったことです。

［播種］採ってすぐまく、いわゆる採りまきが簡便です。用土は、特に難しく考えることはありません。ふだん自分で使っている山草用土でよいでしょう。覆土は2㎜ほど。採りまきしない場合でも、2月の初めごろまでにはまき終わりたいものです。一般に温帯性の植物のタネは、冬の寒さにあうことで、休眠打破されることがあるからです。

3月半ばすぎから発芽しだします。当初は単子葉植物のユリ科ですので、1枚の細長い葉をペロリと出します

［移植］本葉2～3枚に育って、実生床（私は多くの種類をまくので9㎝ポットを使用）で押し合いへし合い気味になった6月半ばに、6号駄温平鉢に移植しました。30数本の苗が育っていました。

移植の要領として、移植鉢の片側に木片などをあてがって斜めにして、用土を入れては苗を置き、根を覆っては次の苗を置く、といった方法が効率的です。

7月末までに本葉4～5枚に育ったものがあり、両側に展開した葉のさしわたしが6㎝に及ぶものが最大でした。

チャボホトトギスの実生苗。発芽後約3カ月で1回移植後

このくらいの大きさになって、はじめてチャボホトトギス特有の濃いほどの油じみの斑点模様が現われてきたのは、実生をして初めて知り得たことでした。

[越冬] 冬に雪が積もらず、霜柱が立つと、芽が持ち上げられ寒風に吹きさらされると枯れる恐れがあります。棚下や軒下などに取り込みましょう。

[開花] 翌年も同一の鉢のまま栽培を続け、9月に草友が来たおりに、今にも開花しそうな苗のほとんどを差し上げました。苗数は、植え替え当初の半分に減っていました。残した株が開花したのは、10月1日。播種より1年8カ月後でした。

[その他] ホトトギスでは、発芽後、本葉が1〜2枚くらいで1回移植し、6月ごろにもう1回移植して、2000倍くらいの薄い液肥を週2回ずつ与え続けると、その年の秋に15〜20㎝くらいに育って開花する株も出てきます。

　また、自然実生であちこちの鉢から苗が育った経験があります。さらにキイジョウロウホトトギスでも同様のことがありました。

▎その他の増殖法

[葉挿し] 矮性で、ほとんど茎が立たないチャボホトトギスでは無理ですが、丈高く育つホトトギスや下垂性のジョウロウホトトギスでは、葉挿しが可能です。上部の頂芽ばかりではなく、その下の茎にも腋芽があり、活着すると芽が伸びてきます。

　3〜4節に切った茎の最下部1枚の葉は切り落とし、上部は蒸散を抑えるため半分ほど切り詰めます。用土は清潔な赤玉土、鹿沼土またはパーライト、バーミキュライトなど。時期は6月から梅雨明け前ごろまでが適期です。

　葉挿しのために上部を切られた茎からも腋芽2〜3カ所が伸び出し、全体として丈低く開花させることができます。

[株分け] 地中の匍匐茎のところどころ、また先端に新芽をつける形で増殖します。新芽から伸びる根は3〜4本と数が少なく、霜で持ち上げられやすく、乾風で傷むので、春3月半ばの植え替えがおおすすめです。

（大橋 秀昭 / 神奈川県横浜市）

3 釣り鐘形の黄色い花をつけるグループ

●キイジョウロウホトトギス

T. macranthopsis

ジョウロウは“上臈”で、高い身分の女性のことで、上品な美しさをたたえたもの。紀伊半島の渓谷の岩場や湿った崖から垂れ下がって生育しています。垂下する性質は栽培しても変らないので、腰高の鉢に合います。

この仲間は自生地が限られるものが多く、ジョウロウホトトギス（*T. macrantha*）は高知・宮崎、サガミ（*T. ishiiana*）は神奈川県丹沢山地、スルガ（*T. ishiiana* var. *surugensis*）は静岡に自生しています。

なお、草姿は似ていますが、上向きの黄花を咲かせるキバナノツキヌキホトトギス（*T. peyfoliata*）も宮崎県に稀産します。

キバナノツキヌキホトトギス

ユリ科

Allium virgunculae

イトラッキョウ

Liliaceae

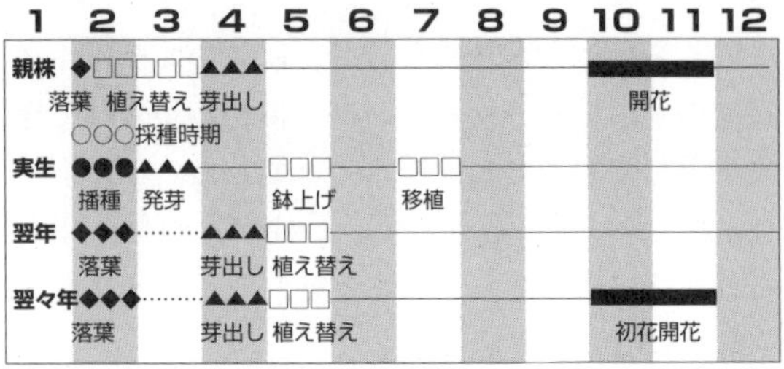

絶滅の危険性●大きくはない
分布●長崎県固有種
自生地●岩場
種類●落葉多年草

長崎県の平戸島の岩場にのみ見られる固有種です。それなのになぜか「ミヤマラッキョウ」、または「梅花咲きイトラッキョウ」という名前で流通しています。あまりにも混乱が目につくので別表にまとめました。

品種に純白花があります。いくつか系統があるようで花立ち・花つきに差が見られます。

また近年、鹿児島県の甑島でよく似ていますが全体に太い、頑丈な感じの植物が見つかって流通しています。

栽培法

日なたで育てます。盛夏の間だけは消耗を防ぐために30%の遮光をしてもよいでしょう。高山植物ではありませんから、暑いのは問題になりません。冬の間、極端に凍りつかない場所に移して保護します。

用土は赤玉土、鹿沼土、軽石の各小粒を２：２：１の割合で混合し、水洗いしてミジンを完全に抜き去ったものを使います。赤玉土が不安な方は桐生砂を使いましょう。鉢は駄温鉢か、深めのポリポットでよくできます。泥ものの堅焼き中深鉢もよいでしょう。乾きやすい鉢は不向きです。

肥料は年間を通してリン酸主体のものにします。チッソを多く含んだ肥料は与えてはいけません。球根が異常に細かく分裂し、１芽あたりの力が不足して花が咲かなくなってしまいます。

病気や害虫ではネギコガが問題で、花茎や葉を内側から食いあらします。中に入られるともう手後れなので、予防に努めます。

イトラッキョウ

イトラッキョウのタネ

実生法

［播種］ タネは黒くて光沢があり、２㎜強の不整形です。保存することができます。

流通名	正しい和名	花の向き・つき方	花色	花期	葉	球根
深山らっきょう 千島らっきょう 梅花咲きらっきょう 甑島イトラッキョウ	イトラッキョウ	花は平開する 上向き／傘状	赤紫色	11月	細い円柱形、中実	細い楕円形
深山らっきょう 千島らっきょう スズフリラッキョウ	キイイト ラッキョウ	花は半開き横向きか、やや垂れる／傘状	濃赤紫色	11月	細い円柱形、中空	細い楕円形
甑島サツマ系 ラッキョウ	イトラッキョウ近似種 未記載の種と思われる	花は平開し、大きい。 上向き／傘状	淡赤紫色	11月	細い円柱形、中空 イトラッキョウより太い	球形
以下、参考	ヤマラッキョウ (標準タイプ)	花は半開き。 方向性無し／球状	濃赤紫色	10月	細い楕円柱型、中実	細い卵型
	ヤマラッキョウ (乾燥地タイプ)	花は半開き。 方向性無し／球状に密集	濃赤紫色	10～11月	扁平なニラ状、光沢があり厚い	球形
	ミヤマ ラッキョウ	花は半開き。 横向きか上向き／傘状に密集	明赤紫色	5月（自生地では7月	扁平なニラ状、白粉を帯びる	楕円形毛がある

タネは低温湿潤処理をしてまきます。5～6℃で1カ月間の処理を行なうと7割ほどが発芽します。

播種床の用土は親株栽培と同じものを使います。すなわち赤玉土、鹿沼土、軽石の各小粒を2：2：1の割合で混合し、水洗いしたものを使います。赤玉土の代わりに桐生砂を使ってもよいでしょう。タネをまいたら浅く3㎜ほど覆土して、目の細かいハス口をつけたジョウロで水を与え、明るい日陰で管理します。10日ほどで発芽が始まります。発芽が始まりしだい日なたに移します。

[移植] 苗は本葉が2枚になったら2号のポットに1本ずつ、親株と同じ用土に移植します。5～6枚になったら3号鉢に移してゆきます。およそ播種3年目の秋に開花します。球根植物は一般に開花まで時間がかかるのが難点です。

肥料は親株と同じものを与えますが、新しい葉が出続ける限り肥料を与え続けて成長を促します。砂糖水やブドウ糖溶液は球根の肥大に良いかも知れませんが、試みたことがありません。

その他の増殖法

【株分け】 大きくなった株は、株分けができます。球根植物なので分球といわねばいけないのかも知れません。優秀な個体は株分けでふやします。（辻　幸治／千葉県市川市）

[関連種]

●キイイトラッキョウ

A. virgunculae var. *kiiense*

主に紀伊半島の渓流沿いの岩場に見られる球根植物で、岐阜県や山口県からも知られています。

花柄が横を向き、花被片は半開きで長い雄しべが突き出します。

品種に白花があります。

●ヤマラッキョウ

A. thunbergii

秋田県より南の地域に広く見ら、基本的なタイプは湿った草原や湿地に自生します。大変変化の多い種で、染色体数の違ういくつかの型に分けられ、それぞれ生育立地が違います。白花があり、基本タイプは順調に育つと翌年秋に開花します。

●ヒメエゾネギ

A. schoenoprasum L. var. *yezomonticola*

アサツキの変種で北海道アポイ岳の特産です。全体に小型で鉢作りに最適です。性質は強健で、一般的な高山植物の扱いで栽培でよく育ちます。

白花があって、この個体はなぜかシロウマアサツキの白花として流通しています。特に小型で姿が良く、花立ち・花つきも良い優秀な個体です。

●カンカケイニラ

A. togashii

小豆島の名勝・寒霞渓の固有種です。ニラに似た扁平な葉で、7～9月に咲きます。一般に流通しているものはまったくの別種で、ニセモノが横行しています。

Trillium smallii

ユリ科

エンレイソウ

Liliaceae

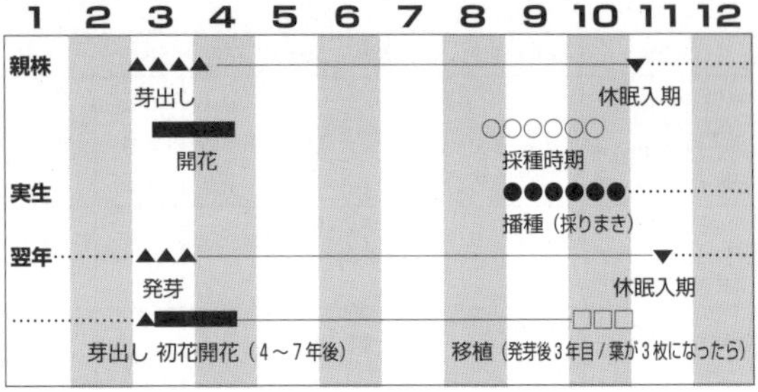

絶滅の危険性●大きくはない
分布●北海道・本州・四国・九州
自生地●山林
種類●落葉多年草

北海道、本州、四国、九州の山地に自生しているエンレイソウの花（正確には萼《がく》）は、緑色やチョコレート色、赤茶色、樺色など、産地によってさまざまな花色が見られます。さらに、花の構造や実の色により細かく分類されています。自生地域が重なるシロバナエンレイソウ（*Trillium tschonoskii*）、本州北部と北海道に自生するオオバナノエンレイソウ（*Trillium kamtschaticum*）は、栽培法、実生法ともに同じです。

エンレイソウは梅雨入り前後に地上部が枯れることが多く、カタクリやコバイモのように夏場は休眠する植物と誤解される場合があります。本来、葉は秋まで残り黄葉し、冬には枯れる宿根草です。市販されているエンレイソウのなかには、自生地から採取され、長い根が切断されたり、また腐ったり、粗雑な扱いで出回っている状況があります。そのため開花直後に力が絶えるように枯れてしまったり、劣悪な培養土から、ある種の線虫が寄生し枯死に至ることもあります。苗は信頼できる業者からの入手に限ります。場合によっては、販売品の地下部を確認してから求めましょう。誠実な生産販売をしている業者に反し、本種の生態すら理解していない悪質な業者を、私たちは不買する決心で駆逐しないことには、エンレイソウの仲間は次第に山から消え去ってしまうでしょう。

エンレイソウ

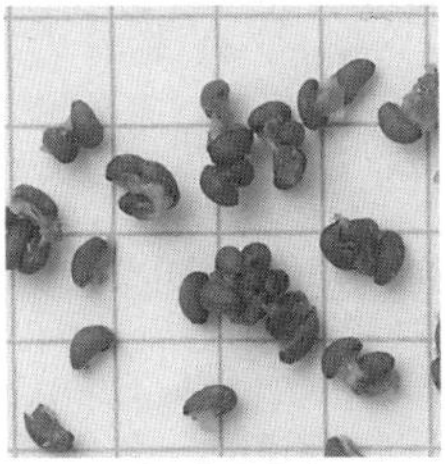

エンレイソウのタネ

栽培法

従来、エンレイソウの培養土は山砂など砂礫を配合した栽培法が主でした。実際、数ある栽培書の培養土レシピで、立派に育てている方もいます。数年前から野生ラン栽培で注目されている培養土・クリプトモス（スギなどの樹皮を加工したもの）は、エンレイソウと相性が良く、栽培上大きな効果があります。

鉢は焼締め鉢などの山野草専用鉢を用い、根が張るため中深の鉢を使います。栽培場が乾燥する場合は、鉢底のゴロ土も使用せず、すべてクリプトモスの単用でもかまいません。夏場の蒸れが気になる栽培場では、鉢底のゴロ土とクリプトモスを等量に混ぜ合わせ排水層を設けます。私の経験では、エンレイソウはクリプトモス単用栽培により根の生長が良くなり、砂植えよりも好結果を得ています。

シロバナエンレイソウ

クリプトモスで植え付ける際に、すき間が生じないように注意して植えます。手段として、ホースや蛇口から直接水圧をかけながら植え込むとよいでしょう。ホクホクとした手触りのクリプトモスが、やや固めになるくらいまで詰め込みます。

クリプトモスの欠点は、素材が有機物ですからカビ類や雑菌が繁殖するケースがあります。植え付け後に殺菌剤を数回、灌水すると防げます。また、クリプトモスは、表面(表土)に変化は見られなくても、鉢中は分解が進んで劣化します。およそ2年間は保ちますが、できるだけ毎年、植え替えを行なったほうが安全です。

エンレイソウの置き場は、通年、完全な日陰で管理します。春、芽出しや花時には、つい自生地のように陽光を当てたくなりますが、鉢植えの場合、鉢に日が当たると中の温度が急上昇し根を傷めてしまいます。初夏に葉が枯れる原因のひとつに「日の当て過ぎ」も考えられます。何度も葉が枯れてしまう経験をお持ちの方は、思い切って大胆に、日陰の栽培を試みてください。

[その他のエンレイソウ]
本州北部、北海道を中心に絶滅が危惧されているエンレイソウが約5種自生しています。ヒダカエンレイソウ、コジマエンレイソウ、トカチエンレイソウ、シラオイエンレイソウ、カワユエンレイソウなどです。
どの種も美しい花ですが、自然交雑種のため、実生から育てても親株とまったく同じ花は咲かないようです。
観賞価値の優れた北米産のエンレイソウは、バイオ技術で増殖され普及しつつあります。同様に国内産のエンレイソウも期待したいものです。

実生法

開花後およそ100日前後で実り、液果の中に約20から30粒のタネが入っています。ちなみに液果は甘い味がしますが、トリリンという毒素が含まれているので食してはいけません。かぶれるような毒ではありませんが、タネを取り出した後は、念のため手を洗いましょう。

タネは乾燥に弱いので、必ず採りまきにします。発芽率

エンレイソウの実生苗（3年目の様子）

は良好ですが、翌春に発芽したり、2年目の春に発芽することもあります。発芽時期のバラツキが見られ、実生床を用意するよりも、親株の周囲にまくと管理しやすいと思います。

発芽当年は2㎝ほどの子葉が1枚出るだけです。翌年、やや丸みを帯びた葉が1枚出て、エンレイソウ独特な3枚の葉になるまで3年から4年かかります。

ヤドリコケモモ

Vaccinium amamianum

ツツジ科スノキ属

Ericaceae Vaccinium spp.

1962年に記載された奄美大島固有種で、イタジイ自然林内の大きな木の樹上に着生する常緑の低木です。木の大きさは、高さ10㎝から20㎝ほどで枝は着生したところから下垂または、横に這い長さ30～50㎝くらいになります。葉は長さ3～4㎝、幅1.5㎝ほどで硬く、つやがあり互生します。枝は途中から適地に当たるとそこから根を出します。また、主幹の根は貯水根をもちます。花は赤い帯状の線があり白い壷形で、葉の下側に垂れて咲きます。

開花期は、私のところでは3～4月に咲き、1カ月ほどすると実がなります。実は暗紫色で丸く1㎝弱、果肉内のタネはケシ粒くらいで数個入っています。

国内稀少種に指定されていますが生育数が元々少ないらしく、また、着生可能な大木が減少したため生育環境が圧迫されたと考えられています。

なお、この近縁種はヒマラヤから東南アジア高地に分布しています。

私のところのヤドリコケモモは1994年、当会の五味稔雄氏（故人）より、「貴重なものだからまいてみて」と頂いたタネからのものです。同年1月28日、ミジンを抜いた細かい用土に、貰ったケシ粒のようなタネを5粒ほどまきました。記録が

左の写真は、地植えにしたエンレイソウから自然実生した３年目の苗です。左は１枚葉のまま、右は３枚葉に生長して差が出ています。

開花は早くて４年目と記す栽培書もありますが、私は６～７年かかりました。

（植村 知一郎／東京都世田谷区）

ヤドリコケモモ
絶滅危惧ⅠＡ類、国内稀少種（譲渡禁止）

ヤドリコケモモ実生苗

定かではありませんが、夏ごろ３本発芽したと覚えております。内２本は事故で枯れてしまいましたが、幸いに１本が順調に生育しました。

７年目の2001年、初めての開花を見ました。当時奄美大島産ということで温室内作っていましたから、訪花昆虫が来ないと考え、壷形の花の中に綿棒で人工授粉を試みました。そのうち１個だけ実ができ、自家受粉ながら６個のタネを採ることができました。同年４月９日、果肉を取り除き、採りまきしました。ただ用土の具合が悪かったのか、ほかの原因か、発芽したのは１本でした。この苗は2003年９月現在順調に生育しております（写真上）。

現在の栽培状況ですが、わが家では室外で霜よけの下で十分越冬します。また、私の栽培している木は平成11年末に東京山草会所有とし、当会員の辻幸治氏が考えた栄養増殖法の水挿しで苗をふやして、会として個体の維持に努めております。

蛇足ながら、この水挿し法ですが、気温15℃以上であればコップなどの容器に普通の水道水を入れた中に枝を入れれば、２～３週間ほどで発根が見られます。

（戸田 貴大／東京都墨田区）

Chionographs japonica

ユリ科

シライトソウ

Liliaceae

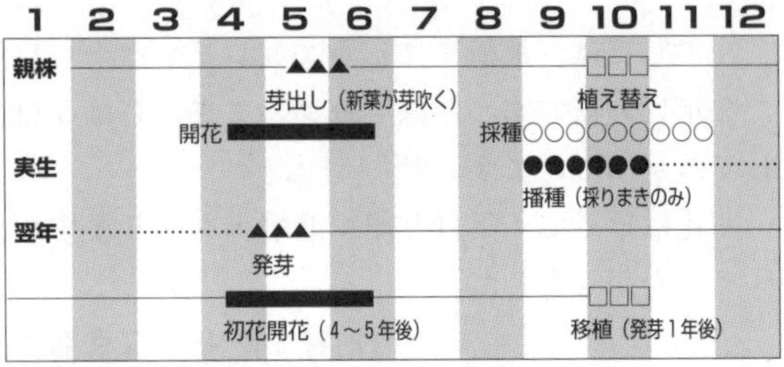

絶滅の危険性●大きくはない
分布●本州関東以南・四国・九州
自生地●山林
種類●常緑多年草

シライトソウ

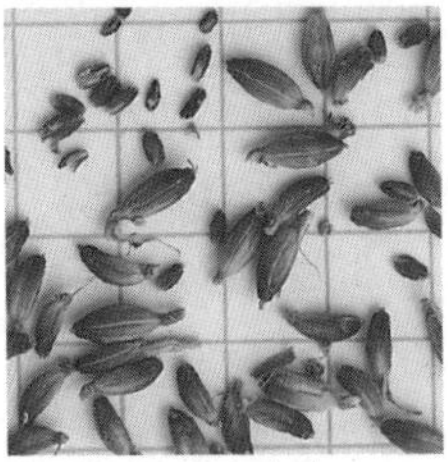
シライトソウのタネ

多くの栽培書では「シライトソウは栽培容易」とされていました。苗を育て始め、確かに数年間は順調な生育をします。ところが5年、10年と長期にわたり同じ株の栽培を継続するには、少々困難な種類です。年数を経て古株になると根元から腐り、枯死するケースが多くなります。「栽培容易」という言葉に慣れ、つい手を抜くと、たちまち枯れてしまう…そんな“落とし穴”をもっている種類です。

シライトソウはタネから乳母日傘で育てても開花まで、およそ4～5年以上はかかります。販売されている安価な苗は、コストの面から察しても、残念ながらほとんどが自生地からの採集苗でしょう。

主な分布域となる太平洋側の関東以西、四国、九州の山野で自生が多く見られます。しかし、それは4半世紀以上前の話。いま、自生地は年々減少し続けています。

▍栽培法

［栽培環境と培養土］まず筆者の栽培失敗の巻です。シライトソウをロックガーデンの最下層、つまり地表と石の隙間へ植え込みました。土の水気と石による土中温度の安定を狙ったのです。4年間は株の増殖も活発で、たくさんの花が見られました。ところが5年目の春、大株に生長したシライトソウは突然枯れてしまったのです。葉の根元にある地下茎が、指で押すとジュクっと水を含んでやわらかくなり腐っていました。一方、ロックガーデンの中層で自然に芽生えた苗は、いまでも健全に育っています。自然下のシライトソウは、水気のある腐植土を好んで自生しており、ほとんどは傾斜地にあります。このことから失敗の原因として、

① 水分が停滞する場所に植え込んでしまったこと
② 葉が密生し、地下茎が蒸れてしまったこと

この2点が考えられます。したがってシライトソウは、水が停滞しない緩やかな傾斜面、または盛り土をした場所に植え付けることが成功のポイントとなります。

鉢植えでもこの条件に倣います。鉢は底穴が大きい焼締め鉢の中深鉢を用い、第一に水はけを重視します。根が深く広がりますので平鉢は避けましょう。

培養土はミジンを除いた2～3㎜の劣化しにくい砂礫（焼赤玉土、日向砂など）を主体に、水分を保つためピートモスやバーミキュライトを1～2割混入します。最近では、室内やベランダのガーデニング用として、吸水と保水に優れたロックウールをはじめとした新素材配合の清潔な培養土が市販されています。これらを砂礫と混ぜ合わせて使用すると好結果が得られます。

置き場所は“明るい日陰で…”と、よく表わされていますが、曖昧な表現ですので具体的に明記してみましょう。まず、日当たりの良い棚などでは寒冷紗を用いて70%の遮光を基準とします。この状態で晴天下の照度計数値は500ルクス前後です。自生地ではさらに暗く平均250ルクスです。しかも落ち葉などの堆積物で、地表に広がる葉が埋もれている場合もあります。一方、九州では早春に野焼きを行なう草原に自生している自生地もありました。花時には直射下となりますが、葉の部分は新緑の影となり、夏にはススキなどが生い茂り完全な日陰となっています。総じてシライトソウは直射に弱く、日陰ではかなり暗くても適応性があります。

［植え替え］地植えにしたシライトソウは適地であるならば、株増殖、実生増殖で自然にふえます。しかし、鉢植えの場合は、最低でも2年に1度は植え替えや株分けによる若返りが必要です。株は簡単に分かれますが、地下茎が枝分かれしている場合は、なるべくそのままにします。増殖のため地下茎を切断せざるを得ないときは、古い手段ですが切り口に墨を塗ると腐敗しにくくなります。

地下茎から絹糸のように細い根を伸ばすシライトソウは、本来ならば根の損傷などのストレスを避けるため、植え替えないほうが理想的です。ところが、狭い鉢中では老

［関連種］

●チャボシライトソウ

C. koidzumiana

東海地方、中国地方、四国、九州の一部に分布しています。花被片はシライトソウよりも細く糸状で、チャボの名のように小型な草姿をしています。栽培はシライトソウの仲間の中で最も難しい種類です。渓流沿いのような高湿度、涼風のある栽培環境を維持できれば栽培しやすいでしょう。私の主な栽培場は湿度を保てないベランダですが、水冷鉢に植え込み栽培維持をしています。タネから育てますと環境に馴化し栽培しやすくなります。各自生地により草丈の大小や花色の変異があります。

レッドデータブックでは絶滅危惧種ＩＢ類ですが、自生地を有する一部自治体独自のレッドデータブックでは、最も絶滅が懸念されるＩＡ類に指定されています。

廃物の蓄積や培養土の劣化により､腐敗の原因となります。植え替えの際は、根を傷つけないように取り出して株全体を丁寧に水洗いします。枯れた葉は取り除きます。新しい培養土へ植え付けるとき、水洗いした細い根は互いに密着し、束になってしまいます。乾燥したモミ殻燻炭のミジンをまぶすと根は広がり、植えやすくなります。同時にカリ分の補給にもなり一石二鳥で活着するでしょう。

シライトソウの植え替えの時期は後述します。葉がしおれたり地上部の様子が弱った状態になりましたら季節を問わず水洗いし、清潔な培養土に植え替えます。

▎実生法

[タネと播種] 開花後、小さなモミ殻のような実がつきます。これは“サク果”と呼び完熟すると実が裂け、薄く扁平で1～2㎜のタネが3～6粒入っています。小さなサク果から、もっと小さなタネを取り出すには、非常に手間がかかります。私の場合、サク果ごと播種をして苗を得ています。

種類にもよりますが、およそ9月～11月にかけて、サク果と花茎が黄葉したころに播種をします。写真1のようにサク果の先端が開いてしまうとタネが飛んだり乾燥しますので、その前に花茎から、サク果を1粒ずつ切り離します。シライトソウのタネは1度でも乾かしてしまうと発芽率が極端に低下します。必ず採りまきにしましょう。

●クロカミシライトソウ
C. japonica var. *kurokamiana*

●ミノシライトソウ
C. japonica var. *minoensis*

両種とも絶滅危惧種ⅠA類に指定され、自生地は乱獲や環境の変化で壊滅的な状況です。幸いチャボシライトソウほど気難しくなく実生から容易にふやせます。クロカミシライトソウはタネがやや実りにくい性質があること、また交雑しやすいため人工授粉が必要です。

●アズマシライトソウ
C. japonica var. *hisauchiana*

関東地方の一部に自生しています。絶滅危惧ⅠB類で、雌雄両方の機能をもつ両性の個体と雌の機能だけをもつ個体が共存する「雌花両性花異株」があることで学問的に注視されています。

私は複数の自生地を見ましたが、いずれも極めて自生範囲が狭く危機的な印象を覚えました。また、花の構造、草体が各自生地により若干変化があるように思っています。後世に伝えるために、系統を明確にし保存したい種です。

写真① 乾燥し裂けたサク果

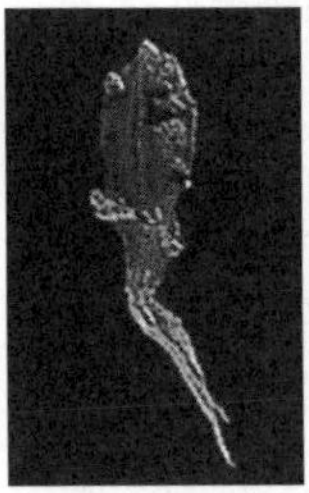

写真② サク果から発根した様子

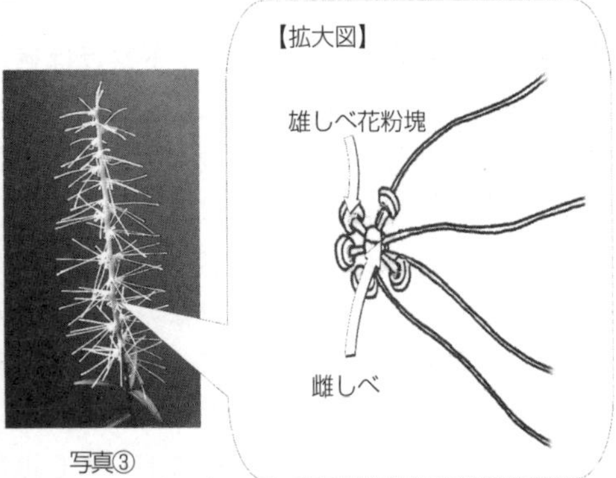

写真③ クロカミシライトソウ

サク果から直接芽生えたシライトソウ。発芽が出そろう初夏に、密生を避けて１株ずつ離して植える

発芽１年後のシライトソウ

覆土は５㎜ほど。灌水時に覆土が飛ばされないよう朝明砂などの重い砂礫の細粒を表土に並べるとよいでしょう。

写真２はサク果から発根した様子です。撮影した時期は12月の下旬でした。太平洋側など暖地に産するシライトソウ属のほとんどは、タネの発根と同様、親株も真冬になって根の活動が始まります。したがって、秋に植え替えを行なうほうが適切です。

一方、ホクリクシライトソウなど雪国が産地のシライトソウは、タネの発芽も親株も４月以降に発根しますので早春に植え替えを行ないます。

発芽は４月から５月にかけて始まります。発芽当初は１㎝にも満たない細長い葉が１枚出るのみですが、次第に丸みを帯びた葉が現われて、秋口には親株と同様にロゼット（放射状の葉）になります。

［人工授粉の仕方］ ほとんどのシライトソウは虫媒花とされています。しかし、昆虫に頼らず自家受粉してしまう個体も見受けられます。稀少種の大量増殖や自然交雑を防ぐ場合、人工授粉を行ないます。

写真３はクロカミシライトソウの花の基部を拡大した図です。雄しべの先にある花粉塊を雌しべに付着させるのですが、非常に小さいため、ルーペを使用しながら、針の先を器用に動かして作業します。根気が入りますが確実に授粉します。粗略な手段として、綿棒や細筆で花の基部を軽くこすると授粉する場合があります。

（植村 知一郎／東京都世田谷区）

●ホクリクシライトソウ
C. japonica form. *hokurikuensis*

福井県以北の本州日本海側に点在的に自生しています。葉、花のすべてがシライトソウよりも大型で、花茎は３０㎝を超えます。栽培、実生ともにシライトソウと同じ管理です。

変種としてクロヒメシライトソウ（*C. japonica* var.*kurohimensis*）が知られていますが、私は自生地未見のため詳しいことはわかりません。

基本種のシライトソウは主に西日本を中心に広く分布していますが、まれに変異と思われる個体群があり、開花時に石鹸のような芳香を放つグループ、上品なお香のような香り、また、まったく香らないものや極端な矮性種、花茎が短くなり白い手毬のように咲くタイプなど多様性があります。

日本のシライトソウ属は、まだ精緻に分類されていないようです。

各自生地を大切に見守ることはもちろん、地域の特殊性を保存するためにも「純系」の栽培を心がけるべき、と考えている次第です。

Lilium

ユリ科

ユリの仲間

例：ジンリョウユリ
絶滅の危険性●絶滅危惧ⅠＡ類
分布●徳島県と静岡県
自生地●山地の草原
種類●落葉多年草

Lilium

ノヒメユリ、ヒメユリ、キバナノヒメユリ

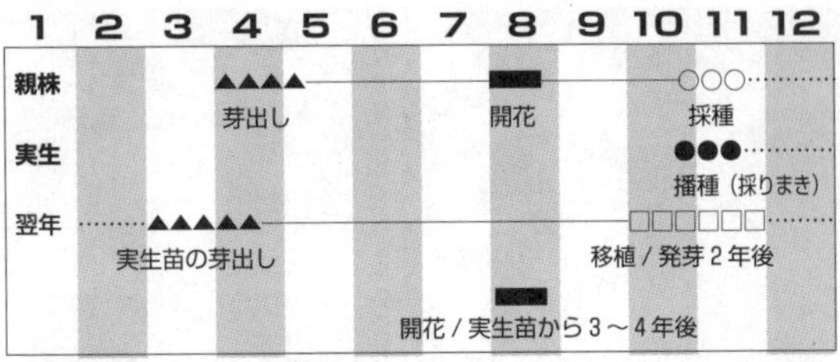

ササユリ、ジンリョウユリ、ヒメサユリ

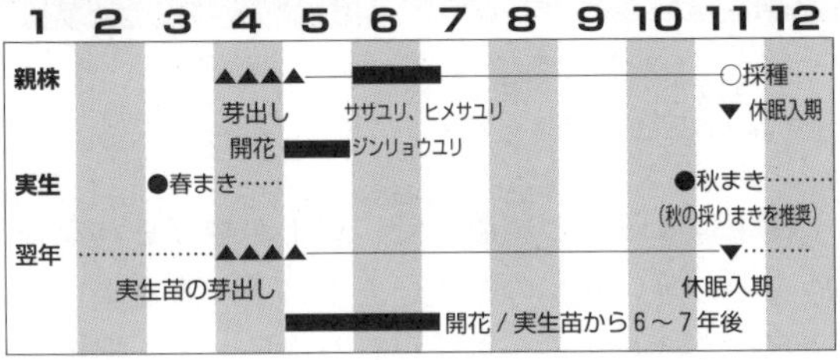

キバナノヒメユリ

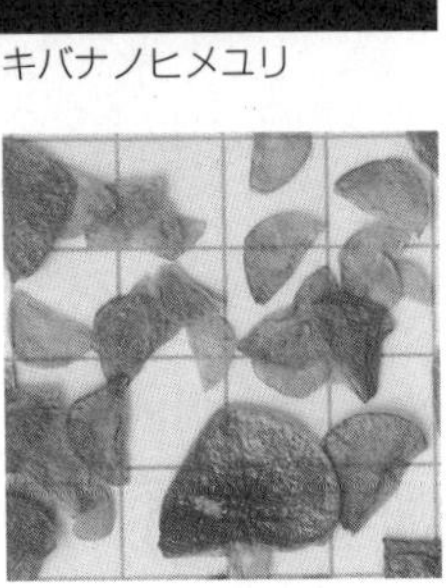

ユリのタネ

「ユリ」にまつわる妄念

ユリの花は、古くより食や装飾図案として土俗的な利用や、また、祭儀に例をみる信仰の花としての神聖、つまるところ日本人独自の美意識を育んだ植物のひとつでもあり、私たちにさまざまなかたちになって接しています。

手元の30年以上前に発行された東京山草会の栽培書を見れば、当時、ユリの栽培は好んで行なわれていた様子で、他種に比して相当のページ数にわたり詳細が述べられています。

いま、ユリ科植物の栽培は好まれても、ユリの栽培は以前に比べ疎んじられる傾向にあります。なぜ、疎んじられるのか？それは、ウイルスの罹病《りびょう》、その恐れに起因すると思います。

かつてエビネが熱狂された時代、その終焉に、エビネがウイルス罹病により多くが枯死した、とか、焼却処分された話が伝聞し、同じ単子葉の百合も危険と思われ、また、実際に葉や花に、ウイルス汚染の症状たるモザイク状の病斑が出現するやいなや、感染を恐れて、丁重なまでに葬られてきました。

それら行為を私は否定する立場ではありませんが、国内で狂牛病発生の時と同じように、風評が飛び交い、例えば

「ウイルス罹病の株から採れたタネは、ラン科はタネが小さいから大丈夫かもしれない、しかしユリのタネは大きいからウイルスに汚染されてしまうそうだ」との噂が、悪しき尾びれをつけて蘊蓄に化け、いまださささやかれています。電子顕微鏡を使って初めて確認できるウイルスにとって、粉状でありながらも肉眼視できるラン科のタネ１粒と、数ミリ単位の百合のタネ１粒は、単純に大きさが違うだけ、のことであり、ウイルスの大きさをわが身に例えれば、ゴムボートにも乗れるし、大型客船への乗船が可能なように、よくよく考えれば、矛盾したくだらない噂話にすぎないと気付くでしょう。

筆者の経験では、見た目ではウイルス罹病かもしれないササユリやヤマユリが実らせたタネをまいたところ、外見は健常な苗を得ています。

果たして、明らかにウイルス感染しているユリが実らすタネに伝染するのか否かを専門機関に尋ねたところ、「ある種のウイルスに侵されたテッポウユリのタネに、ウイルスが罹病した例が、１例報告されている」との返答でした。

植物とウイルスの因果関係は、まだ、研究途上の分野と耳にしますが、専門機関からのアドバイス、また、私の経験則からして、テッポウユリ以外のユリは、母体がウイルスに侵されていても、タネには感染しないことは確実と思っています。

ユリには、葉にモザイク斑や、不自然に葉が曲がったり、外見上ではウイルス感染の定義に当てはまる症状が、時に現われます。しかし、翌年は健常に戻ることもあり、実は原因として、チッソ分の欠乏による葉の異常であったり、発芽時や新葉が伸びる際、春先の低温によって葉が曲がってしまうこともあります。これはユリに限らず、ほかの植物にも当てはまる生理現象のひとつです。しかし、私たち一般趣味家は、栽培している植物がウイルスに侵されているかどうか“見た目”のみで判断するしかありません。

私は、この百合の稿を執筆するにあたり“見た目判断”のあいまいさや“妄念”と題したように、過剰にウイルス罹病を心配してしまう、いい加減な思い込みを払拭できな

社団法人日本植物防疫協会
〒300-1212　茨城県牛久市結束町535番地
日本植物防疫協会研究所
ウイルス担当
TEL029-872-8826
ホームページ
http://www.jppn.ne.jp/nishokubo/
ラン科をはじめ、ユリ科以外のウイルス判定も受け付けています。

い限りは、後述する絶滅寸前にあるユリの栽培について記す資格すらもない、と思いました。

この度、山野草をタネからふやす本書の意図に賛同を賜り、ウイルスの検査を個人でも引き受けてくださる「日本植物防疫協会」の許可を頂きました。ボランティア団体ではないので、検査は有料となりますが、真実を求めたい方はお問い合わせください。

ユリの実生栽培

ユリの発芽には、大きく分けて2つの習性があります。

A. 秋にまいて、翌春に発芽する種類

ヒメユリ、ノヒメユリ、キバナノヒメユリ、スカシユリ、エゾスカシユリ、ヤマスカシユリ、ミヤマスカシユリ、コオニユリ、ホソバコオニユリ

B. 秋にまいて、発芽まで2年以上かかる種類

ササユリ、ジンリョウユリ、ヒメサユリ、ヤマユリ、サクユリ

クルマユリ、タキユリ、キカノコユリ、ウケユリ、タモトユリ、カノコユリは翌春に地上発芽せず、地中で小球を形成し翌々年の春に子葉が出ますが、安定せず数年かかる場合もあります。また、恥ずかしい話ですが、ヤマスカシユリ、ミヤマスカシユリ、ホソバコオニユリの発芽目安については、文献上の情報です。筆者は実生の経験がありません。

A グループの ユリの発芽
秋に播いて翌春に芽生える。

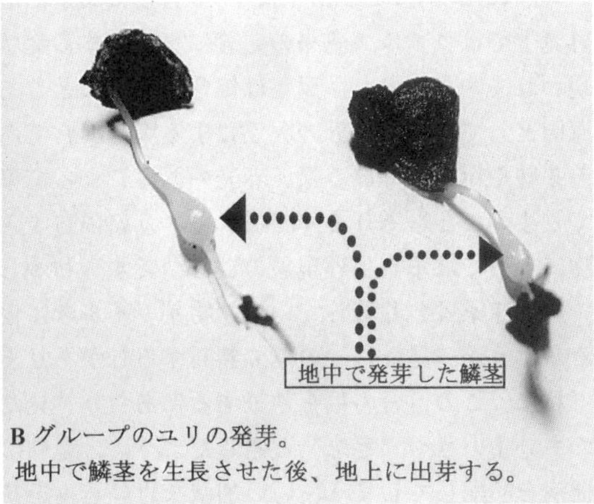

B グループのユリの発芽。
地中で鱗茎を生長させた後、地上に出芽する。

ぜひふやしたい3種のユリ

●ノヒメユリ（*L. callosum*）

●ヒメユリ（*L. concolor*）

●キバナノヒメユリ＝キスゲユリ

（*L. callosum* var. *flaviflorum*）

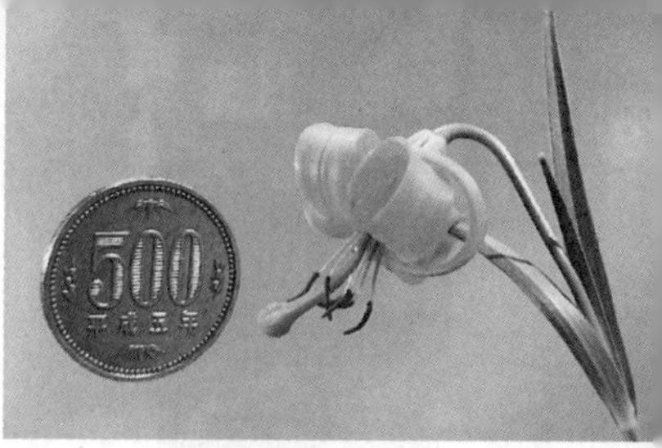

ノヒメユリ

ノヒメユリのサク果

この3種のユリは栽培しやすく、タネから育て普通3～4年目で開花します。観賞にも優れていますが、どういう訳か栽培をしている方は少ないようです。

［ノヒメユリ］四国、九州の草原地帯に自生し、わずか3cm弱のかわいらしい朱赤色の花を真夏に咲かせます。別名スゲ（菅）ユリとも呼ばれ、草やぶに多く自生している意味です。日本のユリの大家である故・清水基夫氏は、その著作の中で「ノヒメユリは“野生のヒメユリ”という感じがするので、スゲユリを本名にすべき」と記しています。

［ヒメユリ］東北の一部から飛んで関西地方、中国、四国、九州の一部に点在するように自生し、変わった分布をしています。ヒメユリも急速に数が減少しており、レッドデータブックでは絶滅危惧種ⅡB類に指定されています。草地の開発や乱獲が主な原因です。産地により矮性で多花な系統があり、昭和20年代に切り花用栽培が行なわれたそうですが、現在、その系統は残っているかどうか調査が必要に思います。ヒメユリはノヒメユリよりも赤みの強い花が咲きます。まれに黄花が自生し、キバナヒメユリとして主に四国でふやしていたそうです。時折、切り花用として黄花系統は市場に出ますが、筆者が見た数タイプは、ウイルスに侵されたように、花と葉が不自然に湾曲していました。ウイルス検査をした上で、実生によって健全な姿に戻したいと考えています。

［キバナノヒメユリ］九州の一部、沖縄に自生していますが、九州では数個体、沖縄でも非常に数が減り、最も絶滅が心配される絶滅危惧ⅠA類に指定されています。主に草地の開発で減少したそうです。タネから簡単に増殖できるはずですが、自生地を有する自治体は無策であり、あきれてしまいます。冬、温かい沖縄産のキバナノヒメユリでもタネから育てれば、東京の寒さに負けることはなく厳冬の2

ジンリョウユリ

ササユリ

月初旬に発芽しましたので、適応性があり強健種です。

以上3種とも、ミジンを除いた山砂中心の培養土で育ちます。実生苗は、発芽した年のみ、真夏の直射を避けないと葉焼けを起こします。2年目以降は、西日を避けるだけで夏の炎天下でも難なく生長します。

また、病害虫にも強いようです。念のためアブラムシ対策で、新葉が展開する5月中ごろにスミチオンなどの殺虫剤を散布します。ウイルス罹病を防ぐ目的で、浸透移行性殺虫剤の使用については、キャリアのアブラムシを駆除したところで、果たして、感染を防ぐ効果があるのかどうか、疑問に思いつつも使用しています。

このように短い期間で開花に至るユリは、株そのものが短命の可能性もあり、実生（できるだけ他家授粉）による更新を行なっておいたほうが無難でしょう。タネは多少の乾燥に耐えますが、採りまきが一番で、発芽率は高くなります。いずれも稀少種なので、サク果が開き、タネが風に飛ばされぬように注意して、1株でも多くふやしましょう。

●ササユリ（*L. japonicum*）

●ジンリョウユリ（*L. japonicum* var. *abeanum*）

●ヒメサユリ（*L. rubellum*）

［ササユリ］日本の名花。中部、近畿、中国と四国、九州に局所的に自生しています。分布域が広く、産地により芳香の強弱や、花被片のラインが直線的ですっきりとした印象の花や、ラインが波打ち豪華な感じの花、また、薄桃色から濃い桃色の花があります。

［ジンリョウユリ］徳島県と中部地方のごく一部に自生するササユリの変種で、小型の素晴らしい花が咲きます。乱獲や開発で数が減り、レッドデータブックでは絶滅危惧ⅠA類に指定されていますが、

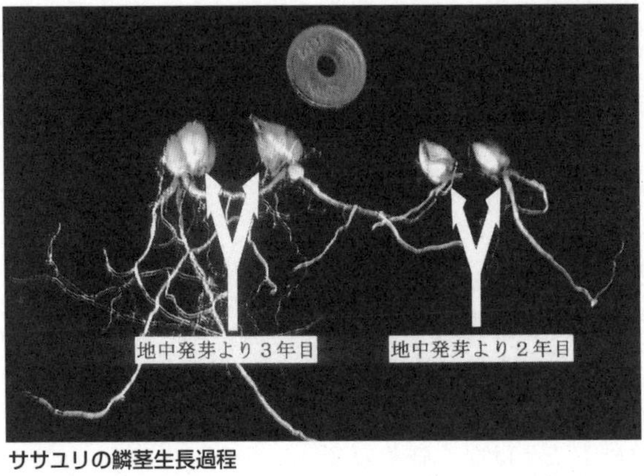

ササユリの鱗茎生長過程

徳島県の有識者の方が自生地の保護と共に、バイオ技術で増殖されているそうです。現在、ウイルス罹病の心配がない健全な苗が市場に出回るようになりました。まさに地元で増殖に携わる方の努力の結晶です。

ヒメサユリ

[ヒメサユリ] 東北、北陸に自生していますが、乱獲や森林伐採で数が減り絶滅危惧ＩＢ類に指定されています。筆者が最も信頼する山野草生産業者の方から聞いたお話では、市場に出回るヒメサユリの中に、ウイルス感染している苗が非常に目立つとのことです。

また、誠実な生産業者がウイルスを避けて健全な苗を卸しても、一部の無知な小売業者が、アブラムシなどをつけてしまい、そのまま陳列販売しているときもあります。購入する際には念入りに見て注意しましょう。

3種とも鉢栽培は難しい面がありますが、私はクリプトモス単用栽培で長期間栽培維持をしています。詳細な植え方はエンレイソウの項(222ページ)を参照してください。

置き場は、70%遮光の寒冷紗で明るい日陰を作っています。鉢の周囲にイカリソウなど葉が茂る植物を置き、鉢と株元を暗くするとよいでしょう。

タネは採りまきを基本とします。タネは翌春か次の年に、地中で根が出て、小球を形成します。小球＝鱗茎が形成されるまで、地上芽は出ません。地上部へ葉が出る時期は、鱗茎形成時の環境によって差が出ます。早くて3年目の春に、小さな葉が1枚だけ出ます。年数を経るたびに葉の数は多くなり、次第に親株と同様な姿になってきます。開花までの期間は7年近くかかります。

根気のいる栽培ですが、ウイルス感染を防ぐ栽培法は、実生増殖かバイオ技術による増殖しかありません。

そして、ユリやラン科の植物は、野生では開花に至るまで10年近くかかっています。せいぜい数分で採取してしまう乱獲行為は、その植物の生き様の歴史まで奪い取るわけです。人も植物も同じ生き物、山野草の良さを理解できる感性があるならば、乱獲する人間の業、その重みを、わからぬはずはありません。

(植村 知一郎 / 東京都世田谷区)

Orchis graminifolia var. suzukiana

ラン科の山野草全般

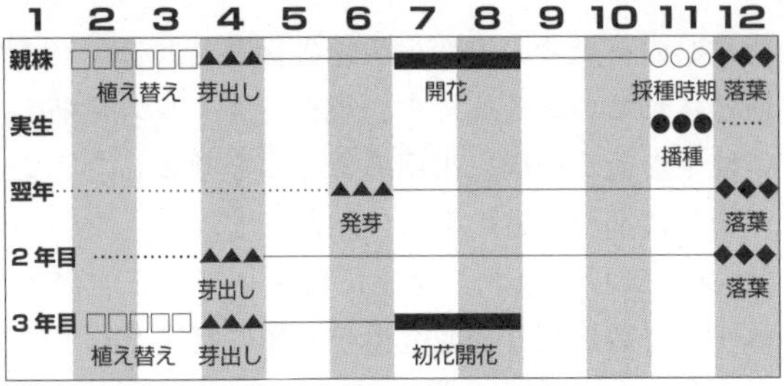

例：アワチドリ
絶滅の危険性●絶滅危惧ⅠA類
分布●千葉県固有種
自生地●岩場や礫地
種類●落葉多年草

この本の姉妹本「ふやして楽しむ野生ラン」を東京山草会ラン・ユリ部会が農文協から出版しています。野生ランの実生増殖の詳細はそちらに譲ることにして、ここでは全般的に触れるだけとします。

●野生ランと絶滅危惧

野生ランは山草愛好家に人気が高い分野ですが、同時に最も絶滅が危惧される分野でもあります。

一般に､野生ランは自生環境や自生状態の違いにより「着生ラン｣､「地生･陽地のラン｣､「地生･陰地のラン」「地生･湿地のラン｣､「腐生ラン」の５つに分類しています。日本に自生するランの種類数（分類群数）は植物分類学者により差はありますが､『ふやして楽しむ野生ラン』に記載した307種類として、これら５つのグループについて絶滅危惧の現状をみておきます。

グラフで､「危惧」とは絶滅危惧ⅠA類・絶滅危惧ⅠB類、絶滅危惧Ⅱ類・準絶滅危惧とランク付けされた種類数です。「安心」とはこれらのいずれにもランクづけされな

アワチドリ／絶滅危惧ⅠA類
千葉県房総半島固有種

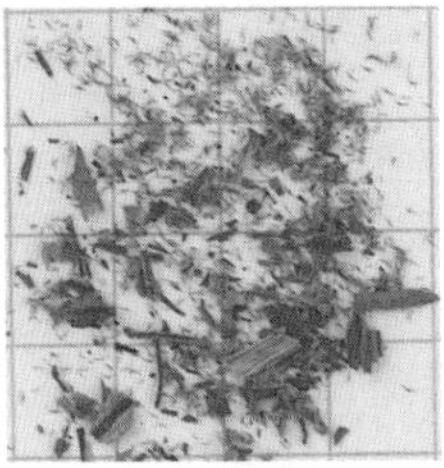

アワチドリのタネ

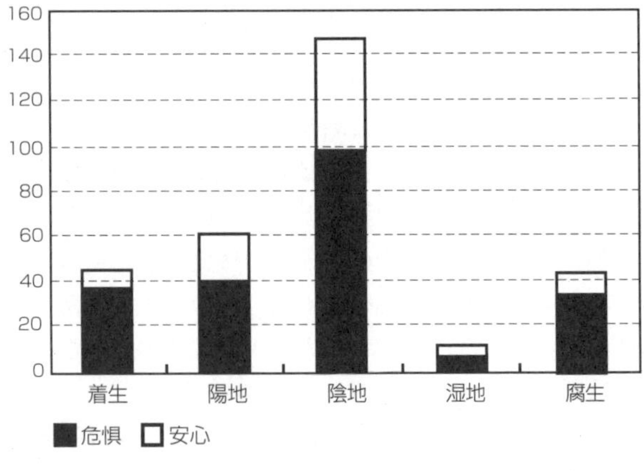

かった種類数ですが、このまま放置しておいて安心との保障はありません。

日本のラン科植物全体としては、絶滅が2種（ジンヤクラン、ムニンキヌラン）、絶滅危惧ⅠA類が87種、絶滅危惧ⅠB類が61種、絶滅危惧Ⅱ類が48種、準絶滅危惧が12種で、日本のランの69％が絶滅あるいは絶滅の危険性が高いことになります。絶滅の危険性を高めている要因の第1位は「園芸採取」です。野生ラン愛好家に対する社会の視線は非常に厳しく、山採りを全廃し、実生増殖を積極的に実行しないと野生ラン園芸が社会から抹殺されてしまう危険性もあります。

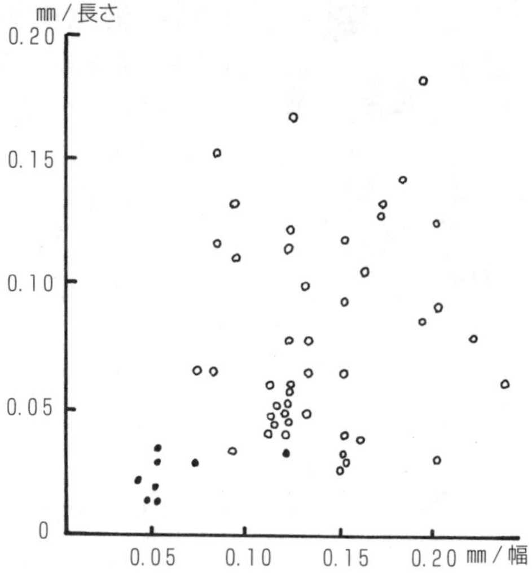

図1　野生ランのタネの大きさ

●ランのタネ

ランのタネはホコリのように細かい粒です。ランのタネは発芽の原点となる胚と、それをとりまく細胞膜の種皮しかなく、一般の植物のような発芽栄養分となる胚乳をもっていません。ひとつのサヤ（果実）の中には数百から時には数万粒のタネがぎっしりと詰まっており、サヤが完熟し裂け目ができる（裂開する）と風によって少しずつタネが飛び散っていきます。ランのタネは肉眼で見ただけでは同じように見えますが、顕微鏡で観察すると種類により大きさにや形には差があることがわかります。

図1は、私が計測したいろいろな野生ランのタネの大きさです。横軸はタネの幅、縦軸はタネの長さです。黒丸は着生ランのタネで白丸は地生ランおよび腐生ランのタネを示します。

地生ランは地面に生え着生ランは樹上に生えますが、両者はただそれだけの違いでしょうか。

着生ランのタネ（黒丸）が長さも幅も短い部分に集まっています。着生ランのタネは地生ランのタネに比べると

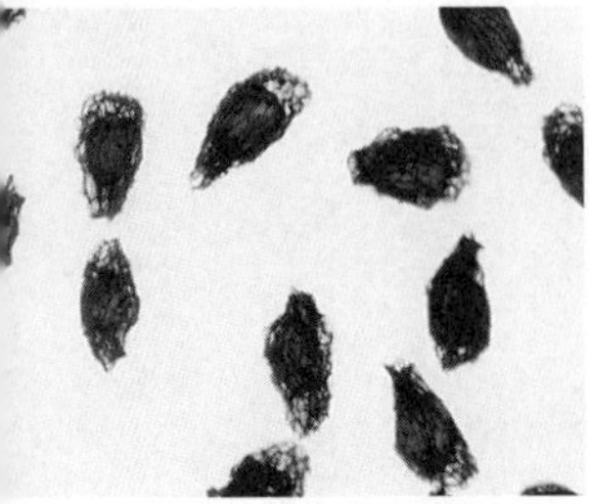

ウチョウランのタネ

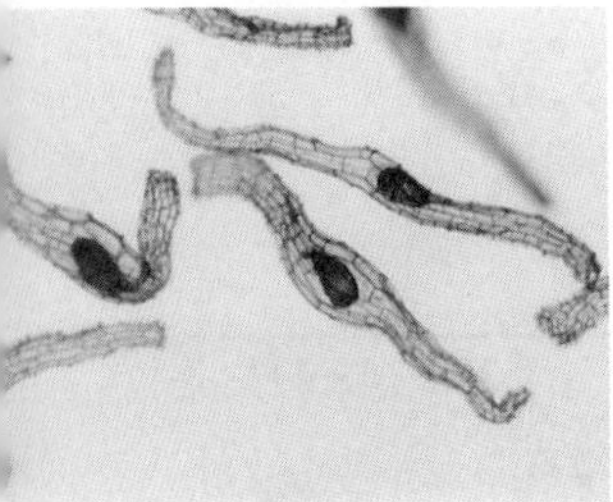

エビネのタネ

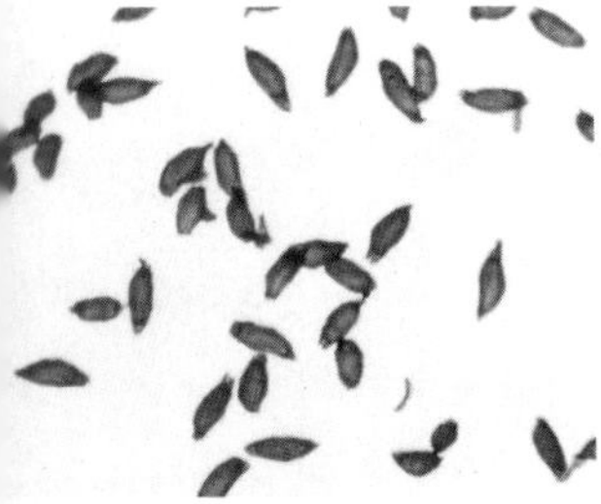

ムギランのタネ

サギソウのプロトコーム

小さい（細かい）のが特徴です。単に生えている場所（自生環境）が違うだけでなく、タネの大きさそのものも異なっているのです。

着生ランは木の上にまでタネを散らばらせなければなりません。細かいタネなら風に乗って上空あるいは遠方にまで飛んで行けますが、大きな（重い）タネでは地上に落下してしまう確率が高いです。着生ランは地面では生存できませんから、生き残るためには細かいタネのほうが有利です。

図１では種名を表示していませんが、面白いことにサギソウ、トキソウ、カキランのように湿地に生えるランのタネは大きいです。湿地のランはタネを遠くまで飛ばせることは生存に不利になります。湿地の面積は限られていますから、遠くまで飛ばせるよりは足元の湿地にタネを落とすほうが生存の確率は高くなります。

ランのタネの大きさは、草体・花・果実などの大きさとは関係なく、自生環境の違いによって決定されるようです。

●ランの発芽過程

地上に落ちたランのタネは水を吸って胚の中に浸透させ、それを合図に胚の中にあるわずかな脂質を分解して胚を肥大させます。植物学的には、種皮を破って胚が外に頭を出したときを「発芽」と呼びます。地上に芽が出たときを発芽と呼ぶのではありません。ランの発芽は顕微鏡下でしか確認できません。

発芽した胚は、さらに膨らんで仮根と呼ばれる毛を発生させます。このころを初期プロトコームと呼びます。

ランのタネは、水だけでもこの段階までは生長します。ランのタネを植物学的に「発芽」させるのはそれほど難しいことではありません。植物学術書で“クマガイソウが発芽した”などの報告を見ることがありますが、この段階以前までの発芽でしかありません。クマガイソウで地上に葉が展開する段階まで無菌実生に成功した例はありません。

これ以降はラン菌の助けがないと生長できません。うまくラン菌を取り込めなければ発芽したタネでも枯死しま

ヤクシマラン
レブンアツモリソウ
サギソウ
ダイサギソウ
カモメラン
アワチドリ
コアニチドリ
トンボソウ
トキソウ
ネジバナ
ササバギンラン
ガクナン
サワラン
コクラン
スズムシソウ
コオズエビネ
ムギラン
セッコク
シュンラン
デリミトラ．ＳＰ
プティロティリス・クルタ
オフリス・インセクティフェラ
タイリントキソウ

図２　ランのタネ

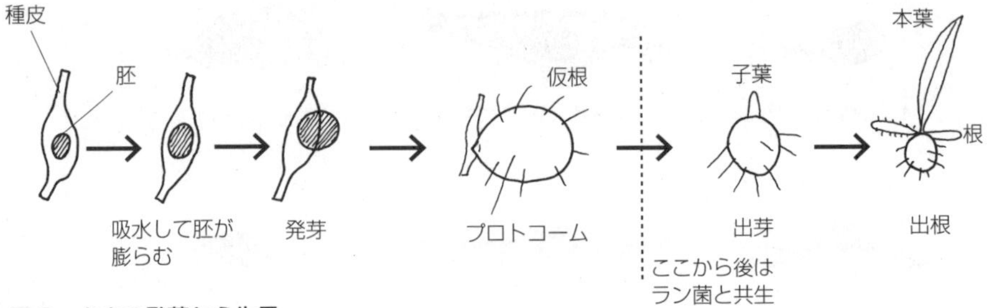

図３　タネの発芽から生長

ジガバチソウの発芽

すし、ほとんどのランのタネはこの運命を辿ります。

胚柄や仮根の限られた部分からラン菌を取り込み、ラン菌から糖類、アミノ酸、植物ホルモンなどを与えてもらい、すくすくと生長します。ランは一方的にラン菌に養分供給を依存しているため、ランがラン菌に寄生している状態ともいえます。

プロトコームはどんどん膨らみ、肉眼でも白い粒々として確認できるようになります。まもなく、頂点の部分が突出して子葉を出し、これを出芽《しゅつが》と呼びます。葉が伸びるとその付け根から根が出て、これを出根《しゅっこん》と呼びます。

イワチドリの実生苗

その後、葉と根が次々と出て、だんだんとランの苗らしくなってきます。それにともなってプロトコームは消失してしまいます。

親株にまで生長してもランの根にはラン菌が存在します。一般の植物と同じく炭酸同化作用により自力で生長できるのに、なぜ大人になってもラン菌を取り込んでいるのかはわかりません。

ウチョウラン実生苗の
地下部

ランとラン菌との関係についても、まだまだ不明の点が多いです。どのランとどのラン菌とが適合するのかについてもほとんどわかっていません。アメリカの研究では、チドリ属のある種には数十種のラン菌が発芽に適合したとの報告もあり、必ずしもあるランとあるラン菌が１対１の関係にはなさそうです。

●タネのまき方

ランのタネは発芽に必要な養分（胚乳）をもっていませんから、発芽するためには何らかの方法で発芽養分を獲得しなければなりません。

ランのタネのまき方には、大きく分けて「無菌発芽法」と「有菌発芽法」の2つがあります。

[無菌発芽法] ランのタネに糖分（砂糖など）をはじめ必要な物質をを与えて、これを発芽養分とさせる方法です。ラン菌の助けを必要としないので無菌発芽法と呼ばれます。

ビンの中に必要な養分と寒天を入れて完全に滅菌し、滅菌したタネをまきます。雑菌が入る（コンタミを起こす）と、タネも養分もカビの餌食となり発芽しません。

洋ランの世界ではあたり前の実生法で、販売されている洋ランの苗のほとんど総てが無菌発芽による苗です。野生ランの世界でも生産業者が積極的に無菌発芽を行ない、エビネ、ウチョウラン、フウラン、セッコク、ナゴラン、アツモリソウなどの実生苗を生産販売するようになりました。しかし、設備や技術を必要とするので、一般の愛好家には向いていない発芽法です。

無菌発芽法の詳細は『ふやして楽しむ野生ラン』(農文協)を参照してください。

[有菌発芽法] 自然状態と同じくラン菌の助けにより発芽させる方法です。人工的に養分を与える無菌発芽法に比べれば発芽率や発芽種類数では劣りますが、素人でも簡単に実生できるのがありがたいです。古くからさまざまな有菌発芽法が工夫創出されてきました。

ウチョウランの花粉塊と花粉

親鉢まき法

野生ランの植わっている鉢に同じ種類のランのタネをまく最も基本的な方法で、大正時代から実行されてきました。ウチョウランを1年以上栽培し、ウチョウランのラン菌が充満しているであろう鉢にウチョウランのタネをまく方法です。発芽する鉢、全く発芽しない鉢とばらつきは現われますが、何度も行なっていれば個人で楽しむ程度の量の苗は得られます。

鉢裏まき法

親鉢まき法では雑草が生えたり、他のランのタネが飛び込んだりの弊害もよく起こります。これを防ぐために開発されたのが鉢裏まき法です。

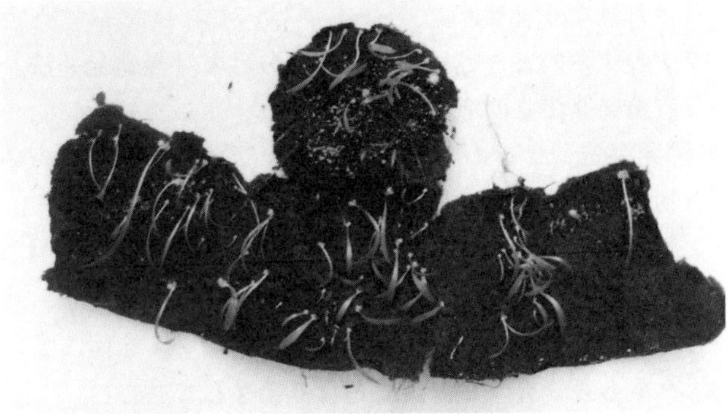

鉢裏まき法でのウチョウランの実生苗

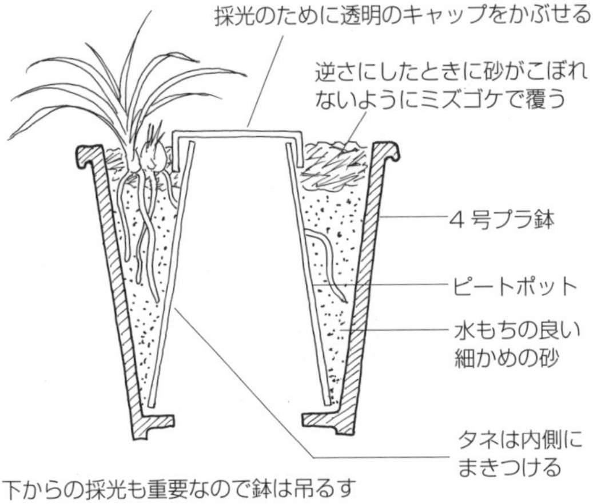
採光のために透明のキャップをかぶせる
逆さにしたときに砂がこぼれないようにミズゴケで覆う
４号プラ鉢
ピートポット
水もちの良い細かめの砂
タネは内側にまきつける
下からの採光も重要なので鉢は吊るす

図４　鉢裏まき法の構造

図４のように、プラ鉢の底をくり抜きピートポットを逆さにセットしてから、栽培用土を入れてウチョウランを植えます。３カ月以上、できれば半年ぐらいウチョウランを栽培して用土中にラン菌を繁殖させてから、ピート表面にウチョウランのタネをまきます。通常の栽培をしていると、６月ごろからウチョウランが芽を出してきます。

この方法は、他のランのタネ、例えばネジバナのタネなどが飛び込まないので発芽種の厳密さを保てるのが利点です。まいたタネはピート繊維に絡みつき通常の水やりで流れ出すことはありません。また、下から覗き込めばプロトコームの白い粒々の発生が容易に確認でき、発芽過程を観察できるのも特長です。

ダンボールまき法

大きめの鉢や箱の周囲にダンボール板を並べてから細かめの栽培用土を入れ、上からウチョウランのタネをパラパラと散らせる方法です。まいたタネに覆土はしません。

ダンボールを使うのが特徴で、栽培用土の中にダンボールチップを入れたり、用土の何カ所かにダンボール板を差し込んだりといろいろな方法が実行されています。

ダンボール実生床（鉢）
細かめの砂を深さ５～１０㎝入れ、ダンボール板を適当に差し込んでおく。ランのタネは上からパラパラと表面にまきつけ、覆土はしない
雑草が飛び込まないように通常は透明のふたをしておく

万能型ダンボール実生床
砂・ミズゴケ・バーク・ヤシ殻チップをダンボール板で仕切って入れる
地生ラン、着生ラン、湿地のランなど、すべての種類のランのタネを振りまけば、どこかの区画からか発芽が期待できる

理由はわかりませんが、野生ランにダンボールを利用すると栽培にしろ実生にしろ格段に成績が良くなることが確認されています。ダンボールの分解しにくいセルロースがラン菌の餌に適しているのだろうとか、ダンボールの中空構造がラン菌の棲み家に適しているのだろうとか言われています。

ダンボールまき法では、まくときに実生床を作れば済むのも大きな利点です。親鉢まき法にしろ鉢裏まき法にしろ、ラン菌が増殖した鉢でないとタネはまけませんが、ダンボールまき法では作ったばかりの実生床にタネをまいてもよく発芽します。これも理由はわかりません。

●ランの種類と実生株

着生ラン

着生ランは無菌発芽法ではよく発芽しますが、有菌発芽法では発芽率があまりよくありません。人気の高いセッコク、フウラン、ナゴランなどは専門業者による無菌実生株が大量に流通しています。フウランやナゴランは、韓国で生産され輸入された株が非常に多いです。

沖縄など南方に自生する着生ランの一部、例えばニュウメンランなどは洋蘭業者により無菌実生株が生産流通してはいますが、種類も量もまだまだ少ないです。生産は容易

セッコク
暖地の樹上や岸壁に着生する。無菌実生苗が大量に流通している

ナゴラン／絶滅危惧ⅠＡ類
日本南西部の樹上に着生する。韓国で無菌発芽増殖された株が大量に流通している

なのですが、購入する人が少なく生産を控えているのが実情のようです。

国内稀少種（譲渡禁止）のコゴメキノエランとオキナワセッコクも無菌実生法ではどんどんと発芽します。もっとも、これら２種は販売も禁止なので生産する業者が現われるはずもありません。

地生・陽地のラン

明るい岩壁に自生するウチョウランやイワチドリは大ブームとなり、自生地は乱獲により壊滅状態になりました。このためにウチョウラン愛好家や野生ラン愛好家は社会から厳しく非難されました。

現在市販されているウチョウラン、イワチドリのほとんどすべては実生生産株です。実生技術が確立したためにどんどん生産され、今やウチョウラン白花が１株300円で入手できるようになっています。ウチョウラン白花が３万円の時代を振り返ると隔世の感があります。

イワチドリ／絶滅危惧ⅠＢ類
無菌実生株が多量に流通している。暖地の河川の岩場にしばしば群生する

アツモリソウの仲間も乱獲され、日本各地で自生地が絶滅してしまいました。アツモリソウ、ホテイアツモリソウ、レブンアツモリソウは特定国内希少種に指定され、登録した生産業者の増殖した株しか販売できなくなっています。

じわじわではありますが、アツモリソウも無菌実生苗が生産されるようになってきました。通信販売カタログにも無菌実生と明記した苗が登場するようになり喜ばしいことです。

地生・陰地のラン

木陰に生えるエビネも大きなブームを巻き起こし、自生地を壊滅させた歴史があります。人気のあるラン、高価に売れるランは生産にも気合が入るのでしょうか、エビネも無菌実生技術が急速に発展し、現在では大量に生産され販売されるようになりました。

ウチョウラン／絶滅危惧Ⅱ類
無菌実生株が多量に流通している。日本各地の岸壁に生える

木陰に生えるアツモリソウ属のクマガイソウとコアツモリソウは、未だに実生技術が確立していません。採取による絶滅が危惧される種類なので、１日も早く実生技術が開発されることが望まれます。

スズムシソウの仲間は、ぼちぼちではありますが無菌実生株が流通し始めました。

湿地のラン

湿地のランを代表するサギソウとトキソウは、栽培株での増殖率がよいためか増殖品のみが流通し、実生株はほとんど流通していません。

サワランは無菌発芽が容易で、実生苗がある程度流通しています。

サギソウもサワランも、ダンボール実生法での発芽率は悪くはありません。実生に挑戦することをおすすめします。自分でまいて発芽させたランは愛着があり、開花した時の喜びは特別です。

腐生ラン

腐生ランは栽培の対象となることはありませんし、販売されることもありません。

一部の研究者が腐生ランの実生実験を行なっており、マヤランはフラスコの中でタネをまいてから2年で開花するそうです。ただし、この株を自生地に埋め戻しても全部枯れてしまうとのことです。

（小田倉 正圀 / 東京都新宿区）

チョウセンキバナノアツモリソウ / 絶滅危惧ⅠＡ類
秋田県の一部にごく少数が自生するだけ。デワノアツモリソウとも呼ばれる

スズムシソウ
四国の一部に稀産するスズムシソウの農色花で黒スズムシと呼ばれる。無菌実生株が流通している

クニガミトンボソウ / 絶滅危惧ⅠＡ類、国内稀少種
まだ実生増殖に成功していない

サギソウ / 絶滅危惧Ⅱ類
多くの人に好まれる野生ラン。湿地の環境悪化で多くの自生地で絶滅の危険性が高まっている。無菌実生容易

ヒメトケンラン / 絶滅危惧ⅠＢ類
無菌実生可能。暖地の林内にしばしば群生する

リンドウ科

Gentianaceae

Gentiana scabra var. *buergeri*

リンドウ

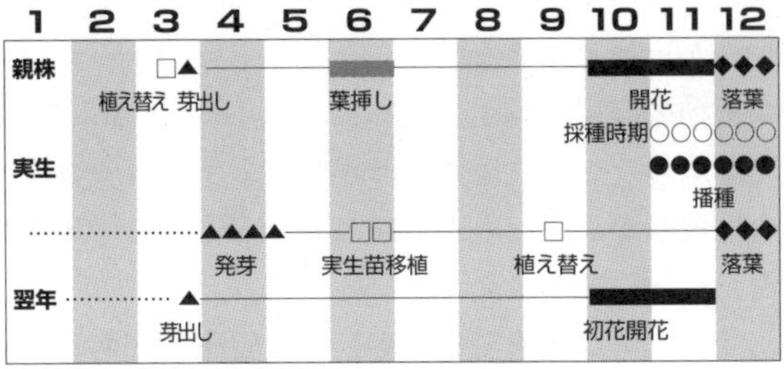

絶滅の危険性●大きくはない
分布●本州・四国・九州
自生地●やや乾いた草地
種類●落葉多年草

秋も深まり、空の青さを移したかのように、明るい林縁や草原に鮮やかな青紫色の花を咲かせるのがリンドウ（竜胆）です。中国でこの仲間の根は薬草とされ、きわめて苦いところから命名され、その中国語読みの音がなまって日本名となりました。同じ科のセンブリの命名法と発想としては共通しているといえます。

株元から何本か伸びた茎は、まっすぐに立ち上がるよりは斜上し、さらに生長すると横に伸び、鉢から垂れるようになります。

一般にササリンドウと呼ばれるのは本種です。花屋さんで切り花としてリンドウの名で売られているのは、エゾリンドウ、オヤマリンドウなどを改良したもので、こちらは茎が剛直で、まっすぐに1mほどにも伸びます。

秋の日を受けて花開くリンドウ

栽培上の配慮点

草姿から平鉢植えが合いますが、開花が秋遅くになりますので、夏には花を咲かせる矮性タイプのワレモコウなどを寄せ植えすると観賞的にもおもしろいと思います。

実生法

[タネ] 写真で見るように三日月より太った月状の小さなタネで、図鑑には広皮針形と記してあります。また、タネの周りには薄い翼《よく》があります。

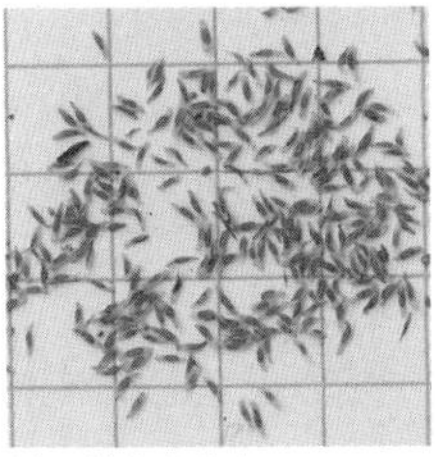

リンドウのタネ

[採種] サク果をつける植物の採種時期は、サク果が割れることで、それと知れます。多くは乾燥し、口が開いてこぼれ散るものが多いようです。しかし、リンドウの場合は、ちょっと違うようです。つまり、乾燥して口が開くのではなく、雨が降るときなどのように高湿度によって脂肪の先端が2つに割れ、雨滴の直撃によって微小な種子が飛び散っていくのです。サクは花後も残る枯れて変色して茶色に

発芽後約５カ月のリンドウの実生苗。親株が斑入りなので斑入り苗も混じる

なった花皮片に包まれているので、より効率的に散らせるためにこのような作戦をとったのでしょうか。これに呼応するかのように、タネは細長いサク果の上部に集中しており、浅い底部は漏斗《ろうと》形をしています。

ですから、花後１カ月もしてサクが充実してきたら、サクが割れていなくとも採種を心がけなくてはならないことになります。

[播種] タネが採れるころは、もう冬間近です。採取したら、すぐに播種しましょう。用土は、４分の３ぐらいまでは、ごく普通の栽培用土でよいのですが、上部は細かい用土にしてやりましょう。微細なタネですので、用土の間に落ちてしまわないようにするための配慮です。

播種した鉢は、雨の直接当たらない棚に置き、底面から水を吸わせるようにするとよいでしょう。発芽は３月半ば過ぎから４月にかけてになります。

[移植] 微細なタネだけに、どうしても厚まきになりがちです。発芽後は、薄い液肥をたびたびやることを心がけましょう。本葉を大きく育て、指先でつまめるくらいにしたいのです。６月になったら移植できるようになります。込み合っているのを広げる意味あいもあります。しかし、１本植えするには６㎝ポットなどという極小サイズになってしまいます。すると用土の相対的な量の少なさから、夏の乾燥に気をつけないと枯死させることになりかねません。

[関連種]

●アサマリンドウ

G. sikokiana

和名のアサマは長野の浅間山からではなく、伊勢の朝熊（あさま）山に由来。葉は丸く卵形で、全体はリンドウより丈低く、近畿以南に分布。リンドウとの自然雑種としてイセリンドウが知られます。

●トウヤクリンドウ

G. algida

高山の岩礫地に生えます。花色はクリーム色で細かい黒紫点が散る、高山に登ってきたことを実感させてくれる花です。

●コケリンドウ

G. squarrosa

本州以西の草原に自生。その名のように矮小です。日が当たらないと花は開いてくれません。春咲きのフデリンドウ（*G. zollingeri*）、ハルリンドウ（*G.thunberugii*）も小さな草姿で、二年草です。

コケリンドウ白花
当会の展示会への出品作品

●ガビサンリンドウ

G. rubicunda

ここ１０年ほど前から出回りだした中国産の春咲き・濃桃色花で、丈１０cmほどで矮小、多花性でもあり人気があります。また、ヨーロッパ・アルプス原産の *G. acaulis* の改良種が「アルペンブルー」名で作られています。草姿に比して濃青紫色の花が大きいので見栄えがします。

ヨーロッパ原産 *G. caulis* の改良品゜アルペンブルー゜

株分けしたリンドウの根株
無理せずに分けられるところで分けたので大小が生じた

5～6号の平鉢に何本も寄せ植えをしましょう。

涼風の立ち始める9月半ばには、2回目の移植となります。7.5 cmもしくは9 cmのポリポットを用います。都会地の狭い場所で多くの植物を楽しむには、。プラスチックの播種箱などにぎっしりとポットを詰めたいからです。

また、播種をするといっぺんに多くの苗ができますが、ポリポットは人様に差し上げるために持参するのに軽いということや、安価という経済的な理由もあります。

翌年の春には、本鉢に移植できるまでに育っているものです。そして、秋には開花します。

その他の増殖法

[挿し芽』6月に新芽の先端部3節ほどを切って挿します。土中に入る部分の葉は落としても差し支えありません。この挿し芽に花がつきますが、切られた茎の腋芽からも開花します。

なお、エゾリンドウ、オヤマリンドウなどは、茎頂を切っても腋芽を出さないので、挿し芽はできません。

[株分け] 花後といっても秋遅くになりますので、春の芽出し前の3月初めころが適期です。1株に何芽もつきます。用土を洗い落とすと、おのずと分けられるところが見つかります。

[その他] 日本産の春咲き種は、二年草ですので実生するしかありません。伝統的にコケリンドウの白花種が作り伝えられています。タネをケト土などにまき、夏も乾燥しないよう注意することが肝要です。

（大橋 秀昭／神奈川県横浜市）

資料

近年は野生植物の絶滅危惧が大きな社会問題となっています。絶滅危惧の要因はいろいろありますが「園芸採取」も大きな要因であり、山草愛好家に対する社会の視線には厳しいものがあります。

「絶対に自生地から草を採取しない、タネでふやした山草を栽培する」との姿勢を明確にし実生増殖を実践することによって、はじめて山草園芸が社会に認知されるようになります。

●レッドデータブック

「改訂・日本の絶滅のおそれのある野生生物・植物Ⅰ（維管束植物）」環境庁編・財団法人自然環境研究センター発行、2000年7月初刊：に野生植物の絶滅危惧の情報が掲載されています。この本はレッドデータブックと呼ばれ、この本に掲載されている種類がレッドデータリストです。維管束植物とは「種子植物およびシダ植物」で高等植物と呼ばれることもあります。維管束植物でない植物は蘚苔類、藻類、地衣類、菌類なので山草とはほとんど関係ありません。

日本の野生植物の絶滅の危険性を詳細に調査し記載しているのはこの本しかありません。

レッドデータブックでは植物の種類を種・亜種・変種をまとめて植物分類の単位とし「分類群」としていますが、一般にはなじみのない専門用語なのでここでは植物分類の単位を単に「種」と表現しておきます。

環境庁が日本植物分類学会に調査を委嘱し、約400人のボランティア調査員が全国の野生植物について調査しました。

国土地理院の2万5千分の1地形図を基本とし、島部などは微調整し、全国を4457メッシュ（部分）に分割して調査しました。

●絶滅の危険性の評価

絶滅の危険性の評価はＩＵＣＮ（国際自然保護連合）の評価法に準拠しています。世界でも領土内をすみずみまで詳細に調査し、ＩＵＣＮに準拠して危険性を評価している国は非常に少ないです。この点に関しては日本は超先進国の一員といえます。

レッドデータブックでは以下の8つのカテゴリーを設けています。カッコ内の数字はそのカテゴリーに属する種類数です。

1．絶滅（20種）
　Extinet（EX）
　日本ではすでに絶滅したと考えられる種
2．野生絶滅（5種）
　Extinet in the Wild（EW）
　栽培下でのみ存続している種
3．絶滅危惧ⅠA類（564種）
　Critically Endangered（CR）
　ごく近い将来における野生での絶滅の危険性が極めて高い種
4．絶滅危惧ⅠB類（480種）
　Endangered（EN）
　ⅠA類ほどではないが、近い将来における野生での絶滅の危険性が高い種
5．絶滅危惧Ⅱ類（621種）
　Vulnerble（VU）

絶滅の危険が増大している種

6．準絶滅危惧（145 種）

Near Threatened（NT）

存続基盤が脆弱な種

7．情報不足（52 種）

Data Deficient（DD）

評価するだけの情報が不足している種

円グラフは、日本の野生植物を6000 種とした場合の各カテゴリーの占める割合を示しています。野生植物の約四分の一が絶滅あるいは絶滅の危険性があることになります。

［絶滅種］コウヨウザンカズラ（ヒカゲノカズラ科）、タカネハナワラビ（ハナヤスリ科）、イオウジマハナヤスリ（同科）、オオイワヒメワラビ（コバノイシカグマ科）、オオアオガネシダ（チャセンシダ科）、ウスバシダモドキ（オシダ科）、ヒトツバノキシノブ（ウラボシ科）、ホソバノキミズ（イラクサ科）、オオユリワサビ（アブラナ科）、ソロハギ（マメ科）、リュウキュウヒメハギ（ヒメハギ科）、オオミコゴメグサ（ゴマノハグサ科）、トヨシマアザミ（キク科）、タンバヤブレガサ（同科）、ムジナノカミソリ（ヒガンバナ科）、タカノホシクサ（ホシクサ科）、ヒュウガホシクサ（同科）、ホクトガヤツリ（カヤツリグサ科）、ジンヤクラン（ラン科）、ムニンキヌラン（同科）の 20 種が絶滅種（ＥＸ）です。

森林伐採、ダム建設、植生遷移、埋め立てなどが絶滅の原因で、園芸採取が原因で絶滅した種がないのが山草愛好家にとっては救いです。タカネハナワラビは 1977 年の北海道・有珠山の噴火で自生地が消失しましたが、このような自然災害による絶滅は防ぎようがありません。

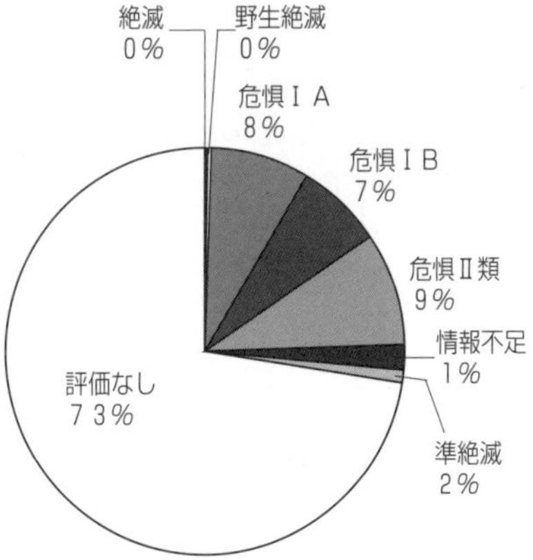

絶滅危惧の評価

絶滅種は遺伝子が現存しないのですから自生地復元などは絶対にできません。

［野生絶滅種］コブシモドキ（モクレン科）植生遷移、リュウキュウベンケイ（ベンケイソウ科）草地開発・土地造成、ツクシカイドウ（バラ科）園芸用の乱獲、ナルトオウギ（マメ科）砂浜の開発・環境悪化、オリヅルスミレ（スミレ科）ダム建設で自生地水没、の 5 種が野生絶滅種です。これらは遺伝子が現存するので実生などにより増殖することが可能です。園芸用の乱獲により野生絶滅に追い込んでしまったツクシカイドウは、山草愛好家が実生増殖し自生地復元を行うことが責務でしょう（減少の要因、種の保存法については各囲み記事のページを参照してください）。（小田倉 正圀）

東京山草会の種子交換会について

1-発足

東京山草会の種子交換会は1984年に始まりました。その趣旨について、4人の発起人のひとりである宮崎進平氏は会誌『やまくさ37号』で、次のように述べています。

①山草趣味家の多くは成品にのみ志向しているように見受けられるが、実生から育てるという事こそ立派な山趣味ではないであろうか。

②東京山草会の種子交換会も滑り出し10年間はアメリカの例のように大きな進展はないかも知れないが、山草をとり巻く国内の条件が急速に窮屈化しつつある現状から、将来種子交換会の存在が高く評価されるようになるであろう。将来に向かって会員皆さんの積極的参加を期待する。これが発起人一同の願いです。

また、同じく発起人である久志博信氏は他誌で「趣味家の総合力で山野草の種子の提供と、それによる栽培を広く普及させることが、今後のあり方ではないだろうか」と述べています。

同じく発起人である大橋秀昭氏は「これからの山野草栽培は実生苗から、ということを主流にしなければならない。海外の山草会だけでなく、日本にも種子交換会を行なっている山草会がすでにあるではないか」と述べています。そして、北海道山草趣味の会などの交換会をお手本にして、スタートしたそうです。

2-経過

図1に、提供されたタネの種類数の推移を示しました。第1回のタネ提供数は125種、提供者は19名でした。その後、徐々にふえたのですが、1993年ごろから1999年までは、提供種数300～400種で頭打ちの傾向がでました。しかしその後、全日本山草会連絡会に加入している山草会からのタネの提供がふえ、2004年度は700種類を突破しました。また、タネの提供者数も最近では90以上の個人・団体となりました。

提供される種類は年ごとにかなり異なっています。ということは、それらが毎年提供されるようになれば、種類数はもっと増えると考えられます。

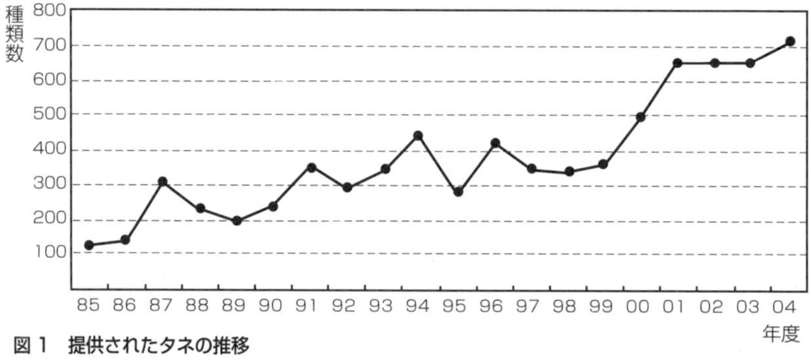

図1　提供されたタネの推移

また、1996年ごろから、種子交換会の一部として外国の山草会のタネ交換会の余ったタネを入手して、原価で分譲することを始めました。最初は800種程度でしたが、現在は1200～1800種程度を分譲しています。日本原産種を逆輸入する場合も結構あります。皆で持ち合うことの利点のひとつだと思います。

20年の間に自然環境についての社会通念が大きく変化しました。例えば開発という名の自然破壊は、以前よりかなり減りました。一方、子供の昆虫採集まで白い目でみられるようになりました。山野草関係では環境白書が種の絶滅や減少の原因として山採りを指摘し、山梨県や北海道で山野草の栽培規制条例が施行されました。この傾向はさらに続くと考えられます。

実生を中心とする本書が出版されることも、この流れに沿っています。種子交換会の発起人の志向が正しかったといえます。

3-現在

種子交換会は、現在以下の方法で行なわれています。

①会員が種子と球根を種子交換委員会へ送り（12月中旬）
②会員の協力を得て、種子交換委員会がタネのリストを作成して、希望者に送付し（12月下旬）
③希望者はそのリストを見て欲しいものを申し込み（1月初旬）
④種子交換担当委員会はボランティアと一緒に、申し込み者の優先順に従ってタネを袋詰めし、郵送する（1月中旬）
⑤早春に採れ、すぐにまいたほうがよいもの（例えば、コバイモ、ミスミソウ、フクジュソウなど）は、予約申し込み制となっていて、採れたら優先順に従って、配布する（4～6月）

配布数の実績の平均は一人あたり約30種類です。配布して残ったタネは、月例会、部会で販売すると共に、ほかの山草会へ割安で分譲し、それでも残ったタネは神代植物公園の展示会で販売しています。

1つの種に20人以上の申し込みがあることもあります。このような人気種は優先順に配布されます。優先順は、タネの提供者、非提供者の区分が第一で、次は申込書の先着順です。提供者の最後の次が、非提供者の1位です。

しかし、無関係に自分の好みの種を申し込む人も多く、ある年の例では、希望者が4人以下の種数が全体の種数の約3/4という結果で、全体としては「たで食う虫も好きずき」という状況です。

インターネットに東京山草会の種子交換会の種子リストを紹介している欄があり、入会の希望や、外国からの種子交換などの問い合わせがあります(種子リストは学名入りです)。提供される種類数が多くなったこと、外国対応が必要になったことなどの理由で、作業手順や役割分担の見直しが必要な時機になっています。

4-これから

①これからは所有している種を減らさないことが大切

タネでさえも、山採りはできるだけ少なくするべきです。タネの採種が禁止される種や地域が増えるでしょう。山草趣味の人々が持っているものを持ち続ける必要があります。種の多様性を保持するためにも趣味でいろいろ保存していることが必要です。趣味なればこそ、商売にもならない草を後生大事に育てます。これまでにもそのようにして、多くの種が維持されて来ました。今後は、維持することが非常に重要な時代になります。

②これからは実生の時代

株の状態で維持することは、例えば栽培されている方が病気になれば、難しくなります。多く優良個体がそのような状態で失われました。タネの状態で保管しておけば、はるかに安全です。

形状などで珍しいものは、実生では再現しない場合がほとんどです。しかし、遺伝子さえきちんと残してあれば、現在の栽培技術をもってすれば、かなりの確率で再現することができます。

また、山野草栽培に厳しい学者、研究者も、ほとんどの方が「実生ならよい」と言っています。

③2株栽培のすすめ

自家不和合性のため1株ではタネが採れない種が結構あります。2株（もちろん株分けしたものでない）なら、交配してやれば、充実したよいタネがたくさん採れます。また、種の多様性の点からも好ましく、栽培しやすい株を得ることも多分容易になります。また、1株がダウンしたとき、ほかの1株の栽培法を変えてみて、栽培法のコツをつかみやすくなります。3株のほうがさらに好ましいのですが、少なくとも2株栽培をしましょう。

④実生栽培技術の確立と普及

本書では、各種の実生方法として、採りまきをすすめています。また、構成も親株を入手して、タネを採り、そのタネを実生するという順になっています。

しかし、持っていないからこそ交換会などでタネを入手して、実生したいのです。採りまきしなくても、正しく採種して保管すれば、ほとんどのタネは交換会で入手して播種しても問題なく発芽します。正しい採種法、保管法、播種法を種ごとに見いだし、知らせあうことが必要です。

これらの方法は地方で異なる可能性が高く、栽培法とともに各地のデータや技術を集積する必要があります。本書で筆者の住所を記しているのは、地域差を考慮していただくためです。

⑤種子交換会の規模の拡大

タネの交換会は、規模が大きいほどいろいろな利点が生まれます。例えば、希望する種を得る可能性が高くなります。種が絶えてしまう可能性が減ります。海外の大きな山草会（後述）と同程度の規模になり4000～5000種程度の種が交換されるようになればいうことがありません。このためには、全日本の規模でタネの交換会を行なうことが必要になります。そのための作業はかなり多くなりますが、アメリカでは各支部の持ち回りになっています。

自分たちで栽培し、採種し、交換したタネを実生して楽しみ、さらに初心者に手ほどきするようにして、山草栽培を自立した趣味としようではありませんか。

5- 実生を始めようとかとお考えの方に

タネから育てるのは、山草栽培の基本であり、本道です。最初は少しわずらわしいかも知れませんが、すぐに慣れます。そして、自分で発芽させたものを育てるという、購入して栽培するのとは質が違う深い喜びを味わうことができます。

- タネの入手先としては、山草会の種子交換会が一番です。吉岡園芸・種子銀行（52ページ参照）はこれに準じます。その理由は、①興味の対象が一致していること、②「4-これから」に記した情勢から、③実際の経験から、です。

  海外の3大山草会

  Alpine Garden Society

  Scottish Rock Garden Club

  North American Rock Garden Society

  はホームページに入会案内を載せています。
- やさしいものから順次難しいものを手がけるのが、上達のコツです。野菜から始めるのがよいかも知れません。大根なら3日で発芽します。「採りまきがよい」といわれることが多いのですが、しっかり保存されたタネなら発芽率は結構高いものです。入手したなら、熱帯原産種以外は必ず冷蔵庫に保管します。その時、冷蔵庫の中で乾燥し過ぎないように、しっかりふたができる容器やチャック付きのポリエチレンの袋に入れます。
- 交換会からタネが到着するのは1月中旬です。寒さに当てないと発芽しないタネもあるので、熱帯産以外のものは別として、寒さにあてて発芽率が上がるものはあっても、下がるものはありません。凍るような寒さに少なくとも1カ月間はあてることが良いので、関東地方では到着したらすぐにまくのが一番です。ただし硬実のタネや発芽抑制物質があるタネについては、「物理的処理法化学的処理法」の項を見て、必要な処理をしてください。

6- 採種を習慣づけましょう

実生したとき、1年目に発芽したら、そのうちの何本か元気の良いものを選んで育てがちです。しかし、元気が良くない苗に、斑入り、矮性、多花性、八重、などの変化株があります。2年目に発芽するものに丈夫なものがあるかも知れません…（一般に販売されているものは、1年目に発芽した元気の良い苗だけです）。

自分が栽培している株がダメになる場合に備えるため、仲間と共に楽しむため、また昔栽培していたものを再び栽培したくなった場合に備えるため、さらには自分を楽しませてくれた山野草の永続性を願い、栽培したらタネを採り、提供しましょう。

（秋本 靖匡）

ラン実生増殖委員会

正式名称は「東京山草会ラン・ユリ部会実生増殖委員会」で、ラン科植物およびユリ科植物を実生増殖することを目的に組織されました。

東京山草会は「種子交換委員会」を設置し、毎年600種以上の山草のタネを会員に配布しています。会として重要な活動で、山草の実生増殖を言葉だけでなく実際の行動として実績を積み重ねています。

一般の山草は入手したタネを各自がまいて発芽させれば、実生増殖の目的は達成されたといえます。しかし、ランの場合はタネを配布すれば済むということにはなりません。ランのタネはまけば生えるというわけにはいかないからです。

このために、ランの無菌発芽の知識・設備・技術をもった会員に無菌発芽を行なってもらい、発芽したビンあるいはビンから出して順化した苗を会員に配布しなけれ実生増殖の目的は達成できません。この点で、一般山草とランとでは実生増殖に関して本質的に異なります。

ラン・ユリ部会での、ランの実生増殖に限定しての実情を紹介しておきます。個人でランの無菌発芽を行ない増殖している方もいると思いますが、個人で行なうよりは組織として行なったほうが効率は良いです。

●タネの収集

個人で無菌発芽増殖を行なうとタネの入手に苦労することが多いです。ラン・ユリ部会には貴重な野生ランを栽培している部会員も多く、その方々の協力により多くの種類のタネが無菌発芽担当者のもとに届けられます。また、部会員の人脈によりラン・ユリ部会員以外からもタネが提供されています。

実生委員会が２年前に無菌発芽し、ビン出し順化させて開花したコゴメキノエラン〔*Liparis elliptica*〕。絶滅危惧ⅠＡで国内稀少種

●発芽苗の配布

発芽したビンは１本300円、500円、貴重なランのビンでも1000円といった安値で部会員に配布されます。今までの記録は残っていないようですが、少なくても100種以上のランのビンが配布されています。

ビンを手に入れた部会員は、発芽苗をビンから取り出し、寒天をきれいに洗い流してから鉢に植えて栽培します。無菌発芽用のビンも結構費用がかかるのでビンは返却することになっています。

大量に発芽したランの配布では、いささか問題も生じています。

ダイサギソウは自生を見ることも困難な貴重なランですが、大量に発芽したため多くのビンが提供されました。百数十人の部会員を擁するラン・ユリ部会でも欲しい人にはすべて行き渡り、ビンがだぶついてしまいました。ダイサギソウの球根が10球ぐらい入ったビンが300円でも、誰も買わなくなりました。

オキナワチドリも大量に無菌実生したためビンがだぶつき、1000球以上を山草業者に卸しました。山草愛好会が業者に販売することには抵抗もありましたが、余ったビンをゴミとして廃棄処分するよりは有効利用であろうとの判断で業者に渡すことが承認されました。

山草愛好会と山草業者との連携については今後より多くの議論がなされるべきと考えます。

●順化の問題点

ビンから取り出した無菌発芽苗を鉢に植えても順調に育つわけではありません。かなりの部分が順化に失敗し枯れてしまうのが実情です。ランの実生増殖では無菌発芽と同じくらい順化が重要な問題です。

このために、アツモリソウ（絶滅危惧ⅠA類）のような貴重なランのビンやクモランのように栽培が困難なランのビンは、「グロアー」と呼ばれる高度の栽培技術をもった部会員にビンが渡され順化成功の確率が高くなるように調節されています。

多くの絶滅危惧種を抱える野生ランは、実生増殖を積極的に進めなければなりません。個人の努力では限界がありますから、各山草会があるいは複数の山草会が連携して効率よくランの実生増殖を行なえる組織作りが望まれます。その参考例として東京山草会ラン・ユリ部会実生増殖委員会を紹介しました。　　　　　　　**（小田倉 正圀）**

ナギラン〔*Cymbidium lancifolium*〕（絶滅危惧Ⅱ類）白花のビン。まだリゾームの段階なので開花までには順調にいっても5年はかかる

チケイラン〔*Liparis plicata*〕（絶滅危惧ⅠB）の播種1年目のビン。もう1年待ってビン出しするのが安全だろう

サイハラン〔*Cremastra appendiculata*〕の播種2年目のビン。根元の白い塊はプロトコーム

ガンゼキラン〔*Phaius flavus*〕（絶滅危惧ⅠA）の播種3年目、移植1回目のビン

サワラン〔*Eleorchis japonica*〕白花のビンを1本500円で2本買った。2本のビンを合わせれば200球近くのバルブが入っているので、これらが全部順化し生長したら鉢の置き場所に困る、とのぜいたくな悩みをもっている

東京山草会展示規制の趣旨と内容

東京山草会 - 神代
植物公園展示会

山採りしない
山採り品は買わない
山採りを助長するような展示をしない

これが平成 12 年から東京山草会が実施している、山草自生地保護のガイドラインです。

ヒトは植物・動物と生態系を形成して生きています。近年、人口増加・経済発展に伴う開発でこの生態系、特に自然環境は大きく遷移・破壊が進んでいます。山草自生地も例外ではありません。10 年、20 年前に比べて誰の目にもわかるように自生地が失われています。

山草を友とし、山草に親しんできた山草趣味家にとっては本当に心の痛むことです。そこで山草会としてもなんとかしなければという気運が生まれ、先のガイドラインとなり、会員と会員を介して広く一般の人々にも働きかけ、絶滅が危惧されている稀少な植物に焦点を絞ってこれらを守り、植物の多様性維持に地道な努力を続けています。

●園芸採取の禁止

山草趣味家は当事者として園芸目的採取に責任があります。レッドデータブックの植物分布調査でも、園芸採取は開発行為とともに絶滅の 2 大原因にあげられています。

ガイドライン第 1 項は山採りをしないとの合意です。

第 2 項は販売業者を通しての間接的な山採りもしないとの合意です。山草を栽培している会員は、園芸店の店頭の植物を増殖品と山採り品に見分けることができます。

さらに山草会は展示会を開催しており、山草会に所属していない一般の山草趣味家にも影響力をもっています。第 3 項は未だ栽培技術の確立していないあるいは栽培の難しい種を展示して、観る人に『あの植物を栽培してみたい』と思わせて、自生地の山採りをいたずらに助長させないようにしたいとの配慮です。

山草展示会 - 実生
増殖コーナー

●展示規制の具体的内容

1. レッドデーターブック絶滅危惧Ⅰ、Ⅱ類の植物（日本の、維管束植物で1399種）については、山採り株ならびにそれからの株分け個体は展示しない。ただし、株分け以外の増殖個体は（生産者の増殖したものを含む）展示ラベルに増殖法を明記して展示します。

 株分け個体を対象からはずしているのは、クローン個体で生物の多様性維持に寄与しない点と、過去株分け増殖が実施されていたにもかかわらず、株分けは増殖率が低く、自生地保護にそれほど貢献できなかったという歴史的体験によるものです。

2. 例外として古典園芸植物として株分けではあるが増殖品が広く流通している種ならびにワシントン条約規制をクリアーした輸入品は展示規制対象外としています。

3. 『種の保存法』の指定種（平成15年8月現在、レブンアツモリソウ、アツモリソウ、ホテイアツモリ、キタダケソウ、ハナシノブ、アマミデンダ、**ヤドリコケモモ**、**コゴメキノエラン**、**オキナワセッコク**、**チョウセンキバナアツモリソウ**、**クニガミトンボソウ**の11種。

 太字の5種（一切の取引も－含無償譲渡－禁止）については、あわせて増殖過程を展示する条件で展示してよいことにしています。

種の保存法は2つの立法趣旨をもっています。ひとつは言うまでもなく稀少生物・自生地の保護です。もうひとつの狙いはこれらの増殖推進です。

東京山草会も最近のバイオテクノロジーの急速な展開を積極的に取り入れて、絶滅危惧植物の増殖技術の開発に力を入れて取り組んできています。増殖不能として指定されているコゴメキノエラン、ヤドリコケモモについては、すでに会として増殖技術を確立しています。山草会として技術を独占する考えはなく、種の保存法の趣旨に則り、早く商業的に個体の繁殖をさせることができる状態を実現するために、広く社会に公開してゆく考えです。展示会はそれに適した場だと考えているからです。

（原野谷 朋司）

著者紹介

五十音順●

東京山草会

会長・安藤連雄（群馬県箕郷町）

【事務局】

東京都世田谷区祖師谷 5-32-30

原野谷朋司方

TEL 03-3482-2015

【編集委員長】

小田倉正圀（東京都新宿区）

【編集委員会】

秋本靖匡（千葉県松戸市）

石川　律（東京都世田谷区）

石黒ゆり子（東京都練馬区）

辻　幸治（千葉県市川市）

原野谷朋司（東京都世田谷区）

森谷利一（神奈川県川崎市）

【執筆者】

岡村繁樹（埼玉県富士見市）

小川聖一（愛媛県松山市）

足立興紀（北海道江別市）

植村知一郎（東京都世田谷区）

大橋秀昭（神奈川県横浜市）

小川聖一（愛媛県松山市）

熊谷忠男（神奈川県横浜市）

倉田英司（東京都豊島区）

桑原義仁（埼玉県上福岡市）

小林俊英（埼玉県大井町）

佐々木恒四郎（東京都北区）

清水尚之（新潟県新津市）

末岡妙子（静岡県熱海市）

田中　清（埼玉県坂戸市）

戸田貴大（東京都墨田区）

戸田祐一（茨城県ひたちなか市）

富沢正美（埼玉県菖蒲町）

戸張恵司（東京都稲城市）

中瀬達雄（神奈川県平塚市）

久志博信（千葉県富里市）

町田　實（東京都あきる野市）

松代愛三（大阪市吹田市）

三橋俊治（東京都三鷹市）

森田道士（岡山県岡山市）

藪田久雄（埼玉県さいたま市）

渡部　宏（東京都杉並区）

タネから楽しむ山野草

2004年4月5日

編著者　**東京山草会**

発行所　社団法人　農山漁村文化協会

郵便番号　107-8668　東京都港区赤坂7丁目6-1

電話番号　03（3585）1141（代表）　03（3585）1147（編集）

FAX　03（3589）1387　振替 00120（3）144478

ISBN 4-540-03113-9　製作／條　克己

〈検印廃止〉　印刷／㈱光陽メディア

製本／根本製本㈱

Printed in Japan　定価はカバーに表示